21世纪高等院校财经类本科法学教材

金融法

FINANCIAL LAW

郝　慧◎主编

经济管理出版社
ECONOMY & MANAGEMENT PUBLISHING HOUSE

图书在版编目（CIP）数据

金融法／郝慧主编．—北京：经济管理出版社，2019.7
ISBN 978-7-5096-6778-1

Ⅰ.①金… Ⅱ.①郝… Ⅲ.①金融法—中国—高等学校—教材 Ⅳ.①D922.28

中国版本图书馆 CIP 数据核字（2019）第 154120 号

组稿编辑：王光艳
责任编辑：李红贤
责任印制：梁植睿
责任校对：陈晓霞

出版发行：经济管理出版社
（北京市海淀区北蜂窝 8 号中雅大厦 A 座 11 层 100038）
网　　址：www.E-mp.com.cn
电　　话：（010）51915602
印　　刷：北京晨旭印刷厂
经　　销：新华书店
开　　本：787mm×1092mm/16
印　　张：17
字　　数：401 千字
版　　次：2019 年 12 月第 1 版　2019 年 12 月第 1 次印刷
书　　号：ISBN 978-7-5096-6778-1
定　　价：68.00 元

前言
PREFACE

金融法作为法学的一个分支，是以金融法律现象为主要研究对象的应用法学，其理论与实务研究随着我国社会主义市场经济的不断发展而日渐深入。中国经济经历了近40年的高速发展，未来还将是一个可持续发展的时期，中国金融业将比过去更加发挥核心动力的作用。金融现代化、金融法制化和国际化进程的加快，促进了我国金融法治建设的发展。面对全球金融市场的变革和金融创新的压力，金融法制将成为更加富有宏观调控效力的规范。金融法制工作需要法律人才，特别是具有较全面的金融法律专业知识的人才。因此，为了顺应我国金融市场的实际需求，培养具有金融法素质能力的人才就必须对各大高等院校金融人才的培养提出新的要求。因此本书就是为了适应经济社会发展对法律人才培养提出的新要求而编写的。

本书以金融理论和金融实务为基本线索，以坚持培养学习者应用能力为原则，根据国家经济发展和产业结构调整的新形势与新特点，依照金融业务领域所涉及的法律法规和管理制度，结合金融运作管理操作规程，对金融法的各项具体制度和规则进行了分析和探讨。全书共十一章，系统介绍了金融法、银行法、票据法、证券法、证券投资基金法、信托法、融资租赁法、保险法等基本理论知识，并通过实证案例分析、讲解来培养和提高学生的应用能力。

本书具有以下特色：

一是内容全面，实用性强。本书以我国最新金融立法为基础，对金融理论、金融规则、金融法条进行系统分析和阐述，使读者可以通过阅读本书获取较为全面和系统的金融法知识，掌握我国金融活动的各项规则，以及金融法体系的内容。

二是时效性强。立法、司法和法律实务是动态发展的。本书密切关注和紧紧把握改革发展的方向与趋势，努力结合最新的学术研究成果和立法动态，使法学理论应用于法律实务和教学。

三是体例新颖、逻辑清晰。本书力求做到章节结构新颖、层次循序渐进、知识易懂易学。因此，本书每一章都包括六个方面的内容，即本章学习目的、核心概念、案例导入、案例导学、本章小结和复习思考题。章中设有“知识拓展”“小知识”“想一想”“案例分析”等模块，增强了可读性。本书遵循了掌握知识循序渐进的逻辑要求，以金融法总论为基础，继而分析金融运行法和金融组织法的法律知识，在掌握了金融活动基本内容的基础上，再进一步分析金融监管制度和法律责任。

四是结合职业资格考试。本书从职业岗位人才培养需求出发，融合银行业、证券业、法律职业资格考试等从业资格考试标准编排各章内容。

本书主编郝慧，是福建师范大学协和学院经济与法学系讲授金融法的骨干教师。本书在编写过程中参阅了大量国内外有关论著，在此对其作者表示诚挚的感谢。本书初稿完成后，由经济管理出版社负责审定，编辑们提出了很好的意见，指出了本书的不足和缺点，正是他们的热情关心、诚恳帮助和鼎力支持才使得本书顺利出版，再次向他们表示真诚的感谢。由于编者水平和能力有限，编写时间仓促，书中不足之处在所难免，恳请广大读者和专家们批评指正。

郝慧

2019 年 6 月

目 录
CONTENTS

第六章 票据法律制度

第七章 证券法律制度

第八章 证券投资基金法律制度

第一章

金融法基本理论

学习目的

本章是《金融法》一书中最为重要的一章，是全书的抽象概括。通过本章的概述，旨在使读者全面了解和掌握金融法学的基本原理，进而了解金融法的总体框架，为进一步学习金融法学的具体规范奠定基本的理论基础，也为深入理解各项法律规范提供基本的知识储备。

核心概念

金融　金融法　基本原则　金融法律关系　金融法基本体系　金融组织　金融法渊源

案例导入

2008年11月13日，上海市浦东新区人民法院在“金融审判专项合议庭”的基础上成立了全国首个“金融审判庭”。在此之后，上海市高级人民法院以及一中院、二中院也正式成立了金融审判庭，北京、重庆、沈阳、郑州、温州等地法院为应对金融案件迅速增加的局面，也先后成立了金融审判庭。法院成立金融审判庭后，改变了传统的审判模式，开始加入更多的“金融元素”。一方面，金融审判庭加强了对金融运行领域及金融危机应对中可能涉及法律问题的调查研究，对金融创新中可能出现的法律风险、诉讼风险进行预测性研究；另一方面，健全、完善了信息交流平台，可以定期向有关部门和金融监管机关通报金融审判情况，及时向银行等金融机构反映案件中的典型、普遍问题。

2010年1月27日，一些政协委员在上海市政协十一届三次会议上表示，法制环境是上海国际金融中心建设的重要因素，可以考虑适时在上海设立金融法院。这些委员同时建议，法院应调整金融案件划分标准，将涉及信托法、证券、投资基金法、商业银行法、保险法等金融法的案件统一纳入金融法庭集中审理，充分发挥现有金融审判庭的专业审判力量，形成具有示范效应的司法判例。2017 年 12 月，全国首个专门金融法庭——深圳金融法庭成立；2018 年 8 月 20 日，中国首个金融法院——上海金融法院成立。

我国目前正在对司法系统进行全面的改革，改革的重点内容之一就是不强化司法和审判的专业化。可以预见，将来普遍设立专业的金融法庭或金融法院是我国金融业和金融法发展的必然趋势。

案例导学

金融法是一个新兴的法律体系和法学体系，代表着法学发展的新趋势。就通俗意义上来看，金融法是规范金融产业经营活动的法律体系，金融产业的发展依赖于社会公众所掌握的货币财富数量的增加。随着我国经济的不断发展、金融产业的国内和国际地位的不断提高，金融法律规范的数量也在不断增加。由于金融法具有自己特有的价值追求、法学关系和法律特征，因此有必要设立专门的学科对其进行系统的总结和归纳，也有必要设立专门的法庭或法院来专业审理金融案件。

第一节 金融与金融法概述

一、金融概述

金融通常被理解为货币或货币资金余缺的融通、调剂活动的总体，其本质是跨时间、跨空间的价值交换。现代金融主要是以银行等金融机构为中心的各种形式的信用活动以及在信用基础上组织起来的货币流通。简而言之，金融是以信用为基础的货币流通以及与之相关的经济活动的总称。

金融活动的表现形式十分丰富，包括：货币的发行、流通与回笼；存款的吸收与支付；贷款的发放与收回；票据的承兑与贴现；银行同业拆借；金银和外汇的买卖；国内、国际货币的收付与结算；股票、债券的发行与交易；财产的信托；融资租赁；证券投资基金；保险；等等。金融既有别于货币流通和信用活动，又容纳、概括了这两者，是货币流通和信用活动相互依存、相互作用的产物。

金融活动一般分为直接融资、间接融资、资产管理和大数定律下的互助关系（或称之为经济补偿关系）四种形式。金融市场也可以分为四个市场：证券市场、信贷市场、保险市场和资产管理市场。

间接融资主要是信贷市场融资。信贷市场主要的特点是金融中介机构所筹集的资金以债权的方式自主运用，存款人承担中介机构倒闭的风险。吸收存款是间接金融中介机构——银行的专属权。

直接融资主要是证券市场的产品。证券市场分为货币市场和资本市场，其中不管是通过债务工具还是股权工具筹措资金，都是投资方直接承担融资方的风险。

资产管理关系在本质上是一种信托关系。信托关系就是金融中介机构按照协议合同以受托人的名义管理、处置财产，委托人享受收益、承担风险。随着居民财富的增加，中国进入了“大资管时代”。

知识拓展

大资管时代

随着国内机构与个人财富的迅速积累，急需更丰富、多元化的资产管理渠道，才能使中国的资产管理行业迅猛发展。自2012年5月以来，中国的资产管理行业迎来了一轮监管放松、业务创新的浪潮，新一轮的监管放松，在扩大投资范围、降低投资门槛以及减少相关限制等方面，均打破了证券公司、期货公司、证投基金管理公司、银行、保险公司、信托公司之间的竞争壁垒，使资产管理行业进入进一步的竞争、创新、混业经营的大资管时代。

大数定律下的互助关系主要是保险关系。保险业具有基于精算技术的经济补偿功能，投保人承担经营机构的偿付风险。

二、金融法概述

金融法与金融活动是具有密切联系的，没有金融活动就不会产生金融关系；没有金融关系中的矛盾，就没有必要制定相应的金融法对其进行调整和规范，就不会产生金融法律和法学关系；没有金融法律关系，也就不会产生金融法，来对其理论和实践进行系统性的研究和总结。

（一）金融法概念

金融法是调整金融关系的法律规范的总称。也有学者将金融法定义为调整金融关系的各种法律规范的集合；或称为调整货币流通和信用活动中所发生的社会关系的法律规范的总称。其调整对象包括金融交易关系、金融调控关系和金融监管关系。

金融法有广义和狭义之分。广义的金融法又被称为形式意义的金融法，指调整金融关系的法律规范系统，包括金融法律、金融行政法规、行政规章、司法解释和国际条约等；狭义的金融法又被称为实质意义的金融法，专指国家立法机关依照权限和法定程序制定或认可，并以国家强制力保障实施的调整金融关系的规范性文件，也就是通常所说的金融法律或法典。在我国，没有直接以“金融法”命名的法律；从世界范围上来看，也没有哪个国家制定以“金融法”命名的包含大部分金融法律规范的法典。对于金融法，大多从实质意义上去定义。因此，金融法是调整金融关系的法律规范的总称。

（二）金融法的特征

1. 金融法具有实体法与程序法相统一的特点

金融法一方面规定了作为实体法调整对象金融主体的职责、权利和义务，另一方面规定了实现这些权利、义务的程序、步骤、方法等，因而金融法是实体和程序法的统一。

2. 金融法具有融合公法与私法，以社会为本位的社会法的特点

金融法调整的对象，既有事关“金融个体”利益的金融业务关系，又有事关金融全局的金融监管体系。这就决定了金融法既不能如公法，一切以国家意志为本位；也不能如私法，完全以个人意思为中心；而必须以社会为本位，融合公法、私法的调整方法，成为社会法。

3. 金融法具有强行性、准则性特点，其法律规范多为义务性、禁止性规范

由于金融业的公共性和高风险性决定了金融机构的组织及其活动的开展对整个社会的一般商业活动和人民大众的生活具有重大影响，需要由国家法律强行规定并予以强制实施，因此，金融法主体的组成、职责、权利、义务往往由国家法律直接作出强行规定，不允许当事人随意改变；金融活动的开展也极为规范，有非常严格的程序性、准确性要求。

4. 金融法具有调整范围越来越广、法律内容日益增多的特点

金融是商品经济的产物，并随商品经济的高度发展而不断创新。新的金融机构、新的融资手段、新的金融工具不断涌现，金融已经渗透到了社会生产、生活的各个层面，成为现代经济的核心。

案例 1-1

美国次贷危机引发的金融诉讼

2008年美国次贷危机爆发后，一个月内股票市场价值损失超过4万亿美元。此后，出现了一个诉讼的高峰，金融危机引发的诉讼案数量超过了20年前储蓄贷款危机之后6年内的诉讼总和。其中，影响比较大的是美国证券交易委员会起诉高盛集团等投资银行欺诈投资人的案件、美国司法部起诉标准普尔公司等评级机构案件等，这些案件比较充分地体现了金融法的特色。

2013年2月，美国司法部连同多名州检察官对国际三大评级公司之一的标准普尔提起诉讼，指控其在金融危机前为一些抵押贷款债券所做的评级涉嫌欺诈，称其为了商业目的故意低估了这些债券产品的风险，上调抵押贷款债券的评级从而提高从这些证券发行方获取的费用，令银行、保险公司等参考其评级结果进行该投资的投资者蒙受损失，要求其支付50亿美元的赔偿金。

美国司法部起诉标准普尔公司案，是美国首次对一家评级机构提出联邦级别的诉讼。标准普尔公司称该诉讼“毫无公道”，美国司法部则认为评级活动“受商业考虑

推动”的做法是违法的。最终，以标准普尔公司支付10亿美元罚款达成和解，并要求其进行相应的工作改进。

【解析】在美国金融危机引发的案件中，司法部对标准普尔提起的诉讼，既不属于传统的民商事诉讼，也不属于传统的行政诉讼；所依据的既不是传统的民商法，也不是传统的行政法，而是美国的相关金融法。这些金融机构的行为如果按照传统民商法可能并不构成违法，但是按照金融法则属于违法行为。并且，案件的最终处理结果也不同于传统的民商法，要求金融机构向国家支付罚款的目的在于预防这种行为的再次发生，而不在于使受害人直接得到赔偿。

（三）金融法的调整对象

法的调整对象是社会关系，也可以说人的行为是法的调整对象。从金融法的定义来看，其调整的对象就是金融关系，即在现实经济活动中产生的与货币流通、信用活动相关联的各种社会关系，主要包括以下三类。

1. 金融调控关系

金融调控是国家实现宏观经济总量平衡和经济结构优化的基本手段之一，主要是以中央银行制定和实施货币政策为主导，通过各类经济变量和政策工具，引导和促进各种经济主体合理运行而实现的。金融调控过程中产生的调控主体与被调控主体之间的各种关系，即为金融调控关系。调控主体在金融调控关系中居于主导地位，拥有单方创设、变更和终止金融调控关系的权力，同时在具体调控手段的运用上，既可以直接采用强制性管控手段，使被调控主体接受与服从，也可以采用激励、诱导等间接形式，指导被调控主体的金融活动。当然，市场经济的健康发展要求金融调控应以间接手段为主。为此，金融调控关系既包含不平权的纵向关系，也包含平权的横向关系，是二者的融合。

2. 金融监管关系

金融监管是监督和管理的简称。为了维护金融体系的安全与效率，保证金融业公平、正当竞争，保护各方主体权益，国家金融监管机构依法对金融机构、金融业务及金融市场实施规制和管控。金融监管机构在对金融经营机构市场准入、营运、变更、退出及金融市场秩序的监管中，形成了与被监管主体之间的各种关系，即金融监管关系。具体而言，金融监管关系即金融监管机关对金融经营机构的设立、变更、重整与退出进行全程审批所形成的关系；金融监管机关对各类金融机构的业务活动制定基本规则并监督实施中形成的关系；监管机关对货币市场、资本市场、外汇市场、保险市场、黄金市场的创建、调整、终止及其业务的开展和品种增减的监管形成的关系。由于金融监管机构是以公权者的身份出现，通过行政权、立法权和准司法权直接实施监督管理，被监管机构必须接受和服从，无权拒绝或协商，因此，金融监管关系是一种不平权的纵向关系。

案例 1-2 某银行违规被罚20万元

2019 年 4 月，中国银行保险监督管理委员会网站公布，山东某银行淄博分行违规办理无真实贸易背景的银行承兑汇票业务，被山东银行保险监督管理局罚款 20 万元。处罚依据：《中华人民共和国银行业监督管理法》第 46 条；《商业银行法》第 35 条；《票据法》第 10 条；《中国银监会办公厅关于加强银行承兑汇票业务监管的通知》（银监办发（2012）286 号）。

3. 金融交易关系

金融交易关系是金融经营机构在平等、自由、等价有偿的基础上依法开展各类金融业务所形成的关系。金融交易关系主要包括：银行业金融机构在办理存款、贷款、结算等银行业务中与相应主体之间发生的各种关系，如存款关系、贷款关系、拆借关系、结算关系、代理理财关系等；非银行业金融机构在开展证券、投资基金、期货期权、保险、信托、租赁等非银行业务中与相应主体之间发生的各种关系，如证券发行买卖关系、承销关系、证券交易买卖关系、证券投资咨询关系、期货期权交易关系、财产保险业务关系、人身保险业务关系、金融信托关系、融资租赁关系等。这些关系中最明显的特点是交易各方主体的地位一律平等，不存在一方凌驾于另一方之上，也不存在领导与被领导、服从与被服从的关系。因此，金融交易关系是一种平权的横向关系。

第二节 金融法的原则

法律原则指在一定法律体系中作为法律规则的指导思想、基础或本源的综合性、稳定性的法律原理和准则，是法律的精神实质和价值取向的高度概括和集中体现。金融法的原则是贯穿于整个金融法学体系的基本指导思想或基本准则，是对金融法所要实现的法律目标的具体化，其效力贯穿整个金融法学体系的始终。它对法律规范的制定、执法活动、司法裁判和司法解释，都具有重要的指导意义。

根据我国金融业发展的实际情况，一般来说，金融法应遵循以下基本原则。

一、稳定币值以促进经济发展原则

经济增长、币值稳定是市场经济协调发展的重要标志，是一国货币政策的主要目标。我国中央银行法也把“保持货币币值的稳定，并以此促进经济增长”确定为我国的货币政策目标，从而使其成为我国金融法的重要原则。

保持币值稳定，对内是指保持物价稳定，对外是指保持人民币汇率的稳定。要稳定币值，就必须贯彻货币制度独立、统一的方针，执行经济发行的原则。货币制度的独立是指货币政策的制定和实施要与其他政策相互独立，货币的发行必须与财政发行、政府信用分开，即财政部门不得向人民银行透支，人民银行不得直接认购、包销国债和其他政府债券，不得向地方政府、各级政府部门提供贷款。货币制度的统一是指货币的发行与管理要统一由人民银行负责，其他银行非依法律规定或经特别授权不得发行任何形式的银行券。稳定货币是与经济发行相联系的，是指货币的发行只能是满足生产和流通的正常需要，使货币的总供给和总需求保持平衡，从而保持货币币值的稳定，防止通货膨胀。此外，还应保持内外经济发展的均衡。

稳定币值以促进经济发展原则有以下三点要求：第一，抑制通货膨胀是稳定币值以促进经济发展的首要条件。治理通货膨胀有必要从经济机制上重建一种内在的约束和平衡机制，如中央银行的货币供应机制、财政收支机制、社会保障机制等。第二，金融的本质是信用问题，任何金融活动和金融制度，其核心均是信用，健全的信用金融体制必然要以健全的信用制度为基础和保障。因此，建立健全的信用制度是稳定币值、促进经济发展的基本手段和内容，而健全的信用制度必须体现在金融法律之中。第三，经济的发展不是单纯依靠经济总量的积累，也不是扩张性的货币政策，其根本方法在于经济结构的合理化。因此，深化金融体制改革以促进经济结构的合理化是稳定币值、推动经济发展的关键。

二、维护金融稳定原则

金融业是从事货币资金融通的具有社会公共性的特殊行业，具有极高的风险性，维护金融稳定成为保证金融业持续健康发展的重要要求，这就需要从保证金融业的安全性、效率性和流动性上实现。把维护金融业的稳定作为一项基本原则是由金融业本身的性质及其在现代经济中的地位决定的。就金融业本身的性质而言，其一，金融业存在信用风险、利率风险、汇率风险、经营风险、违约风险、市场风险等。风险的存在，严重影响着金融业的安全运营，并有可能影响到整个社会的经济生活和国家安定，必须加以防范和化解。其二，金融业是一个负债度高、负债面宽的行业，当存款人觉得金融机构经营不善、存款安全性不能得到满足时，就可能发生挤兑，这样的后果不仅会使金融业受到毁灭性损害，而且会使广大存款人的生活及社会经济遭受致命打击。其三，金融业的信息具有不完备与不对称同时存在的特点，而这与金融决策信息的隐蔽性相结合，更促成了金融业的高风险性、高外部性和高脆弱性。其四，中央银行调节经济、吞吐货币的所有政策，必须通过各金融机构的经营活动贯彻，但由于各金融机构以经济利益为重，其经营往往与中央银行的货币政策产生矛盾，有时甚至会抵消或破坏中央银行的政策实施。因此，稳定金融必然受到高度重视。

维护金融稳定，防范和化解各种金融风险，始终贯穿于金融立法、执法、守法和对外交往的活动和过程中。就立法而言，必须科学、合理地建立、健全各种金融法律、法规和规章制度，为防范和化解金融风险创造良好的法律环境；就执法而言，必须强化金融监督部门的地位和职权，改进监督的方式、方法，完善有关监管程序，切实加强非现场检查、现场检查和聘用外部审计、综合并表监管等措施；就守法而言，各金融机构必须健全内部控制和各项具体业务制度，实行合法、合规和审慎经营。在金融对外开放方面，必须积极稳妥，立足于国家主权和安全，切实做好涉及金融业务的经营和监管工作，防范国际金融风险的渗透和转移。

三、保护主体利益原则

金融活动和金融关系涉及各方面当事人的权益，金融法必须明确规定金融机构在金融活动中应当维护各方当事人的合法权益。金融主体利益既包括金融机构的利益，也包括金融业务相对人的利益，保护金融活动各方的利益是金融法的又一重要原则，也是其根本原则，它既是金融法的起点，也是金融法的终点。金融机构的业务收入来源于业务相对人，没有业务相对人就没有业务来源，金融产业也就不可能得到发展。因此，金融法必须保护业务相对人的利益。同时，投资人的投资安全和投资收益又取决于金融机构的业务经营收益，没有金融机构的经营收益，投资人的收益也就没有了最终的来源。因此，金融法也必须保护金融机构的利益。具体来讲，就是要坚持形式上的平等保护原则。

形式上的平等保护原则是相对于金融机构与业务相对人之间的法律地位而言的，即在具体的金融业务中，金融机构与业务相对人之间的法律地位在形式上是平等的。只有这样，双方主体之间才能建立起等价有偿的金融业务关系。因此，金融法对双方主体必须从形式上给予同等的保护，在双方的权利义务关系上保持相对的平衡。但是，事实上金融机构与业务相对人之间的实际地位是有差别的，金融机构通常在经济能力上处于强者的地位，而其业务相对人则处于弱者的地位。因此，在实际业务活动中，金融机构往往会利用自己的优势地位，迫使业务相对人接受一些实质上不平等的条件，形成了实质上的不平等。因此，金融法还必须给弱势群体一方以倾斜性的法律保护，在同等条件下作出有利于业务相对人的法律规定，或者在司法实践中作出有利于业务相对人的司法解释，从而从实质上平衡金融机构与业务相对人的金融法律关系。此外，当代金融企业除具有一般企业的性质外，还具有比较强的社会性，因此也必须承担较多的社会义务。承接社会义务的多少，取决于其社会影响力和控制力。

想一想

金融混业经营趋势会对国内分业经营、分业管理原则产生何种冲击？

分业经营、分业管理是指银行、证券、保险、信托等各类金融机构在各自业务分工许可范围内各营其业，互不交叉，并分别接受不同的监督管理。分业经营、分业管理的原则有利于专业分工细化，避免金融风险扩散，而且比较容易进行监管管理。我国实行市场经济体制的时间比较短，市场化程度不高，经营管理经验不足，金融法律法规和监管制度不健全，监管水平较低等，致使我国经过 30 多年的金融体制改革，仍旧选择坚持“分业经营、分业管理”的金融体制。

随着金融创新的日益深化、外资银行的逐渐准入、全球金融业并购的不断扩大，金融业混业经营已经成为当今世界的发展主流。在这一背景下，我国金融实务部门也开始了混业经营的尝试，不仅诞生了金融控股公司，而且业务界限开始模糊。金融立法也开始对此做出反应，如经过修改的《中华人民共和国商业银行法》和《中华人民共和国证券法》都为混业经营提供了认可的空间。2018 年，中国政府机构改革，中国银行保险监督管理委员会（以下简称中国银保监会）于 4 月 8 日正式挂牌成立，开启了监管新格局。应该承认，混业经营是我国金融业发展的必然趋势，我国金融法的分业经营、分业管理原则也必将发生改变。

金融法的原则是金融立法和司法的基本准则，也是金融法区别于其他法律、体系的根本标志，还是在法律没有规定或规定不明确的条件下，进行司法解释和法学判断的指导思想。因此，认真理解金融法的原则对于从根本上掌握金融法具有重要意义。另外，金融法各原则之间及其内部也是具有统一性和矛盾性的。通常，能够很好地保护主体利益，也就应该能够保证金融业的整体安全、秩序和效率，使整体金融利益达到最大化；反之，整体金融利益实现了最大化，也就必然满足了保护金融主体利益的要求。但是，有时金融法的这些原则之间也是有矛盾的，实现了整体的金融安全往往就降低了金融效率，保护了金融机构的利益就可能损害业务相对人的利益。在此条件下，司法裁判中应根据不同时期的具体金融形势而有所取舍和侧重。

第三节 金融法的地位、渊源与体系

一、金融法的地位

金融法的地位是指金融法在整个法律体系中的地位，即金融法在法律体系中是否属于独立的法律部门，以及属于哪一个层次的法律部门。在我国，宪法是国家的根本大法，根据宪法制定的民法、行政法、经济法、刑法等基本法属于第二层次的法律部门，根据基本法制定的规范性文件属于第三层次的法律部门。金融法有自己特定的调整对象，因而毫无疑问是一个独立的法律部门，是属于第三层次的法律部门，属于经济的重要组成部分，在我国整个法律体系中占有不可或缺的重要地位。

(一) 金融法具有确认金融机构的法律地位，建立、健全金融机构组织体系的重要功能

金融活动能否正常、有序进行，关键要看金融机构本身是否健全。金融法正是通过立法对各类金融机构的性质、职责权限、业务范围等加以界定，对各类金融机构的组织管理结构、运行机制、设立、变更及终止等加以明确，使金融机构有健全的组织机构以

及运行规则保证金融活动的正常进行，进而为金融活动的健康开展创造前提条件。

（二）金融法具有培育和完善金融市场体系，规范金融市场行为的重要职能

金融活动是国民经济的重要组成部分，是连接生产、交换、分配、消费各个环节的纽带，市场经济更离不开货币的快速流通，离不开健全的银行和非银行金融机构，离不开活跃的金融市场和良好的金融秩序，因而也就离不开完备的金融法律体系。通过金融法的贯彻落实，有效协调并维护金融市场各参与者的合法权益，提高资金运营效益，实现资金融通的个体效益目标和社会整体效益目标的统一。金融市场是融通资金、买卖有价证券的场所。金融市场种类繁多，且每一个完善的金融市场必须具备交易主体、交易对象、交易工具、交易价格四大要素，金融法则专门对这些要素加以规范，建立起各类金融市场，并依法严格管理，使其形成统一、开放、有序竞争的市场局面，从而加速资金的横向流动和有效配置，提高融资的可选择性和及时性，最终提高资金的使用效益，维护市场交易各方的合法权益。

（三）金融法是重要的宏观调控法

金融法负有确定金融调控目标，规范金融调控、管理、监督行为的特殊使命。在传统计划经济体制下，国家普遍采用的是直接调控；而在市场经济体制下，国家主要采用间接调控，金融调控已经成为对国民经济进行调控的重要手段。在现代社会里，金融业是事关经济全局、千家万户的公共性行业，金融市场是瞬息万变、充满了不确定性的高风险市场。任何一个金融机构金融活动的开展，其影响都超过了交易个体自身的范围，都在现实地或潜在地对其他市场主体产生影响，亦即对全社会发生作用。如何在尊重市场机能的前提下趋利避害，就要求从社会整体利益需要出发，对金融业实行宏观调控和有效监管，而这正是金融法的特殊使命。金融法通过其确认、引导、规范、调节、保障机能，可以明确一国的货币金融政策的总体目标，确定金融监管机构的地位及职权，规范金融监管和调控的方式、方法，规定金融违法行为的惩处、制裁措施等。

二、金融法的渊源

金融法的渊源是指金融法律规范的表现形式。我国金融法的渊源包括国内渊源和国际渊源两大类。

（一）国内渊源

1. 宪法

宪法是国家的根本大法，是国家的总章程，是我国金融法律规范的最高法源，如宪法中关于加强国家宏观调控、维护社会经济秩序的规定，可以说是我国金融法律规范的最高表现形式，是我国金融法立法的基础。

2. 金融法律

金融法律是由全国人大及其常务委员会制定的有关金融组织及其活动的规范性法律

文件，它包括专门金融法律和其他法律中涉及金融活动的有关规定。前者如《中华人民共和国中国人民银行法》（以下简称《中国人民银行法》）、《中华人民共和国商业银行法》（以下简称《商业银行法》）、《中华人民共和国保险法》（以下简称《保险法》）、《中华人民共和国票据法》（以下简称《票据法》）等；后者如《中华人民共和国民法总则》（以下简称《民法总则》）中关于民事主体、财产所有权、债权等方面的法律规定，《中华人民共和国合同法》（以下简称《合同法》）关于借款合同、融资租赁合同的规定，《中华人民共和国担保法》（以下简称《担保法》）中关于保证、抵押、质押的规定，《中华人民共和国公司法》（以下简称《公司法》）中关于公司组织的规定等。

知识拓展

金融法律的分类

金融法律可分为金融基本法律和金融普通法律。金融基本法律是由全国人民代表大会制定通过的，《中国人民银行法》是基本法律；其他如《商业银行法》《票据法》《保险法》《担保法》《中华人民共和国证券法》（以下简称《证券法》）、《中华人民共和国信托法》（以下简称《信托法》）等是普通法律，由全国人民代表大会常务委员会制定通过。

金融法律不得与宪法相抵触，在整个金融法律体系中，金融法律位阶最高，其权威性、效力层次仅次于宪法。

3. 金融行政法规

金融行政法规是指国务院制定的有关金融组织及其活动的规范性法律文件，如《中国人民银行货币政策委员会条例》《中华人民共和国外汇管理条例》（以下简称《外汇管理条例》）、《储蓄管理条例》等。由上述国务院金融管理职能部门制定的金融行政法规，数量十分庞大。除专门调整金融关系的行政法规外，其他行政法规中调整金融关系的法律规范也是金融法的渊源。金融行政法规不得与宪法、金融法律相抵触。

4. 金融行政规章

金融行政规章是指国家金融监管部门（或机构）根据金融法律、法规的规定或授权制定的有关金融活动的规范性法律文件，如中国人民银行发布的《支付结算办法》《金融机构反洗钱规定》《贷款通则》《人民币银行结算账户管理办法》，中国证券监督管理委员会发布的《私募投资基金监督管理暂行办法》《公司债券发行与交易管理办法》《上市公司重大资产重组管理办法》，国家外汇管理局制定的《保税区外汇管理办法》等。

5. 金融地方性法规和政府规章

金融地方性法规是指省、自治区、直辖市和计划单列市的人民代表大会及其常务委员会制定的有关金融活动的规范性法律文件。地方政府规章是地方各级人民政府在法律规定的权限内制定的调整金融关系的规范，如2016年7月1日起实施的《山东省地方金融条例》。这些地方性法规因地制宜，是对金融法律、法规的具体化，但它们不得同金融法律、法规相抵触。

立法动态

地方金融监管局密集挂牌　各地加速出台地方金融条例

2017年召开的全国金融工作会议对地方金融监管部门属地监管和风险处置责任进行明确后，多地地方政府都将“深化地方金融监管体制改革、补齐监管短板”列为2018年地方金融工作的重点之一。截至2018年12月，正式挂牌地方金融监督管理局的省市已超过10个，包括吉林、广东、福建、重庆、山西和湖南等地。公开信息显示，2018年11月底，《浙江省地方金融条例（草案）》提交浙江省十三届人大常委会第七次会议审议。另外，山东、河北等地已经出台了相关地方金融条例，还有部分省份将地方金融条例的制定写入当地的政府工作规划中。

6. 金融行业自律性规范

金融行业自律性规范指由金融行业或金融机构制定的有关自身金融活动的行为规范，它是国家权力机关、行政机关制定的法律性文件的有益补充，具有准法律的效力，如《中国证券业协会章程》，中国银行业协会制定的《文明服务公约》《自律公约》和《反不正当竞争公约》，以及《深圳证券所股票上市规则》等均属自律性规范。

7. 金融司法解释

金融司法解释属于法律的正式解释或有权解释，是司法机关基于宪法和法律的授权而对法律所作出的解释。在我国，最高人民法院和最高人民检察院在适用金融法律的过程中所作出的规范性文件，也是调整金融法律关系的法律渊源。我国典型的金融司法解释如《最高人民法院关于审理票据纠纷案件若干问题的规定》《最高人民法院关于审理存单纠纷案件的若干规定》《最高人民法院关于审理融资租赁合同纠纷案件适用法律问题的解释》《最高人民法院关于审理民间借贷案件适用法律若干问题的规定》等。

（二）国际渊源

我国金融法的国际渊源，是指我国缔结或参加的有关国际条约、协定，以及一些具有广泛的影响、为国际社会接受并认可的国际惯例。

1. 国际条约

我国缔结或参加的与金融有关的国际条约，除我国声明保留的以外，构成了我国金融法的重要渊源。我国缔结或者参加的国际条约与我国法律有不同规定的，适用该国际条约的规定，即国际条约具有优先于国内法的效力。目前，我国缔结或加入的国际金融条约、协定主要有：《国际货币基金组织协定》（我国是该条约缔结国之一）、《国际复兴开发银行协定》（1965 年 12 月 17 日）、《国际复兴开发银行协定附则》（1980 年 9 月 26 日）及 2001 年中国加入 WTO《关于金融服务承诺的谅解》《世界贸易组织协定》及其附件等；此外，还包括我国与一些国家达成的清算支付协定、贷款协定等。

2. 国际惯例

国际惯例是指在国际经济交往中形成的，为国际社会普遍接受并予以认可，经双方确认便具有法律约束力的习惯性规范。许多国际惯例都经历了长期和反复的适用，现已相对稳定并且形成了书面文字，因此其一经援引，便对当事人形成法律约束力，如 1967 年国际商会的《商业单据托收统一规则》、1983 年的《商业跟单信用证统一惯例》、1985 年世界银行的《贷款协定和担保通则》及《合同担保统一规则》、2004 年巴塞尔银行监管委员会修订的《巴塞尔资本协议》、2006 年修订的《有效银行监管的核心原则》和《加强银行公司治理》等。另外，某些国家货币金融事务的习惯做法，如贷款协定中的格式条款和订立程序等都属于国际惯例。

三、金融法的体系

法的体系是指一个国家全部法律规范有机组合而构成的内容和谐一致、形式完整统一的法律整体。金融法的体系是指在金融法的基本原则的指导下，调整金融关系的不同层面的金融法律、法规、规章等金融法律规范，分类组合为不同的金融法律制度，共同实现金融法的任务而形成的相互联结、和谐统一、层次分明的统一整体，它是一个多层次的结构体。金融法体系内容相当庞杂，各国金融立法因经济发展阶段不同和管理重点各异，内容也不尽相同，体系也各有特点。

在我国，关于金融法体系的归类，学界有不同的认识，有的学者将其归纳为六部分，有的学者将其归纳为四部分。本书认为，对金融法律部门的划分不一定要拘泥于严格的形式逻辑，应以有利于发挥法律制度的功能和实现法律体系的和谐为标准。因此，综合各国的金融立法情况，结合我国实际，金融法主要由以下法律法规组成。

1. 银行法

银行法是调整银行的主要组织和业务行为的法律规范的总称。按不同的标准，银行法可以划分成不同的类别：按银行类型的不同，可以分为中央银行法、商业银行法、政策性银行法等；按银行的运作情况，可以分为银行组织法和银行业务法等。

2. 非银行金融机构法

广义的非银行金融机构，是指除商业银行和专业银行以外的所有金融机构，主要包括公募基金、私募基金、信托、证券、保险、融资租赁等机构以及财务公司等。狭义的非银行金融机构包括货币经纪公司、财务公司、金融资产管理公司、汽车金融公司、消费金融公司、贷款公司、小额贷款公司、典当行等。围绕上述机构形成了一系列法律规范。

3. 金融担保法

金融的繁荣依赖于信用保障，担保制度的优劣直接影响到企业融资能力，影响到一个国家和地区引进外资的水平，而担保法的立法宗旨就在于弘扬对债权的保护。在现代市场经济中，金融担保应用日趋广泛，由于金融业务的特点，金融担保往往形成特殊的法律关系，金融担保法律制度十分重要。

4. 票据法

票据法是规定票据的种类、形式、内容及调整票据关系的法律规范，主要包括汇票制度、本票制度和支票制度等。票据作为一种债权凭证，以信用为基础，是重要的支付结算工具，因此票据法是金融法的一个重要组成部分。

5. 证券法

证券法是调整证券发行和流通中发生的资金融通关系的法律规范。不同角度的证券法也有不同的分类：从静态上，按证券的种类，可以分为债券法和股票法；从动态上，即从证券融资的运作过程划分，可以分为证券发行法和证券交易法。

6. 投资基金法

投资基金法是调整投资基金关系的法律规范的总称。投资基金是一种集合投资，涉及的法律关系复杂多样。投资基金法主要包括证券投资基金法和私募股权投资基金法。

7. 信托法

信托法是调整金融信托关系的法律规范，主要包括信托机构的设立条件、法律地位、信托业务规范、信托合同制度等内容。

8. 融资租赁法

融资租赁法是调整融资租赁关系的法律规范，主要包括融资租赁公司成立的条件、法律地位、融资租赁合同等内容。

9. 保险法

保险法是调整保险关系的法律规范。保险作为一种危险管理的重要手段，其实质是对危险发生后遭受到的损失予以分散。由于保险还具有积累资金和投资职能，被列为金融体系的组成部分，所以保险法是金融法的范畴，其内容主要包括保险机构组织法、保险合同法和保险特别法三部分。

10. 金融监管法

金融监管法是调整金融业监督管理关系的法律规范系统。自 2004 年施行的《中华人民共和国银行业监督管理法》，连同《证券法》《保险法》《信托法》《中华人民共和国证券投资基金法》《外汇管理条例》等法律法规中规定的商业银行、证券、保险、信托、基金、外汇流通等监管法律规范内容，构成了我国金融监管体系。

知识拓展

网络金融法

近年来，网络金融异军突起，发展势头迅猛。与此同时，其风险集聚不可忽视，要促进网络金融健康发展，网络金融的“野蛮生长”亟待依法治理和规范。随着一系列规范性文件的出台，网络金融法成为金融法中的一个重要组成部分。网络金融法是关于网络金融交易和网络金融监管的法律规范的总称。作为网络金融法调整对象的网络金融关系是传统金融关系在网络空间的表现。

第四节 金融法律关系

一、金融法律关系的概念和特点

法律关系是法律规范在指引人们的社会行为、调整社会关系的过程中所形成的人们之间的权利义务关系，是社会内容和法的形式的统一。金融法律关系是由金融法律规范调整的在金融调控、监管活动和金融业务活动过程中形成的具有权利义务内容的社会关系。金融法律关系的形成和存在必须以金融关系和金融法律规范的同时存在为条件。没有现实的各种金融关系，也就使金融法律关系失去了基础，根本无法形成金融法律关系。但是，只有金融关系而没有相应的金融法律规范，也无法形成金融法律关系，因为金融法律关系是金融法律规范的实现形式，是金融法律规范的内容在现实金融活动中得到的具体贯彻。金融法律关系具有如下特点：

（一）金融法律关系是以现行的金融法律规范为前提的社会关系

金融法律关系主体的范围、权利和义务、客体等要素，以及金融法律关系的产生、变更和消灭的法律事实，均由明确的法律规范加以规定。金融法律关系与金融法律规范有着密切的内在联系，两者均包含有主体的权利和义务，但权利和义务的体现形态不同。在金融法律规范中，主体的权利和义务是一种抽象的可能性，是主体能为或应为的行为模式。而在金融法律关系中，主体的权利和义务具有具体的现实性。金融法律规范规定主体的权利和义务，而金融法律关系使金融法律规范的规定具体化。

（二）金融法律关系的主体必须包含金融机构

金融法律关系一般是指从事金融业务的主体与其相对人之间发生的与金融有关的权利和义务关系。金融法律关系属于社会关系，由于金融法律关系是在金融监管、调控活动和金融业务活动过程中形成的权利和义务关系，而金融监管、调控活动和金融业务活动是以银行等金融机构为中心展开的，因此，在金融法律关系主体中，大多数情况下，至少一方是银行或非银行金融机构。

（三）金融法律关系是由国家强制力保证实施的、以金融法上的权利和义务为内容的社会关系

国家授予主体在法律上的权利和义务，是法律实现对社会关系调整的特有方式。如果法律关系主体违背了法律规定的权利和义务，势必破坏法制的统一和金融运行的秩序。因此，金融法律关系必须由国家强制力予以保障和实施，这样才能保障金融法主体之间权利和义务的实现，从而有效发挥金融调控、金融监管的保障作用，实现金融活动的目的。

（四）金融法律关系具有综合性、多样性

金融活动既有金融主管机关对金融市场和金融流动的调控和监管关系，又有金融市场各主体之间的平等关系。因此，在金融法律关系中夹杂着平等的民事法律关系的特征和国家干预经济的公法特征，其是纵向法律关系和横向法律关系的统一，属于比较典型的经济法律关系。随着当代金融活动对社会生活各个领域的渗透，金融成为现代经济的核心，金融活动也日趋复杂多样化，因此，金融法律关系具有多样性特征。

二、金融法律关系的构成要素

金融法律关系同其他法律关系一样，也是由主体、客体和内容三个要素构成，三个构成要素是构成金融法律关系不可或缺的组成部分。

（一）金融法律关系的主体

金融法律关系的主体是金融法律关系的参加者，是权利的享有者和义务的承担者，也是金融法律关系客体的所有者、经营者，是客体行为的实施者。金融法律关系主体是指参加金融法律关系，依法享有权利、承担义务的当事人。国家机关、企事业单位、社会组织和个人依法可以成为金融法律关系的主体，而金融机构则是金融法律关系的当然主体。

金融法律关系的主体必须具有权利能力和行为能力。权利能力是指权利主体享有权利和承担义务的资格。行为能力是指权利主体能够通过自己的行为取得权利和承担义务的资格。金融法律关系主体的资格是由法律规范加以规定的。一般而言，自然人、法人或其他组织参加平权性的金融法律关系，如存贷、投保等，由民法加以规定，法律对其并无特别规定。作为专门从事金融业务的银行和非银行金融机构，其资格则由专门的法律加以规定。金融机构的成立必须符合专门法规规定的条件，依照法定程序经主管部门审查批准。

根据具体的金融活动和相关法律规范的规定，金融法律关系主体包括以下几类。

1. 金融机构

金融机构是金融法律关系的当然主体。金融机构可以分为两大类：金融管理机构和金融经营机构。金融管理机构作为国家金融监督管理部门，代表国家组织管理金融机构及其活动，代表国家监管、调控金融市场，在金融法律关系主体中占有特别重要的地

位，具体包括中国人民银行、国家外汇管理局、中国证券业监督管理委员会、中国银行保险监督管理委员会等机构。金融经营机构则以营利为目的，按照价值规律和金融市场运行机制从事各种金融营业活动，具体包括各类银行和非银行金融机构。各类银行是指商业银行、政策性银行、专业银行（如烟台住房储蓄银行、蚌埠住房储蓄银行）、合作银行、外资银行、外国银行分行、中外合资银行以及其他经营存款、放款、汇兑结算等业务的金融企业；非银行金融机构是指未冠以“银行”字样的经营信托、投资、租赁、债券、保险等金融业务的金融机构。

2. 金融消费主体

金融消费主体包括自然人、各类普通经济组织以及其他社会组织。其中，自然人包括中国公民、外国公民、无国籍人。他们参与金融活动就成为金融法律关系的主体。自然人一般应具有权利能力和行为能力才能成为金融法律关系的主体，但在特殊情况下，无行为能力人或限制行为能力人也能成为金融法律关系的主体。普通经济组织是指除金融经营机构之外，从事生产经营活动，依法自主经营、自负盈亏并实行独立核算的经济组织，包括各种公司、合伙企业、个人独资企业等。其他社会组织是经法定程序成立，实行独立核算或预算，拥有独立的财产权或经营管理权的组织，包括事业单位和社会团体。这些主体可以是法人组织，也可以是非法人的合伙组织、联营组织。

3. 特殊金融主体

国家在特定的情况下，也能以主体资格参加金融活动，成为金融法律关系的主体，如发行货币、发行国家公债、参加联合国金融机构活动和政府之间的贷款等。

知识拓展

金融机构的类别

2010 年 5 月，中国人民银行发布了《金融机构编码规范》，从宏观层面统一了我国金融机构分类标准，明确了我国金融机构涵盖的范围，界定了各类金融机构的具体组成，规范了金融机构统计编码方式与方法。根据此规范，我国的金融机构可分为：①货币当局，主要指中国人民银行和国家外汇管理局；②监管当局，主要指中国银监会、中国证监会、中国保监会；③银行业存款类金融机构，如银行、城市信用合作社、农村信用合作社等；④银行业非存款类金融机构，如信托公司、金融资产管理公司等；⑤证券业金融机构，如证券公司、证券投资基金管理公司等；⑥保险业金融机构，如财产保险公司、人身保险公司等；⑦交易及结算类金融机构，如交易所等；⑧金融控股公司，如中央金融控股公司及其他金融控股公司。

（二）金融法律关系的客体

金融法律关系的客体是指参加金融法律关系的主体的权利和义务所共同指向的对

象。没有金融法律关系的客体，金融法律关系也就不可能产生，权利和义务也就会落空。金融法律关系的客体主要有三种：一是作为当代社会流通手段和支付手段的法定货币；二是在法定货币基础上衍生出来的用以作为货币流通或融通工具的各种金融资产；三是为货币流通和融通目的而实施的各种金融行为。这些客体既不同于民事法律关系的客体，也不同于行政法律关系的客体。

第一，当代社会的法定货币既不是传统民事法律关系的客体，也不是传统行政法律关系的客体。虽然按照传统的民法理论，货币是一种有体物，是民事法律关系的客体，但是传统民法理论所指的货币是历史上的金属货币，而不是当代社会所使用的信用货币。目前，金属货币已不复存在。信用货币由于其本身发行和流通的法定特征，是不可能成为纯粹的民事客体的。当然，在此基础上形成的各种金融资产也就难以成为纯粹的民商事客体。它们既不能归属于传统民事法律关系中的人身权，也不能归属于传统民事法律关系中的物权，更不可能形成传统民事法律关系中的债权。但是，无论是信用货币还是金融资产，它们都是现实的财产权，也不能成为传统的行政法律关系的客体。目前，世界各主要国家，货币法都是独立于传统民商法和行政法的，它是金融法中特别规范的客体。

货币有本币与外币之分。本币为本国的货币，人民币是我国流通领域唯一合法的货币，它也是金融法律关系适用最为广泛的客体。外币在我国不能任意流通，但它是外汇管理行为的对象和存储法律关系的客体。

第二，金融法律行为也是当代社会一种特殊的行为，这是由其主体的特殊性引起的。由于当代社会金融行业属于特殊行业，它的行为具有较强的整体性和社会性，金融业务行为必然要受到监管机关的严格监督管理。并且，这种监督管理又不同于传统行政法律关系上的行政管理，它的许多监督管理行为是通过金融业务活动实现的。另外，金融企业与业务相对人之间及金融企业之间的金融行为也不同于普通的民商事行为，这些行为有严格的金融业务经营资格和经营范围要求，必须按照严格的金融技术和操作规范进行，没有民商事行为那样广阔的意思自治空间。同时，按照各国法律的通常规定，普通民商事主体没有经营金融业务、实施金融业务行为的资格。因此，虽然金融法律关系客体与民商法和行政法客体具有一定的联系，但它们还是有明显区别的。

（三）金融法律关系的内容

金融法律关系的内容是指金融法律关系的主体依法所享有的权利和承担的义务。权利是指主体有权依据金融法律、法规的规定为一定行为、不为一定行为和要求他人为一定行为的可能性。义务是指主体依据金融法律、法规的规定必须为一定行为或不得为一定行为的必要性。在不同的金融法律关系中，金融法主体享有不同的权利、承担不同的义务。

金融法律关系主体的权利来自法律规范的规定，是保证权利人利益的法律手段，也是法律允许权利人行为的范围。例如，在金融管理法律关系中，管理主体享有的权利即职权，表现为决策权、命令权、禁止权、许可权、批准权、审核权、确认权、监督权等；在金融业务法律关系中，金融主体享有的是经营自主权、请求权、平等竞争权等。金融法律关系中的义务是金融法律关系的主体在金融管理和业务经营活动中依法必须为或不为的责任，如商业银行应当按照中国人民银行的规定缴存存款准备金，留足备付金；借款人必须依法订立借款合同，按期向银行偿还本金和利息等。

三、金融法律关系的产生、变更和终止

金融法律关系是一个不断运动、变化的过程，这个过程表现为金融法律关系的产生、变更和终止。金融法律关系的产生，是指在金融法律关系主体之间形成一定的权利和义务关系，如因存款合同行为而在商业银行和储户之间形成债权债务关系。金融法律关系的变更，是指已经存在的金融法律关系的主体、客体或内容发生了改变，如存款合同的权利和义务随存款金额的变化而增加或减少。金融法律关系的终止，是指金融法律关系主体之间的权利和义务关系完全消灭，如因贷款合同履行完毕而使借款人和商业银行之间不再存在债权债务关系。

金融法律关系的这种运动变化过程除了必须具备金融法律规范之外，还必须以法律事实作为前提条件。所谓法律事实，是指由法律所规定的，能够引起法律关系发生、变更和终止的各种事实的总称，包括法律行为和法律事件两大类。法律行为是指以当事人的意志为转移，能够引起金融法律关系的产生、变更和终止的人们有意识的活动，包括合法行为和违法行为两类，如依法订立保险合同、不履行或不适当履行贷款合同义务等。法律行为是引起金融法律关系产生、变更和终止最普遍的法律事实。法律事件是指不以当事人的意志为转移，能够引起金融法律关系产生、变更和终止的客观事实。事件包括自然事件和社会事件，前者如人的生老病死、自然灾害、时间的经过等，后者如战争、政变、工人罢工等。

案例 1-3　金融法律关系的变动

2016 年 8 月甲购买了一套商品房，但因资金不足无法全额支付房款，便与某商业银行签订房屋按揭贷款合同。双方约定：贷款金额为 50 万元，贷款期限为 10 年。2018 年，甲将该房屋卖给乙，并与某商业银行达成协议，剩余贷款由乙承担清偿责任。后来由于乙投资一个项目获得成功，赚了 100 多万元，其便与商业银行协商后，提前将剩余贷款在 2019 年 4 月一次性全部还清。

请问：如何理解本案贷款法律关系的产生、变更、终止？

【解析】因甲与某商业银行签订房屋按揭贷款合同，便在二者之间形成贷款法律关系；后因乙购买该房屋而成为新的还贷者，使已经生效的贷款法律关系发生了主体方面的改变，即主体变更；最后由于乙提前清偿所有贷款本息，从而使贷款法律关系终止。

四、金融法律关系的保护

金融法律关系的保护，是指国家有权机关依法采取积极有效的方法和手段，以促使金融法律关系的参加者正确行使权利和切实履行义务，从而维护当事人的合法权益和良好的金融秩序。

（一）金融法律关系的保护机构

金融法律关系的保护主要是通过以下三个方面的保护机构进行。

1. 金融监管机构

金融监管机构是一国金融体制的中心，也是进行金融法律关系保护的最基本机构。金融监管机构通过对金融机构的市场准入、市场退出和金融业务活动的全过程的日常监管，对金融违法行为进行行政查处，可以对金融主体权利和义务的实现起到最基本的保障作用。

2. 仲裁机构

仲裁机构不是行政机关，也不附属于行政机关，而是依法成立的一种社会服务组织，其可以在直辖市和省、自治区人民政府所在地的市设立，也可以根据需要在其他设区的市设立。依据当事人申请，仲裁机构可以第三人的身份对金融法律关系主体之间发生的金融合同纠纷，如存款、贷款、保险、证券交易等合同纠纷进行调解或仲裁，这样可以有效地解决主体之间的金融纠纷，实现对金融法律关系的保护。

3. 司法机构

司法机构一般是指人民检察院和人民法院。人民检察院对金融犯罪案件依法行使检察权，并以国家公诉人的身份出庭支持公诉，对人民法院审判活动是否合法实行监督。人民法院依法行使审判权，对当事人提起诉讼的金融纠纷案件和人民检察院提起公诉的金融犯罪案件依法进行审判，实现对金融法律关系的保护。司法是法律实施的核心部分，是社会救济的最后一道防线，司法机构对金融法律关系的保护是保证金融权利得以救济的最后一道屏障。

小知识

关于司法公正的名人语录

一次不公正的审判，其恶果甚至超过十次犯罪。因为犯罪虽是无视法律——好比污染了水流，而不公正的审判则毁坏法律——好比污染了水源。

——英国哲学家培根

谁握有国家的立法权或最高权力，谁就应该以既定的、向全国人民公布周知的、经常有效的法律，而不是以临时的命令来实行统治；应该由公正无私的法官根据这些法律来裁判纠纷，并且只是对内为了执行这些法律，对外为了防止或索偿外国所造成的损害，以及为了保障社会不受入侵和侵略，才得使用社会的力量。

——英国哲学家洛克

司法是维护公平正义的最后一道防线。

——中国国家主席习近平

（二）金融法律关系的保护方法

一般所讲的保护方法是指狭义的方法，即通过追究法律责任来实现对金融法律关系的保护。金融法律关系的保护方法主要有以下三种。

1. 行政保护方法

行政保护方法是指对违反金融法律、法规的行为人，由法律规定的金融监管机构依照行政程序加以处理，以保护金融法律关系主体的权利和义务的实现；主要体现为金融监管机构对有违法行为的金融机构或其责任人员采取行政上的处理或纠正措施。法律赋予金融监管部门监管权和对违反法律、行政法规的行为的行政处罚权，如对单位采取批评、警告、停业整顿、吊销许可证、禁止市场准入等；对个人采取警告、记过、记大过、降级、开除、取消业务资格等。

2. 经济仲裁保护方法

《中华人民共和国仲裁法》规定，平等主体的公民、法人和其他组织之间发生的合同纠纷和其他财产权益纠纷，可以提请仲裁。因此，金融业务活动中发生的权利和义务争议，均可依据当事人达成的仲裁协议向有关仲裁委员会申请仲裁。在仲裁庭审过程中，当事人享有辩论权、表述最后意见权、自行和解权等。由于仲裁实行一裁终局，即裁决一旦作出，就发生法律效力，所以，当事人就同一金融纠纷再申请仲裁或者向人民法院起诉的，仲裁机构或人民法院不予受理。以仲裁方式保护金融法律关系，既可以简便、快捷地解决民事金融纠纷，又可以实现较大的自主性和保密性。

3. 司法保护方法

司法保护方法包括以下两个方面。

一是人民法院依照诉讼程序以审判方式解决金融合同纠纷与金融行政监管争议，并可对拒不履行法院判决、裁定或仲裁机构裁决的行为予以强制执行。

知识拓展

民事诉讼中的诉讼时效

司法实践中，相较于金融行政诉讼和刑事诉讼，金融民事诉讼所占比例最高。在金融民事诉讼中应特别注意诉讼时效问题。诉讼时效是权利人在法定期间内不行使权利，则人民法院对权利人的权利不再给予保护的制度。诉讼时效届满，权利人丧失胜诉权，但仍享有实体权利，因而若当事人自愿履行的，则不受诉讼时效限制。根据《民法总则》的规定，当事人向人民法院请求保护民事权利的诉讼时效期间为3年，法律另有规定除外。诉讼时效存在中断和中止两种情形。诉讼时效的中断是指在诉讼时效进行中，因法定事由的发生致使已经进行的诉讼时效期间全部归于无效，诉讼时效期间重新计算。诉讼时效中断的法定事由包括提起诉讼或仲裁、权利人主张权利、义务人同意履行义务等情形。诉讼时效中止是指在诉讼时效进行中，因一定的法定事由产生而使权利人无法行使请求权，暂停计算诉讼时效期间。诉讼时效中止的法定事由是不可抗拒力和其他阻碍权利人行使请求权的情况，且必须发生在诉讼时效进行期间的最后六个月内，待中止时效的原因消除之日起满六个月，诉讼时效期间届满。

二是对严重违反金融法律、法规，触犯刑法的犯罪分子，由人民法院依法作出裁决，追究刑事责任。

案例 1-4 **骗取贷款罪承担刑事责任**

2013 年 6 月，高某利用其实际控制的淮南市某商贸公司分别与另两家商贸公司签订虚假的煤炭购销合同、工业品购销合同。在没有真实贸易的情况下，由安徽某融资担保公司担保，淮南市某商贸公司于 2013 年 7 月 4 日与淮南某农村商业银行签订流动资金借款合同，贷款金额2000 万元。次日，淮南某农村商业银行以受托支付方式，将该笔贷款分别向与淮南市某商贸公司签订虚假合同的两家公司的账户各支付 1000 万元。当日，两家公司将各自账户上的1000 万元转账至高某的个人账户及其他账户，后挪作他用。该笔贷款到期后，截至 2014 年 10 月 21 日，被告人高某及担保人安徽某融资担保股份有限公司将该笔贷款本息全部还清。经检察院提起公诉，2019 年 3 月，安徽省淮南市潘集区人民法院公开开庭审理，判决被告人高某犯骗取贷款罪，判处有期徒刑三年，缓刑三年，并处罚金人民币十万元（已缴纳五万元）。

金融法对金融法律关系的保护不仅要体现当事人的合法权利，而且要直接或间接地保证国家意志和社会意志的结合，其是国家意志、金融机构意志等当事人协调结合的产物；金融法对金融法律关系的保护手段具有多样性、综合性、复杂性的特征，在多变的金融情势下，单靠一种手段保护是远远不够的。

本章小结

本章主要介绍了金融法的概念和调整对象，金融法的基本原则，金融法的地位渊源和体系，金融法律关系的含义、特点，以及金融法律关系的主体、客体、内容和保护。

复习思考题

1. 金融法具有哪些特点？
2. 简述金融法的调整对象。
3. 简述金融法的基本原则。
4. 简述金融法的地位和体系。
5. 简述金融法律关系的构成要素。

第二章

中央银行法律制度

学习目的

中央银行是一国最高的货币金融管理机构，在各国金融体系中居于主导地位，因此，确定中央银行的法律地位及其职责尤为重要。本章内容旨在使学生系统地掌握中央银行在金融领域的地位和作用，了解中央银行的产生、发展、地位、性质和职能，特别是中国人民银行作为我国中央银行所具有的法律地位，中国人民银行的组织机构、分支机构及其业务，以及中央银行对经济社会的调控作用，使学生对中央银行法律制度有全面的了解。

核心概念

中央银行　货币政策　发行　法定货币　存款准备金　公开市场业务　同业折借　反洗钱　货币政策委员会　金融稳定　金融监管

案例导入

我国经济在2003年出现了明显的过热，如果不采取一定的宏观经济措施，必然会使经济受到更大的损失。因此，从2003年9月21日起，我国中央银行不断提高法定存款准备金率。到2008年6月25日，我国先后提高法定存款准备金率达21次；存款准备金率由最低时的6%，达到最高时的17.5%。按照我国当时的经济运行水平，法定存款准备金率每提高1个百分点，货币供应量将减少4000亿元左右。2008年9月，美国金融危机爆发，这次金融危机使我国经济受到较大影响，为此我国结束了长达近5年的通货紧缩政策，转而开始实行扩张性货币政策。从2008年9月25日起，我国开始不断降低存款准备金率，以抑制经济的过度萎缩，并且开始对不同金融机构采取不同的存款准备金率，直到2010年1月18日才重新提高法定存款准备金率。2011年12月至今，央行根据我国经济发展形势，持续多次降低存款准备金率，引导货币信贷和社会融资规模平稳适度增长，促进经济健康平稳运行。

结果：由于我国根据国际、国内经济运行状况，不断调整法定存款准备金率，及时地调控了流通中的货币供应数量，从而对过热的经济运行状况和突发经济萎缩起到了重要的调节、控制作用，比较成功地应对了2008年美国金融危机所造成的影响，保持了经济的相对高速、稳定增长。

案例导学

从这个案例可以看出，中央银行的金融调控对国家的经济运行和增长状况具有重要的调节、控制作用。但是，也必须看到，如果中央银行货币政策制定得不合理，货币供应量调节、控制得不够精确，经济就达不到理想的运行和增长状态。因此，世界各国都制定有严格的金融调控制度，对货币政策决策权、决策程序、调控目标和调控工具进行严格的规范。违反金融调控行为法的这些规范，相关责任人也必须承担造成国家宏观经济损失的责任。

第一节 中央银行法律制度概述

一、中央银行的产生与发展

中央银行在一国金融体系中居于核心地位，是依法制定和执行国家货币政策、调控货币流通与信用活动、实施金融监管的特殊金融机构。由于各国中央银行的发展历史以及现行法律规制的发展，关于中央银行概念的表述，仅根据大多数国家和地区的中央银行的一般特征阐述。如在某些国家，中央银行仅有执行货币政策的权力而无制定货币政策的权力；在某些国家，中央银行不全部承担金融监管的职能，而是和专门的金融监管部门共同执行监管职能。

世界各国，中央银行的名称并不统一。一些国家和地区直接以“中央银行”命名，如欧盟、中国台湾地区。有的国家称为“国家银行”，如丹麦、瑞士等国。有的称为“储备银行”，像美国、印度、新西兰就是典型例子。有的称为“人民银行”，如中国和朝鲜。有的则是直接冠以国名，如日本银行、法兰西银行。因此，判断一国的中央银行不能单纯视名称而定，而是要具体考察其地位和职能。

（一）中央银行产生的客观经济原因

资本主义商品经济的迅速发展，经济危机的频繁发生，银行信用的普遍化和集中化，既为中央银行的产生奠定了经济基础，又为中央银行的产生提供了客观要求。

1. 政府对货币财富和银行的控制

资本主义商品经济的迅速发展，客观上要求建立相应的货币制度和信用制度。资产阶级政府为了开辟更广泛的市场，也需要有巨大的货币财富做后盾。

2. 统一货币发行

在银行业发展初期，几乎每家银行都有发行银行券的权力，但随着经济的发展、市场的扩大和银行机构的增多，银行券分散发行的弊病越来越明显，客观上要求有一个资金雄厚并在全国范围内享有权威的银行来统一发行银行券。

3. 集中信用的需要

商业银行经常会发生营运资金不足、头寸调度不灵等问题，这就从客观上要求中央银行的产生，因为它既能集中众多银行的存款准备金，又能不失时机地为其他商业银行提供必要的周转资金，为银行充当“最后的贷款人”。

4. 建立票据清算中心

随着银行业的不断发展，银行每天收受票据的数量增多，各家银行之间的债权债务关系复杂化，由各家银行自行轧差进行当日清算已发生困难。这种状况客观上要求产生中央银行作为全国统一的、有权威的、公正的清算中心。

5. 统一金融管理

银行业和金融市场的发展，需要政府出面进行必要的管理，这要求产生隶属政府的中央银行这一专门机构来实施政府对银行业和金融市场的管理。

（二）中央银行的历史沿革

中央银行从产生至今，经历了几百年的曲折历程，这个发展进程大致可以分为初创、成长和成熟三个主要阶段。

从17世纪末至19世纪70年代是中央银行的初创阶段。萌芽初创阶段的中央银行，尚不完全具备中央银行的全部职能。1688年，瑞士将成立于1656年的一家商业银行——里克斯银行改组为国家银行。它是欧洲第一家发行银行券的银行，也是这一时期最早出现的处于中央银行萌芽阶段的银行。1694年，根据议会法案英格兰银行成立，为解决政府战争经费筹集资金，并对工厂企业发放贷款，逐步发展成为英国的中央银行。英格兰银行被公认为是中央银行的先驱。

19世纪70年代至20世纪30年代末是中央银行成长的完善阶段。这一阶段与第一次世界大战后在布鲁塞尔召开的国际金融会议有关。《布鲁塞尔会议决议》强调现代经济实行中央银行制度的必要性；建议未建立中央银行的国家尽快建立中央银行，已经建立中央银行的国家应该进一步发挥它的作用，以利于世界经济和贸易的往来与合作，并强调中央银行有独立执行货币政策的权力。这就为各国中央银行的建立和发展提供了重要的理论依据。同时，这一时期，英格兰银行创立了管理商业银行的一整套办法，使其成为真正的中央银行。它为世界各国中央银行组织管理的完善提供了成功的模式。

20世纪40年代至今，是中央银行发展的成熟阶段。这一阶段，中央银行已经从稳定金融、控制货币发行，发展为在整个宏观经济中执行货币政策，调解经济发展的重要机构。特别是第一次世界大战以后，银行国有化加强，并由政府出资全面控制中央银行，同时各国纷纷制定新的银行法，从法律上保障了中央银行的权威地位。

(三) 我国中央银行的发展历史

1905 年，清朝政府效仿西方国家的中央银行建立了大清户部银行，它是我国历史上最早出现的中央银行。1908 年，户部银行改名为大清银行，经理国库、发行纸币，初具中央银行职能。大清银行于 1912 年改名为中国银行，和交通银行一起受北洋政府控制，部分承担中央银行职能。孙中山在广州成立中央政府时，曾设中央银行。1926 年，北伐军在武汉也成立过中央银行。但受军事形势所限，这两家中央银行实际上均未履行中央银行职能。1928 年，南京国民政府成立中央银行，和改组后的中国银行、交通银行及中国农民银行一起享有货币发行权。1937 年，为适应战时需要，国民政府成立了“四联总处”，行使中央银行职能。1942 年，货币发行权收归中央银行，同时集中黄金、外汇储备，统一管理全国的金融业。

1948 年 12 月 1 日，华北银行、北海银行、西北农民银行在石家庄合并为中国人民银行，并于 1949 年年初迁入北京。后来又合并了东北银行、内蒙古人民银行等地区性银行，为全国统一的国家银行。当时中国人民银行按照行政区划设置了总行、区行、分行、支行四级机构。在计划经济体制下，中国大一统的金融体制决定了中国人民银行的业务内容。当时的中国人民银行是各级政权的组成部分，既是货币发行和执行金融管理职能国家机关，又是具体办理信贷、储蓄、结算、外汇等业务活动的经济组织。一身二任的双重性质一直延续到 1979 年。

改革开放以后，中国人民银行的管理职能和经营具体金融业务的职能逐渐分开。1983 年 9 月，国务院决定由中国人民银行行使中央银行的职能，不再兼办工商信贷和储蓄业务，专门负责领导和管理全国的金融事业。1995 年 3 月 18 日颁布并实施的《中华人民共和国中国人民银行法》(以下简称《中国人民银行法》) 标志着中国人民银行作为国家中央银行地位的正式确立。从 1998 年 10 月开始，中国人民银行及其分支机构在全国范围内进行改组，撤销中国人民银行省级分行，在全国设立了 9 家跨省、自治区、直辖市的一级分行，并重点加强对辖区内金融业的监督管理。

二、中央银行的职能

中央银行是在一国金融体系内居于主导地位，负责制定和执行国家货币政策，维护国家金融稳定，提供公共金融服务，根据相关法律法规实施金融监管的金融机构。其主要功能是制定和执行国家货币政策，管理商业银行和金融市场。在世界范围内，虽然各国社会历史、经济政治制度及金融环境各不相同，但中央银行都是各国最高的货币金融管理机构，并在各国金融体系中居于主导地位。它是统领全国货币金融的最高权力机构，也是全国信用制度的枢纽。

(一) 发行的银行

中央银行是国家货币的发行机构。拥有货币发行权是中央银行区别于商业银行的最根本标志。这也是中央银行产生初期就具备的特性。货币发行权由国家以法律形式授予中央银行，中央银行可对货币供应量进行调节，保证货币流通的正常运行，进而对国民经济发挥宏观调控作用。

（二）银行的银行

中央银行被称为“银行的银行”，主要是因为中央银行的业务对象是商业银行和其他金融机构。商业银行针对个人、公司、企业等办理存贷业务，而中央银行则针对商业银行或其他金融机构来开展存贷等金融业务。中央银行是商业银行资金的最后来源。此外，中央银行可对商业银行和其他金融机构进行监督和管理。

（三）国家的银行

中央银行代表国家制定并执行有关金融法规，代表国家监督管理和干预各项有关经济和金融活动。此外，中央银行还为国家提供多种金融服务，例如代理国库、代理政府债券发行、为政府融资、保管外汇和黄金储备等。所以，中央银行也是“国家的银行”。

三、中央银行法的性质与立法模式

（一）中央银行法的性质

中央银行是一国金融业的领导核心，是政府对国民经济进行宏观调控的中心机构，因此各国对于中央银行立法都给予了高度的重视。世界上第一部中央银行法则是1844年英国颁布的《英格兰银行条例》（又称《皮尔条例》）。《英格兰银行条例》为其后各国中央银行的建立和《中央银行法》的制定提供了蓝本。在此基础之上，英国还于1914年制定了《通货与钞票法案》，于1946年通过了《英格兰银行国有化法案》，于1971年公布了《竞争与信用控制法》，于1998年初对《英格兰银行条例》进行了重新修改，使英国的中央银行立法日臻完善。

在英国的影响下，西方各发达国家先后设立了中央银行，制定颁布了中央银行法。而“二战”后，随着世界经济格局的发展变化，各发展中国家也相继仿效西方市场经济体制，建立中央银行，颁行中央银行法令，规范央行的组织和行为，这些规定对各国稳定货币、融通资金、调控经济都起到了相当大的作用。目前，世界各国基本上都制定有中央银行法，其中影响较大的有《美国联邦储备法》《德意志联邦银行法》《法兰西银行法》《日本银行法》《瑞典银行法》《新加坡金融管理局法》等。

中央银行法兼具公法与私法的特点，具有社会法的性质，在整个法律体系中，属于经济法的二级部门法。首先，在许多国家，中央银行是公法人，无疑具有行使公权的能力。其作为公权者与私人发生关系时，所要遵循的应是公法规范，这主要体现在央行金融监管及部分宏观调控的领域。其次，中央银行在为政府、社会、其他银行提供服务的过程中，在进行公开市场买卖的活动中，是参与市场活动的平等主体，调整这部分法律关系的中央银行法则必然带有私法属性。最后，由于中央银行是国家干预经济的重要工具，因而中央银行法就不可避免地成为以社会为本位的法律。这主要体现：①央行的一切活动以稳定货币为原则，而稳定货币体现了公共利益。②中央银行虽然是为国家服务，也作为公法上的主体，但其活动仍具有相当的独立性，并非是政府的附庸。③中央银行在提供服务的过程中，多以社会利益为出发点，而不以营利为目的。因此，如果说公法以国家为本位，私法则以个人为本位，而社会法以社会为本位的话，中央银行法应当是最接近以社会为本位的社会法。

（二）中央银行法的立法模式

中央银行法的立法模式有两种：一种是合并立法，即将中央银行和普通银行（包括商业银行和专业银行）同立一法，统称为银行法；另一种是分别立法，即单独制定中央银行法和普通银行法，甚至中央银行法、商业银行法、专业银行法分别立法。鉴于金融业务的日趋复杂和金融监管、调控的日益重要性，现在世界上绝大多数国家都采用后一种立法模式。

我国在 1986 年发布的《中华人民共和国银行管理暂行条例》，就是采用合并立法的形式，将中央银行、专业银行、信托投资公司、城乡信用合作社以及其他非银行金融机构规定在一起。这种立法体制，内容规定甚简，很难根据各类金融机构的不同性质、业务范围和经营管理方式做出行之有效的规定。在计划经济体制或有计划的商品经济体制时期，因货币资金融通不太活跃，这种立法体制尚能维系，但在实行市场经济体制，商品经济大发展的情况下，这种立法模式就难以继续存在了。在 1994 年开始的金融体制全面改革中，为贯彻银行业、保险业、证券业、信托业分业经营的原则，把中国人民银行办成真正的中央银行，把专业银行办成真正的商业银行，我国不仅实行银行业和保险业、证券业、信托业的分别立法，而且中央银行、政策性银行和商业银行也分别立法。

第二节　中央银行的法律地位

中央银行的法律地位，是中央银行赖以正常履行职能的法律基础，它受国家经济状况、政治体制的制约，并非可以由人们主观任意设定。

一、中央银行的法人地位

在现代经济条件下，无论是社会主义国家还是资本主义国家，其中央银行都是法人。对于中央银行的法人资格，几乎所有国家都做了明确规定。如《德意志联邦银行法》第 2 条规定“德意志联邦银行是公法意义上的联邦直接法人”。法人是具有民事权利能力和民事行为能力，依法独立享有民事权利和承担民事业务的组织。其具备的条件：依法成立；有必要的财产或经费；有自己的组织机构和场所；能够独立承担民事责任。

（一）中央银行有自己的资本

中央银行作为独立的法人，各国法律制度大多规定中央银行必须有自己的资本。

知识拓展

中央银行的“资本”

中央银行资本的所有性质，各国规定不同。德国、法国中央银行的资本完全国有，如《德意志联邦银行》第2条规定，德意志联邦银行设立资本2.9亿德国马克，其所有权归联邦所有；日本、比利时为公私混合持有，如《日本银行法》第5条规定，日本银行资本额定为1亿日元，分为100万股，每股100日元，政府依法对日本银行投资5500万日元，其余4500万日元为私人持有。

(二) 中央银行有自己的营业收入和营业支出

中央银行的业务活动不以营利为目的，但并不意味着不讲成本和收益。在实际业务活动中，中央银行以其特殊的地位、政策和权力开展业务，这些业务活动大多具有民事法律关系的特征，实行自愿平等、等价有偿原则，其结果也使中央银行产生利润和支出。例如，中国人民银行在公开市场业务操作中的政府债券、外汇买卖、再贴现业务等。

(三) 中央银行独立核算，拥有自己的资产负债表和相关的财务会计报表

《中国人民银行法》第38条规定：“中国人民银行实行独立的财务预算管理制度。中国人民银行的预算经国务院财政部门审核后，纳入中央预算，接受国务院财政部门的预算执行监督。”

(四) 中央银行独立承担民事责权

中央银行以平等民事主体身份进入金融市场，进行公开市场业务操作，在独立享有民事权利的同时，也应独立承担民事责任，这是法律对权利义务一致性的必然要求。

二、中央银行的法律性质

各国对中央银行法律性质的规定不尽一致。但深入研究各国的中央银行立法，具体剖析各国中央银行的实际运作，我们可以将中央银行的法律性质，概括为以下两个方面：中央银行既是特殊的金融机构，也是特殊的国家机关。中央银行作为金融机构，虽然与其他金融机构的业务对象有明显不同，但是在办理存款、贷款、贴现、结算等业务手段上都与普通银行类似。然而，中央银行又不是一般的金融机构，各国中央银行法都赋予其特殊金融机构的地位。同时中央银行虽然在性质上同国家其他政府机构具有共性，但又不同于普通的国家机关。

《中国人民银行法》第2条规定：“中国人民银行是中华人民共和国的中央银行。中

国人民银行在国务院的领导下，制定和执行货币政策，防范和化解金融风险，维护金融稳定。”该规定揭示了中国人民银行的法律性质和地位。该法第 8 条规定：“中国人民银行的全部资本由国家出资，属于国家所有。”

（一）中国人民银行是特殊的金融机构

中国人民银行是金融机构，同时又与一般金融机构有明显不同的特殊金融机构。主要表现：①业务对象是各金融机构和政府部门，不以营利为目的，原则上不经营普通银行业务。②具有统一发行货币权、负责管理和经营国家的外汇储备和黄金储备。③是“银行的银行”，向商业银行提供贷款，作为金融体系最后的资金融通人，主持全国事宜。④为政府提供服务，代理财政金库，是政府的银行。⑤代表国家制定和执行统一的货币金融政策，监督全国的金融机构活动。

（二）中国人民银行是特殊的国家机关

中国人民银行是在国务院领导下对金融实施宏观调控的国家机关，它不同于普通的政府机构。具体体现在以下几方面：①中国人民银行履行的监管、调控职能主要是通过其服务职能，即通过金融业务活动实现的，其调控方式也主要是货币政策等间接手段；而一般政府机关主要依靠行政命令直接管理国家事务。②中国人民银行办理存款、再贴现、票据清算等金融业务，在财务收支上还实行资产负债管理，它不仅拥有自己的资本，还有自身的收益和利润；而一般政府机关的业务经费来源是国家的财政经费拨款。③中国人民银行因其职能的重要性和业务的特殊性，不像一般政府机关那样直接隶属于政府，而是具有相对独立的法律地位。

三、中央银行的独立性

中央银行的独立性，指中央银行作为一国金融体系的核心，在制定实施货币政策、调控监管一国金融时具有相对自主性。实际上，关于中央银行独立性的问题，就是关于中央银行权责的大小，政府对中央银行的干预程度、效果的大小和货币政策在经济中的地位的问题。总之，中央银行要真正发挥对经济的调控作用，保持经济、金融的稳定，就必须具有一定的独立性，但这种独立性是相对的，不是绝对的。

由于各国社会制度、政治体制、经济发展水平、法律制度、金融发展水平以及历史上的传统习惯不同，中央银行在各国的独立地位也不尽相同。按照中央银行在各国开展业务活动的权力大小和独立程度来划分，主要有三种类型：第一，独立性较高的中央银行。这些国家的中央银行具有比较高的法律地位，对国会负责，政府不能直接对其发布指令，不能干涉其金融政策。拥有独立性较高的中央银行的国家是比较发达、政治体制存在分权和制衡的国家，或者是联邦制国家。例如美国、德国、瑞典等国的中央银行就是这种类型。第二，独立性居中的中央银行。这一类型的中央银行名义上隶属于政府，但是在实际业务的操作过程中，仍保持着较大的独立性，例如英国、日本等国。第三，独立性较小的类型。这类国家的中央银行只能根据政府的指令来制定和执行货币政策，采取金融措施之前必须经过政府部门的批准，例如意大利、巴西等国就是中央银行独立性较小的国家。

我国中央银行的独立性程度虽然较新中国成立初期有了明显的提高，尤其是《中国人民银行法》的颁布实施，对我国中央银行的地位、职责等作了明确的规定。然而，我国中央银行是隶属于国务院的一个机构，在高级管理人员的任免等问题上也由政府来组织安排，在政策的制定和执行上，必须接受政府部门即国务院的指导，故我国中央银行的独立性程度是不高的。

第三节 中央银行组织法律制度

一、中央银行的组织形式

中央银行的组织形式受本国或地区政治体制、经济体制、市场类型和金融传统的影响，大致可分为以下四种类型。

（1）一元式中央银行制度。在这种体制下，全国只设一家中央银行，并根据需要设置多个分支机构，组成一个中央银行的统一体。总行一般设在首都，分支行一般按经济区域设立。分支机构只是作为总行的派出机构，不具有法人资格，不得独立制定货币政策，而是执行总行的货币政策。一元式中央银行制度的特征是：权力集中统一，职能齐全，决策迅速及时，便于贯彻业务方针政策。目前，世界上绝大多数国家采用一元式中央银行制度，如英国、日本、中国等。

（2）二元式中央银行制度。二元式中央银行制度是指在中央一级与地方一级都设立中央银行机构，分别行使中央银行职能，以此构成一个中央银行体系。在这种体制下，中央银行具有相对独立性，不是隶属于总行的分支机构，有自己的权力机构。中央一级负责制定货币政策，地方一级执行货币政策。除此之外，地方一级在业务管理上具有较大的独立性。这种组织形式适用于联邦政体国家，美国联邦储备银行就是典型代表。

（3）准中央银行制度。准中央银行制度是指一个国家或地区没有真正专业化、具备完全职能的中央银行，而是由几个政府机构或金融机构一起共同履行中央银行职能的制度形式。如新加坡由货币发行局发行货币，金融管理局负责银行发照、存款准备金头寸、监理及融资等业务。中国香港也是实行准中央银行制度的典型代表。

（4）跨国中央银行制度。跨国中央银行制度是指某一货币联盟的成员国共同成立一家中央银行，由它在货币联盟范围内统一执行中央银行职能的制度。这种制度以前主要是“二战”后地域相邻的欠发达国家争取独立、加强合作的结果。而今的区域经济一体化也催生了类似的结果。欧洲中央银行就是典型的例子。

二、中国人民银行的组织机构

作为我国中央银行的中国人民银行的组织机构包括领导机构、货币政策委员会、内部职能机构和外部分支机构设置等方面。

（一）领导机构

《中国人民银行法》第11条规定："中国人民银行实行行长负责制。行长领导中国人民银行的工作，副行长协助行长工作。"可见，中国人民银行行长是中国人民银行组织机构的核心决策者，对内管理中国人民银行的事务，对外代表中国人民银行行使职权。根据《中国人民银行法》第10条规定："中国人民银行行长的人选，根据国务院总理的提名，由全国人民代表大会决定；全国人民代表大会闭会期间，由全国人民代表大会常务委员会决定，由中华人民共和国主席任免。中国人民银行副行长由国务院总理任免。"

（二）货币政策委员会

货币政策委员会是中国人民银行货币政策的咨询议事机构。设立货币政策委员会，目的是保证中国人民银行的货币政策在执行过程中规范化、民主化、科学化。《中国人民银行法》第12条规定："中国人民银行设立货币政策委员会。货币政策委员会的职责、组成及工作程序，由国务院规定，报全国人民代表大会常务委员会备案。"中国人民银行货币政策委员会应当在国家宏观调控、货币政策制定和调整中，发挥重要作用。

想一想

国外货币政策委员会，如美国联邦储备公开市场委员会、英格兰银行货币政策委员会、日本银行政策委员会等都是决策机构，而我国的货币政策委员会却是咨询机构。请思考讨论我国货币政策委员会未来的发展趋势。

（三）内部职能机构

根据2008年国务院办公厅印发的《关于中国人民银行主要职责、内设机构和人员编制规定的通知》，中国人民银行设19个内设机构，分别是：办公厅；条法司；货币政策司；汇率司；金融市场司；金融稳定局；调查统计司；会计财务局；支付结算司；科技司；货币金银局；国库局；国际司；内审司；人事司；研究局；征信管理局；反洗钱局；党委宣传部。

（四）外部分支机构

《中国人民银行法》第13条规定："中国人民银行根据履行职责的需要设立分支机构，作为中国人民银行的派出机构。中国人民银行对分支机构实行统一领导和管理。"中国人民银行的分支机构根据中国人民银行的授权，承办有关业务，是总行的派出机构，不是独立的法人，也不是地方政府的组成部分，在行政隶属、业务活动、经营决策上与地方政府不发生直接联系。

小知识

我国中央银行分支机构的分布

自1998年开始，中国人民银行的分支机构进行较大调整，从原先按行政区划设立分支机构改为按照经济区域为主、行政区划为辅的设立方式。目前，中国人民银行在天津、沈阳、上海、南京、济南、武汉、广州、成都、西安设立9个跨省、自治区、直辖市的分行，并在北京、重庆设立了人民银行营业管理部。

第四节 中央银行行为法律制度

一、中央银行的公共服务法律制度

中央银行的公共服务是指中央银行作为公法人和特别银行，既要为政府提供服务，又要为金融机构和社会提供金融服务。《中国人民银行法》第4条确定了中国人民银行应履行的13项职责，其第（3）项“发行人民币，管理人民币流通”、第（6）项“监督管理黄金市场”、第（7）项“持有、管理、经营国家外汇储备”、第（8）项“经理国库”、第（9）项“维护支付、清算系统的正常运行”、第（10）项“负责金融业的统计、调查、分析和预测”、第（11）项“指导、部署金融业反洗钱工作，负责反洗钱的资金监测”、第（12）项“作为国家的中央银行，从事有关的国际金融活动”都属于公共服务范畴。

知识拓展

“洗钱”的法律规制

“洗钱”一词作为隐瞒、掩饰犯罪所得及其非法利益的含义，在20世纪70年代中期美国“水门事件”的调查中才开始得到广泛使用，并于1982年在美国的司法中被采用。1986年，作为最早对洗钱进行法律控制的美国，在《洗钱控制法》等法律、法规中对洗钱的概念进行了界定：洗钱是指为了掩饰收入的存在、非法来源或非法使用，就该收入设置假象而使其具有表面合法性的过程。洗钱是一种严重危害社会整体利益的行为，必须采取相关措施实施反洗钱。我国颁行的《中华人民共和国反洗钱法》《金融机构反洗钱规定》《金融机构大额交易和可疑交易报告管理办法》《非金融机构支付服务管理办法》《非银行支付机构网络支付业务管理办法》对洗钱行为进行规制，反洗钱监管内容主要包括客户信息识存制度、大额交易报告制度和可疑交易报告制度。

本书以中央银行为社会提供金融服务——发行货币——为社会提供价值尺度、流通手段、贮藏手段和支付手段以使市场经济得以正常运行为例，阐释和介绍我国中央银行法定货币管理的公共服务制度。

《中国人民银行法》第16条规定："中华人民共和国的法定货币是人民币。以人民币支付中华人民共和国境内的一切公共的和私人的债务，任何单位和个人不得拒收。"发行人民币，管理人民币流通是《中国人民银行法》赋予中国人民银行的重要职责。

（一）人民币的发行管理

人民币的发行是指中国人民银行向流通中投放人民币现金的行为，其管理内容主要包括发行机关、发行原则和发行模式。

1. 发行机关

中国人民银行是我国唯一的人民币发行机关，其根据法律授权负责统一印制、发行人民币。《中国人民银行法》在授权中国人民银行享有人民币发行权的同时，还规定了中国人民银行在发行新版人民币时的义务，即中国人民银行应当将发行新版人民币的发行时间、面额、图案、式样、规格予以公告，其目的是让民众都认知新版人民币的具体式样，知道新版人民币发行的时间，以便使用、流通。

2. 发行原则

人民币的发行应当坚持以下三项原则。

（1）集中统一发行。中国人民银行享有垄断的货币发行权，即无论纸币还是硬币，也无论主币还是辅币，其发行权都集中于中国人民银行，财政部、其他金融机构以及任何单位和个人均无权发行人民币或者变相发行人民币。

（2）计划发行。人民币发行要从国民经济发展的需要出发，有计划地印制、发行人民币，以保证币值的稳定。具体是由中国人民银行总行提出货币发行计划，报国务院批准后实施。

（3）经济发行。中国人民银行根据市场上流通手段和支付手段的需要发行人民币，使市场上的货币流通量与商品流通量相适应。与经济发行原则相对应的是财政发行，即根据财政收支情况发行货币。财政发行虽然能起到弥补财政赤字的作用，但它破坏了币值稳定，是一种非理智的发行方法。因此，人民币必须坚持经济发行原则。

3. 发行模式

人民币的发行主要通过信贷渠道进行，即中国人民银行通过发行库将发行基金投入业务库，以对商业银行及其他金融机构提供存款、办理再贴现、购买有价证券等方式，将一部分货币投放到流通领域。1988年3月，中国人民银行印发了《中国人民银行货币发行管理制度》，对发行库、发行基金作了明确规定。发行库是中国人民银行为保管货币的发行基金而设置的金库，是办理货币发行的具体机构。发行库是中国人民银行的组成部分，是根据需要设置的分支机构。其任务是：根据国务院批准的货币发行额度，统一调度发行基金；具体办理人民币的发行工作；统一保管货币的发行基金；办理损伤票币的回收销毁工作；办理全国发行业务的会计核算。发行基金由中国人民银行统一掌管，未经国务院批准，任何单位和个人都无权动用。发行基金的支用权属于发行总库，各级分库所掌管的基金只是总库的一部分，下级库只能在上级库指定的出库限额内办理出库。对此，《中国人民银行法》第 22 条规定："中国人民银行设立人民币发行库，在其分支机构设立分支库。分支库调拨人民币发行基金，应当按照上级库的调拨命令办理。任何单位和个人不得违反规定，动用发行基金。"

（二）人民币的流通管理

流通中的法定货币是一种货币证券，它具有远高于其自身制作材料价值的法定价值量。并且，货币财产又是一种通用财产，可以依法将其转化为任何市场上可以出售的财产，持有法定货币就等同于享有同等数额的其他可流通财富。这就必然会出现各种针对它的侵害行为，对于这些行为，法律必须给予严格禁止，否则就会严重影响法定货币的流通。同时，法定货币作为货币证券必然会存在因过失而导致其残缺和污损的现象，为维护正常的货币流通秩序，也必须将其兑换成为符合法定流通标准的货币证券。因此，法定货币的保护主要包括流通保护制度和残损兑换制度。

1. 流通保护制度

法定货币的流通保护制度，是维护国家法定货币地位的重要保障，也是实现法定货币顺利流通的重要保障。人民币是我国的主权货币，应受法律保护。《中国人民银行法》第 19 条规定："禁止伪造、变造人民币。禁止出售、购买伪造、变造的人民币。禁止运输、持有、使用伪造、变造的人民币。禁止故意毁损人民币。禁止在宣传品、出版物或者其他商品上非法使用人民币图样。"第 20 条规定："任何单位和个人不得印制、发售代币票券，以代替人民币在市场上流通。"

2. 残损兑换制度

法定货币的残损兑换制度规定，任何单位和个人可以将其持有的残缺污损的法定货币，到法律、法规指定的兑换部门兑换成为新的法定货币的制度。根据《中国人民银行残缺污损人民币兑换办法》规定，残缺、污损人民币兑换分"全额""半额"两种情况。能辨别面额，票面剩余四分之三（含四分之三）以上，其图案、文字能按原样连接的残缺、污损人民币，金融机构应向持有人按原面额全额兑换。能辨别面额，票面剩余二分之一（含二分之一）至四分之三以下，其图案、文字能按原样连接的残缺、污损人民币，金融机构应向持有人按原面额的一半兑换。纸币呈正十字形缺少四分之一的，按原面额的一半兑换。兑付额不足一分的，不予兑换；五分按半额兑换的，兑付二分。

二、中央银行的宏观调控法律制度

中央银行的宏观调控，是指中央银行利用自己拥有的各种金融手段，对货币和信用进行的调节和控制。中央银行的金融调控，首要任务是确定货币政策的目标，通过调节与控制货币供求行为，实现对需求行为和需求状况的调节与控制，进而实现对经济运行和增长状况的调节与控制的过程。

（一）货币政策

货币政策是指中央银行或货币当局为实施特定的经济目标所采取的各种控制和调节货币供应量或信用量，进而影响宏观经济的方针、政策和措施的总称，包括货币政策目标、货币政策手段以及这些手段的机制作用的调节过程。货币政策起源于20世纪30年代，在第二次世界大战以后得到世界各国的广泛使用，如今已为各国中央银行积极使用，成为对宏观经济进行调节的有力手段。货币政策是最重要的金融政策。

理解货币政策的内涵需要明确：第一，货币政策是一项宏观经济政策，它涉及经济运行中的货币供应量、信用量、利率、汇率等宏观经济指标，通过对这些宏观经济指标的调节和控制来影响社会总需求和总供给；第二，货币政策通过其传导机制调节社会总供给与总需求，使两者保持平衡；第三，货币政策主要采取经济手段和法律手段，通过市场对主体的经济活动实施间接的调控，同时辅以必要的行政干预；第四，货币政策的目标是长期目标与短期目标相结合的，货币政策的最终目标是一种长期的、战略的政策目标；而特定时期、特定条件下的货币政策却是短期的、持续变动的或者随机的。

货币政策本身不是法律，但制定和实施货币政策是法律赋予央行的一项重要权力，必须在法律规定的范围内，宏观调控的目标、可运用的货币政策工具范围等要符合法律的规定。

（二）货币政策的目标

货币政策的基本目标主要包括稳定币值、经济增长、充分就业和保持国际收支平衡四个方面。稳定币值是使社会商品和劳务价格的总体水平，在短期内没有显著的或急剧的波动，既没有较明显的通货膨胀，也没有明显的通货紧缩。经济增长是社会物质财富增多，生产经营规模扩大，产品和劳务数量增加以及技术进步、质量和效率提高等经济运行质与量的全面增长。充分就业是指具有工作能力并自愿工作的居民，都能够从事较合理的工作，不存在较多的失业现象，它是附属性质的货币政策目标。国际收支是国家或地区之间各种经济往来所引起的全部货币收支，货币政策的国际收支目标就是要实现国际收支的基本平衡，它也是附属性质的货币政策目标。除此之外，根据具体情况还可以设定特定的目标，如稳定利率、稳定汇率、稳定金融经济秩序、防止金融机构破产等，它们共同构成货币政策目标体系的整体。货币政策的理想状态是能够使该目标体系中的全部目标同时实现。但是，现实经济生活是复杂的，这种复杂性决定了各项货币政策目标之间，既具有统一性又具有矛盾性。因此，在制定和依法执行货币政策目标时，还应根据具体情况有所选择和侧重。

货币政策目标体系不是任意确定的，它应是由法律明确规定的，是实施货币政策的最高准则。《中国人民银行法》第3条规定："货币政策目标是保持货币币值的稳定，并以此促进经济增长。"这一货币政策目标是有层次性的。只有实现了稳定币值这一层次目标，才有可能实现经济增长的第二层次目标。

小知识

我国货币政策最终目标的转换历程

1984年中国人民银行专门行使中央银行职能以来，在相当长的一段时期内，我国货币政策一直强调双重目标，即经济发展和币值稳定。这种选择也是由当时的经济发展水平所决定的。因为我国是发展中国家，把经济搞上去是经济社会中的头等大事，是政府抓的首要问题。中央银行作为政府的一个职能部门，当然也要服从于这一战略目标。但也正是由于这种双重目标，我国中央银行的货币政策操作一直在平衡妥协之中艰难地运作，最终导致货币的过多投放。1993年和1994年我国的零售物价上涨均超过两位数，分别为13.2%和21.7%，引发了经济、金融界的人士对我国货币政策目标的思考，这种货币政策的“松—紧—再松—再紧”的痉挛状况，往往导致经济大幅度波动，从长期来看，其总体增长速度并不高，还将影响经济长期、健康的发展。基于这种认识的转变，我国中央银行的货币政策目标发生了变化。1993年出台的《国务院关于金融体制改革的决定》把我国货币政策的最终目标规定为“保持货币的稳定，并以此促进经济增长”；1995年颁布的《中国人民银行法》更是以法律条文的形式明确规定，货币政策目标是“保持货币币值的稳定，并以此促进经济增长”。因此，《中国人民银行法》基本结束了有关我国货币政策目标的争论，中国人民银行的货币政策目标完成了由双重目标向独特的单一目标的转变。

(三) 货币政策实施工具

货币政策工具是中央银行实现其货币政策目标的政策手段。《中国人民银行法》第23条罗列了以下货币政策工具：①要求银行业金融机构按照规定的比例交存存款准备金；②确定中央银行基准利率；③为在中国人民银行开立账户的银行业金融机构办理再贴现；④向商业银行提供贷款；⑤在公开市场上买卖国债、其他政府债券和金融债券及外汇；⑥国务院确定的其他货币政策工具。

1. 存款准备金制度

存款准备金制度是指中央银行根据法律的授权，要求商业银行和其他金融机构按规定的比例在其吸收的存款总额中提取一定的金额交存中央银行，并借此间接地对社会货币供应量进行控制的制度。中央银行所确定的提取和交存存款准备金的比例，称为“存款准备金率”。存款准备金制度具有多种功能，如保证金融机构资产的流动性和兑付存款的能力，扩大中央银行的信贷资金来源，但其最主要的功能是调控货币的供应量。

存款准备金制度之所以能够调控货币的供应量，关键在于存款准备金率的变动。中央银行提高存款准备金率，则商业银行的超额准备金减少，货币创造乘数变小，其创造派生存款的能力降低，银根得到紧缩；反之，中央银行降低存款准备金率，则商业银行的超额准备金增多，货币创造乘数变大，其创造派生存款的能力提高，银根得到放松。

由于派生存款的创造是按乘数放大原理进行的，存款准备金率的微量调整，就足以使货币供应量发生巨额变化，因此，中央银行对存款准备金率的调整一般都非常慎重。

中央银行依法享有决定、变更和终止存款准备金率的权力，是存款准备金制度的核心所在。许多国家在授予中央银行此项权力的同时，对其行使也作了必要的限制，如规定中央银行只能在法定幅度内调整存款准备金率，必须渐进并事先通知。关于存款准备金制度适用的负债范围，一般限于金融机构吸收的存款，但也有国家将其扩展适用于存款以外的其他负债。在存款准备金率的适用上也有不同的做法，一种是对不同性质的金融机构、不同性质的存款适用差别存款准备金率，另一种则是无差别地适用统一的存款准备金率。

我国20世纪80年代就开始启动存款准备金制度，2004年我国开始实施差别存款准备金政策。即金融机构适用的存款准备金率与其资本充足率、资产质量状况等指标挂钩。金融机构资本充足率越低、不良贷款比例越高，适用的存款准备金率就越高；反之，金融机构资本充足率越高、不良贷款比例越低，适用的存款准备金率就越低。实行差别存款准备金率制度可以制约资本充足率不足且资产质量不高的金融机构的贷款扩张。

立法动态

央行加强存款准备金管理，规范准备金违规行为处罚

2018年12月20日，央行发布《关于加强存款准备金管理有关事项的通知》（以下简称《通知》），《通知》指出，要求加强存款准备金管理，改进存款准备金交存基数监督方式，进一步规范对存款准备金违规行为的处罚。《通知》表示，人民银行分支机构要督促金融机构完善业务系统，提高存款准备金交存基数报送质量，有条件的金融机构从其业务系统中直接导出一般存款数据，提交中央银行会计核算数据集中系统（ACS），防止手工填报数据出现差错。《通知》表示，为进一步规范对存款准备金违规行为的处罚，减少自由裁量成分，根据金融机构违规情形和有关法律规定，提出处罚标准。其中包括：对金融机构欠交存款准备金的处罚；对金融机构迟报、错报存款准备金考核相关材料的处罚；金融机构迟报、错报存款准备金考核相关材料，造成存款准备金实际欠交的，发现一次视同欠交一次，按迟报、错报存款准备金考核相关材料与欠交存款准备金中较重的情形进行处罚；金融机构因外部不可抗力因素导致欠交存款准备金或迟报、错报存款准备金考核相关材料，能提供相关证明的，可依法免于处罚。

2. 基准利率业务

基准利率是指在整个社会的利率体系中，起主导作用的基础性利率。市场利息率是货币政策目标的重要中介目标，它主要包括三种基本形式：一是中央银行与普通金融机构之间的存款和贷款利息率；二是普通金融机构与其他社会主体之间的存款和贷款利息

率；三是金融市场的利息率。在这三种利息率中，中央银行与普通金融机构之间的利息率是最基本的利息率，它在整个利息率体系中居于主导地位，是整个社会利息率体系的核心，对其他两种利息率的变动起着重要的调节、控制作用。

《中国人民银行法》将中央银行的基准利率确定为货币政策工具之一，这是由基准利率和货币政策目标的关系所决定的。中国人民银行提高基准利率，就会直接影响商业银行向中央银行筹资的成本，从而迫使商业银行调高放款利率；同时也意味着向资本市场和货币市场发出的中央银行收紧银根的信号，引导资金市场的价格上升，抑制社会资金向短期资本市场和长期资本市场的流入。两者综合作用的结果是减少货币投放，抑制信用总量，预防和抑制通货膨胀；反之，中国人民银行降低基准利率会起到增加货币投放、促进经济增长的作用。

目前中国人民银行采取的主要利率工具：调整中央银行的基准利率，包括再贷款率、再贴现利率、存款准备金利率、超额存款准备金利率；调整金融机构法定存贷款利率；制定金融机构存贷款利率的浮动范围；制定相关利率政策对各类利率结构和档次进行调整；等等。

3. 再贴现业务

中央银行的再贴现是对商业银行或其他金融机构，在贴现业务中所取得的未到期票据再次进行贴现的业务，实质上是中央银行与商业银行间票据买卖和资金让渡的过程。它是中央银行的重要业务，也是调节与控制社会基础货币总量的重要工具。

再贴现业务的主要作用机制，是中央银行调整再贷款利率和再贴现率，影响商业银行在中央银行借款或贴现票据的成本，调控其超额准备金头寸，并间接带动市场利率的升降，进而实现对货币供应量的调控。当中央银行认为货币供应量过多而实行货币紧缩时，便可提高贷款利率和再贴现率，增加商业银行向中央银行借款的成本。这时，商业银行一方面会减少借款数量，另一方面则会相应提高对客户的贷款利率和贴现率，加大客户的借款成本，抑制其对于信贷资金的需求，使信用规模得以收缩。反之，如果中央银行降低再贴现率，则可以收到扩张信用、增加货币供应量的效果。

根据中国人民银行发布的《商业汇票承兑、贴现与再贴现管理暂行办法》等相关规定，中国人民银行可以为在其开立账户的银行业金融机构办理再贴现。对非银行金融机构的再贴现，须经中国人民银行总行批准。再贴现的期限，最长不超过4个月。

4. 再贷款业务

再贷款是指中央银行向普通金融机构发放的贷款，它是中央银行的重要业务，也是调节与控制基础货币量的重要工具。中央银行通过规定再贷款的对象、种类、再贷款的审批权和管理权以及再贷款利率的调整权限，调控贷款数量，制约社会总需求的增减，还能在不增长贷款总量的条件下，调整增量的投向或贷款存量的结构，以稳定货币，合理地控制和调剂社会信用，实现货币政策目的与社会总需求、社会总供给的平衡。通常，按照再贷款政策规范的规定，中央银行再贷款的主要对象是银行业金融机构。中央银行再贷款的种类主要包括年度性贷款、日拆性贷款和其他性质的再贷款。

根据《中国人民银行法》规定，中国人民银行根据执行货币政策的需要，可以决定对商业银行贷款的数额、期限、利率和方式，但贷款的期限不得超过1年。中国人民银行不得向地方政府、各级政府部门提供贷款。中国人民银行不得向非银行金融机构以及其他单位和个人提供贷款，但国务院决定中国人民银行可以向特定的非银行金融机构提供贷款的除外。中国人民银行也不得向任何单位和个人提供担保。

5. 公开市场业务

中央银行的公开市场业务，是指在开放性的公开市场上买进或卖出证券、外汇和其他金融资产，借以调控货币政策目标的行为。它是中央银行经常使用的、十分灵活的货币政策工具。中央银行的公开市场业务主要以商业银行等金融机构为交易对手，中央银行向商业银行出售有价证券或者其他金融资产，实际上是回笼货币，减少商业银行用以创造派生存款的超额准备金头寸；反之，如果中央银行自商业银行购入有价证券或者其他金融资产，则是投放货币，增加商业银行用以创造派生存款的超额准备金头寸。从其他国家中央银行的公开市场业务来看，交易品种主要为期限短、价格稳定、品质良好的政府债券和银行承兑汇票。

根据《中国人民银行法》的规定，中国人民银行在公开市场上可以买卖国债、其他政府债券和金融债券及外汇。

我国的中央银行除了上述五种货币政策工具外，还可以运用货币政策工具中的选择性货币政策工具和其他货币政策工具。

三、中央银行的金融监管法律制度

金融监管是指为了社会公共利益的需要，中央银行或其他金融监管机构依据法律、行政法规，运用公权力，对各类金融机构和各种金融活动进行限制和约束的一系列行为的总称。

（一）中央银行在金融监管中的地位

20 世纪 80 年代以前，大多数国家的中央银行是金融业或银行的监管机构。现在，中央银行作为金融监管的唯一主体，已无法适应新的金融格局。这是因为银行在金融体系中的传统作用正受到挑战，金融市场在经济发展中的作用越来越大，于是许多国家通过另设监管机构来监管越来越多的非银行金融机构，如银监会、证监会、保监会等。从各国金融监管的实践来看，监管体制可分为四类：分业经营并分业监管，如法国和中国；分业经营而混业监管，如韩国；混业经营而分业监管，如美国和中国香港；混业经营并混业监管，如英国和日本等。是否由中央银行担当监管重任也有不同情形：有中央银行仍负责全面监管的，有中央银行只负责对银行业监管的，也有在中央银行外另设新机构，专司所有金融监管的。

（二）中央银行金融监管的目的

根据《中国人民银行法》及相关法律、法规规定，中国人民银行实行金融监管的主要目的：①保证金融业的合法和稳健运行；②保护投资者的合法权益；③促进金融机构的经济活动与国家宏观政策保持一致。总之，中国人民银行要通过对金融机构的监管，实现金融业高速、稳健、有序的运行，从而最终促进我国国民经济健康、持续、稳定及和谐发展。

（三）中央银行金融监管的具体内容

1. 制定金融规章制度

中央银行在法律授权的情况下，可以依法制定具有法律效力的金融规章，这些规章所涵盖的范围既包括中央银行自身行为的准则，又包括商业银行和其他金融机构开展有关金融活动准则与标准。例如，美国联邦储备系统理事会制定的《Q条例》便是关于商业银行支付定期存款与储蓄存款最高利息率的规定；中国人民银行制定的《金融机构反洗钱规定》则是关于政策性银行、商业银行、信用合作社、邮政储蓄机构、财务公司、信托投资公司、金融租赁公司和外资金融机构等开展反洗钱工作的具体规定。金融机构及工作人员应当认真履行反洗钱义务，审慎地识别可疑交易，不得从事不正当竞争妨碍反洗钱义务。

2. 监督和管理金融机构

如何对商业银行及非银行金融机构进行监管，各国法律不尽相同。一般来说，中央银行的监管权力包括：审批金融机构的设立、变更、终止及其业务范围；对金融机构的存款、贷款、结算及其他经营活动进行稽核、检查和监督；要求金融机构按规定报送有关财务和业务报表与资料；对金融机构的违法行为进行调查和处罚。

《中国人民银行法》设专章确定中国人民银行依法对金融机构及其业务实施监督管理，维护金融业务合法稳健运行，第32条至第35条阐述了中国人民银行对我国金融机构的监管。具体如下：

（1）直接检查监督权。《中国人民银行法》第32条规定，中国人民银行有权对金融机构和个人的下列行为进行检查监督：①执行有关存款准备金管理规定的行为；②与中国人民银行特种贷款有关的行为；③执行有关人民币管理规定的行为；④执行有关银行间同业拆借市场、银行间债券市场管理规定的行为；⑤执行有关外汇管理规定的行为；⑥执行有关黄金管理规定的行为；⑦代理中国人民银行经理国库的行为；⑧执行有关清算管理规定的行为；⑨执行有关反洗钱规定的行为。

案例 2-1

包某某诉中国人民银行上海分行没收假币案

2012年4月28日，原告包某某到上海市老西门邮电所缴付当月移动电话费500元，营业员收款后，称其中有一张100元是假币，并拒绝原告复看一下的要求，转身进入里间，在离开原告视线的情况下开出一张中国人民银行上海分行的《假币没收证》，包某某认为邮局及工作人员用“暗箱操作”方式没收假币，违反有关法律规定，又因邮局没收假币受中国人民银行上海分行的委托所办，便向上海浦东新区法院提出行政诉讼，上海浦东新区法院认为，老西门邮电局所工作人员发现假币后，未在原告当面确认该币的版本、冠字号码，而将该币拿入内室，在脱离原告视线的情况下，由内室工作人员开具没收证，因此不能证明被没收之假币系原告所缴。故判决：撤销被告中国人民银行上海分行2012年4月28日开出的001401号《假币没收证》，本案受理费100元由被告承担。

（2）建议检查监督权。《中国人民银行法》第 33 条规定："中国人民银行根据执行货币政策和维护金融稳定的需要，可以建议国务院银行业监督管理机构对银行业金融机构进行检查监督。国务院银行业监督管理机构应当自收到建议之日起三十日内予以回复。"

（3）特定情况下的全面检查监督权。《中国人民银行法》第 34 条规定："当银行业金融机构出现支付困难，可能引发金融风险时，为了维护金融稳定，中国人民银行经国务院批准，有权对银行业金融机构进行检查监督。"

（4）获取有关报表、资料权及相应处罚权。《中国人民银行法》第 35 条规定："中国人民银行根据履行职责的需要，有权要求银行业金融机构报送必要的资产负债表、利润表以及其他财务会计、统计报表和资料。中国人民银行应当和国务院银行业监督管理机构、国务院其他金融监督管理机构建立监督管理信息共享机制。"

3. 监督和管理金融市场

金融市场是指融通资金、进行金融工具交易的场所。对金融市场进行监测和宏观调控有利于保持货币信贷的合理增长与币值的稳定，从而促进经济持续、快速、健康地发展。中央银行是金融市场的监管者，但不是唯一的监管者。各国法律对中央银行监督和管理金融市场的职能范围的划分并不一致。在我国，《中国人民银行法》第 32 条规定："中国人民银行依法监测金融市场的运行情况，对金融市场实施宏观调控，促进其协调发展。我国的外汇市场与银行间同业拆借市场、银行间债券市场基本上由中国人民银行负责监管，而证券市场与期货市场主要由证券主管部门负责管理。"

4. 内部监管

中央银行在制定和实施货币政策以及金融管理过程中，会与国内外的金融机构发生业务关系。管理职能和自身业务两个方面，都要求中央银行建立、健全系统内部的稽核、检查制度，加强内部的监督管理，以保障行使中央银行职权的权威性、科学性和公正性。

中国人民银行内部稽核、检查的对象是中国人民银行以及其分支行。内部稽核、检查的主要活动包括三个方面：对中国人民银行行使中央银行职能，从事有关业务活动方面的检查监督；对中国人民银行工作人员有无违法、违纪情况进行检查监督；对中国人民银行的财务收支和会计事务进行稽核检查。

第五节 法律责任

法律责任是行为人违反法律禁止性规定所应承担的法律效果，主要表现为对行为人的制裁。《中国人民银行法》针对各种违法行为规定了相应的法律责任（包括民事、行政和刑事责任）。

一、违反人民币管理法律制度的责任

（一）伪造、变造人民币等行为的法律责任

《中国人民银行法》第 42 条规定："伪造、变造人民币，出售伪造、变造的人民币，或者明知是伪造、变造的人民币而运输，构成犯罪的，依法追究刑事责任；尚不构成犯罪的，由公安机关处 15 日以下拘留、1 万元以下罚款。"

根据《中华人民共和国刑法》（以下简称《刑法》）第 170 条的规定，伪造货币罪，处 3 年以上 10 年以下有期徒刑，并处 5 万元以上 50 万元以下罚金；情节特别严重的，处 10 年以上有期徒刑、无期徒刑或者死刑，并处 5 万元以上 50 万元以下罚金或者没收财产。所谓情节特别严重，根据本条的规定，是指具有下列情形之一者：①伪造货币集团的首要分子；②伪造货币数额特别巨大的；③具有其他特别严重情节的。根据《刑法》第 173 条的规定，犯变造货币罪的，处 3 年以下有期徒刑或者拘役，并处或者单处 1 万元以上 10 万元以下罚金；数额巨大的，处 3 年以上 10 年以下有期徒刑，并处 2 万元以上 20 万元以下罚金。

（二）购买、持有、使用伪造、变造的人民币的行为的法律责任

《中国人民银行法》第 43 条规定："购买伪造、变造的人民币或者明知是伪造、变造的人民币而持有、使用，构成犯罪的，依法追究刑事责任；尚不构成犯罪的，由公安机关处 15 日以下拘留、1 万元以下罚款。"

案例 2-2　非法持有假币案

2018 年 5 月，永州籍女子赵某与男子洪某二人携带 25000 千元假人民币驱车进入芷江境内，打算到偏远的乡镇使用。二人在某乡镇花掉了 200 元后又前往了另一个乡镇。不久，受害人张某和李某发现自己收到了假币，于是马上报警。民警根据受害人提供的线索，调取了周边监控视频，很快就锁定了被告人赵某与洪某的行踪。通过周密布控，赵某与洪某很快就被抓获归案。法院经审理认为，被告人赵某与洪某违反国家货币管理法规，明知是伪造的货币却依然选择持有和使用，数额较大，构成持有假币罪。2018 年 9 月，湖南省芷江侗族自治县人民法院公开开庭审理了这起持有假币案，被告人赵某、洪某犯持有假币罪，分别被判处有期徒刑六个月，并被判处罚金人民币 25000 元。

（三）非法使用人民币图样行为的法律责任

《中国人民银行法》第 44 条规定："在宣传品、出版物或者其他商品上非法使用人

民币图样的，中国人民银行应当责令改正，并销毁非法使用的人民币图样，没收违法所得，并处5万元以下罚款。”

（四）印刷、发售代币票券的法律责任

《中国人民银行法》第45条规定：“印制、发售代币票券，以代替人民币在市场上流通的，中国人民银行应当责令停止违法行为，并处20万元以下罚款。”

二、金融机构违反央行金融监管的法律责任

《中国人民银行法》第46条规定：“本法第32条所列行为违反有关规定，有关法律、行政法规有处罚规定的，依照其规定给予处罚；有关法律、行政法规未作处罚规定的，由中国人民银行区别不同情形给予警告，没收违法所得，违法所得50万元以上的，并处违法所得1倍以上5倍以下罚款；没有违法所得或者违法所得不足50万元的，处50万元以上200万元以下罚款；对负有直接责任的董事、高级管理人员和其他直接责任人员给予警告，处5万元以上50万元以下罚款；构成犯罪的，依法追究刑事责任。”

三、中国人民银行及其工作人员违反相关规定的法律责任

《中国人民银行法》第48条规定：“中国人民银行有下列行为之一的，对负有直接责任的主管人员和其他直接责任人员，依法给予行政处分；构成犯罪的，依法追究刑事责任：①违反本法第30条第一款的规定提供贷款的；②对单位和个人提供担保的；③擅自动用发行基金的。有前款所列行为之一，造成损失的，负有直接责任的主管人员和其他直接责任人员应当承担部分或者全部赔偿责任。”

《中国人民银行法》第50条规定：“中国人民银行的工作人员泄露国家秘密或所知悉的商业秘密，构成犯罪的，依法追究刑事责任；尚不构成犯罪的，依法给予行政处分。”《中国人民银行法》第51条规定：“中国人民银行工作人员贪污受贿、徇私舞弊、滥用职权、玩忽职守，构成犯罪的，依法追究刑事责任；尚不构成犯罪的，依法给予行政处分。”

四、强令中国人民银行违法提供贷款或者担保的法律责任

《中国人民银行法》第49条规定：“地方政府、各级政府部门、社会团体和个人强令中国人民银行及其工作人员违反《中国人民银行法》第30条的规定提供贷款或者担保的，对负有直接责任的主管人员和其他直接责任人员，依法给予行政处分；构成犯罪的，依法追究刑事责任；造成损失的，应当承担部分或者全部赔偿责任。”

本章小结

本章主要介绍了中央银行机构的法律制度概况，具体内容包括中国人民银行的法律

性质和地位、组织机构及其业务的法律制度。

复习思考题

1. 独立性对中央银行的意义是什么？
2. 中央银行怎样进行宏观调控？
3. 如何理解中国人民银行的法律地位？
4. 中国人民银行的组织机构有哪些？其分支机构是依据什么原则设立的？
5. 中国人民银行不得从事哪些业务？

第三章

政策性银行法

学习目的

政策性银行是由政府创立、参股或保证的，不以营利为目的的，为贯彻和配合政府特定经济政策和意图而进行融资和信用活动的金融机构。政策性银行法是金融法的重要组成部分，对于维护金融秩序稳定、促进社会主义市场经济发展具有重要意义。通过本章学习，旨在使学生掌握我国政策性银行的运行和发展状况，加强对银行制度的全面了解。

核心概念

政策性银行　政府经济目标　政府主导　开发银行　农业发展银行　进出口银行

案例导入

中国进出口银行某省分行为扩大信贷规模，促进融资，准备开展如下业务：拟在全省范围内开展吸收公众存款，预计在3个月内将吸收公众存款1亿元人民币，并以此发放商业性贷款5000万元人民币。

案例导学

政策性银行是一国银行体系中与商业银行并存、互补，而又与之相对应的一种特殊类型的金融机构。它们是基于政府的特定政策目标或意图而设立的，这也就决定了其具有不同于商业银行独特的经营原则与业务范围。本案中，中国进出口银行是我国的政策性银行，该分行准备开展的业务是不合法的，其业务范围不包括吸收公众存款和发放商业性贷款业务。

第一节 政策性银行及其立法概述

一、政策性银行的概念与特征

（一）政策性银行的概念

政策性银行是指由政府发起、出资设立、参股或保证的，不以营利为目的，专门为贯彻和配合政府特定的宏观经济、产业经济或空间经济等方面的政策和意图而进行融资与信用活动的金融机构。

（二）政策性银行的特征

在市场经济国家中，政策性银行既不同于“政府的银行”——中央银行，也不同于商业银行。政策性银行的重要作用在于弥补商业银行在资金配置上的缺陷，从而健全与优化一国金融体系的整体功能。一般而言，与其他银行相比，它具有以下几个方面的特征。

1. 资金性质

从资金性质来看，政策性银行一般由政府财政拨款出资或政府参股设立，由政府控股，在注册资本和资信保证等方面与政府保持着密切关系。

通常，各国政府在政策性银行的资金来源上具有主导性，大多数政策性银行是由政府全额出资成立的。例如，我国的国家开发银行，即使经过改组以后，成为国家开发银行股份有限公司，其股东都是国家股东：一是财政部；二是中央汇金投资有限公司。我国的中国农业发展银行、中国进出口银行也是国家全额出资组建的。德国《复兴开发银行法》规定：复兴开发银行为政府所有，其中联邦政府占80%的股份，各州政府占20%的股份。美国的进出口银行、日本的日本开发银行等国家政策性银行、韩国的开发银行也是由政府直接全额出资成立的。

同时，也有一些国家的政策性银行是由政府参与部分股本，联合普通商业银行或其他金融机构共同设立的，例如，法国的对外贸易银行，是由法兰西银行、信托储蓄银行以及几家大型商业银行或其他金融机构等出资组建的，法兰西银行作为法国的中央银行持股24.5%。另外，随着社会经济的发展，也有一些国家的政策性银行逐渐弱化其政策性融资地位，并逐渐私有化。如美国农业合作银行。

2. 经营宗旨

从经营宗旨来看，政策性银行不以营利为目的，而以贯彻执行国家的社会经济政策为己任。其主要功能是为国家重点建设和按照国家产业政策重点扶持的行业及区域的发展提供资金融通。一般包括支持农业开发贷款，农副产品收购贷款，交通、能源等基础设施和基础产业贷款，进出口贸易贷款等。但是，不以营利为目的并不意味着政策性银行都不盈利或无视效益性，而仅仅是从经营的目标角度来讲，不追求盈利或利润最大化。

3. 业务范围

从业务范围上看，政策性银行不能吸收活期存款和公众存款，主要资金来源是政府提供的资本、各种借入资金和发行政策性金融债券筹措的资金，其资金运用多为长期贷款和资本贷款。政策性银行收入的存款也不作转账使用，贷款一般为专款专用，不会直接转化为储蓄存款和定期存款。所以，政策性银行与商业银行的最大区别就是不能吸收一般社会公众的存款，不会像商业银行那样具备存款和信用创造职能。这也是政策性银行能够称为金融机构但不能称为商业银行的根本原因。

同时，政策性银行有自己特定的服务领域，不与商业银行产生竞争。它一般服务于那些对国民经济发展、社会稳定具有重要意义，且投资规模大、周期长、经济效益低、资金回收慢的项目领域，如农业开发、重要基础设施建设、中小企业、经济技术开发等领域；政策性银行的服务对象一般都是专业性或开发性金融机构。政策性银行与商业银行的关系具有互补性，而不是竞争性。

4. 融资原则

从融资原则上看，政策性银行有其特殊的融资原则。在融资条件或资格上，要求其融资对象必须是在从其他金融机构不易得到所需的融通资金的条件下，才有从政策性银行获得资金的资格，且提供的全部是中长期信贷资金，贷款利率明显低于商业银行同期同类贷款利率，有的甚至低于筹资成本，但要求按期还本付息。

同时，政策性银行的融资具有引导性，通过给予偿付保证、利息补贴或者再融资，支持、引导、鼓励更多其他金融机构按照国家政策意图开展政策性融资活动。政策性银行的资金融入主要依靠财政拨款和发行政策性金融债券，资金融出则主要或全部为提供贷款利率低于商业银行同期利率的中长期信贷资金，出现偿还困难时由国家财政补贴亏损。

5. 信用创造能力

从信用创造能力看，政策性银行一般不参与信用的创造过程，资金的派生能力较弱。因为政策性银行的资金来源主要不是吸收存款，而往往是由政府提供，而且政策性银行的贷款主要是专款专用，在正常情况下不会增加货币供给。

6. 单独立法

政策性银行一般实行单独立法。绝大多数国家以单独的法律、条例规定每一家政策性银行的宗旨、经营目标、业务领域与方式、组织体制等。例如，日本的《日本输出入银法》是为日本输出入银行提供的专门立法，其他的普通银行法的规定不适用于类似的政策性银行。

二、政策性银行的类型

政策性银行是专业性的银行，但并非所有的专业性银行均是政策性银行，专业性银行较政策性银行的范围更宽广。政策性银行依照不同的标准，可以分为不同的类型。

（一）活动范围

按照活动范围，政策性银行可以划分为国际性的政策性银行、全国性的政策性银行和地方性的政策性银行。

国际性的政策性银行是指那些在全球或国际区域范围内发挥政策性功能的金融机构，并且又可以分为全球政策性银行（如世界银行、国际开发协会）和国际区域政策性银行（如亚洲开发银行、泛美开发银行、非洲开发银行）。

全国性的政策性银行业务范围覆盖全国，在世界各国政策性银行中占绝大多数；地方性的政策性银行多为开发银行，主要适用于一国经济发展过程中对某一落后地区的区域开发。

我国的政策性银行只有全国性的，没有地方性的政策性银行。但是，引人注目的是，我国在2013年提出了筹建亚洲基础设施投资银行的倡议，并于2015年2月25日宣告成立，总部设在北京。这标志着全球迎来首个由中国倡议设立的国际性多边金融机构，在国际经济治理体系改革进程中具有里程碑意义。亚洲基础设施投资银行是一个政府间的亚洲区域多边开发机构。

（二）组织结构

按照组织结构，政策性银行可以划分为单一型政策性银行和“金字塔”型政策性银行。

单一型政策性银行是指只有一家机构、无分支机构的政策性银行；“金字塔”型政策性银行是指由一个总机构领导的、由具有不同层次的会员或分支机构组成的呈金字塔型的政策性银行。

在我国，中国进出口银行总体上是单一型政策性银行，而中国农业发展银行是典型的“金字塔”型政策性银行。

（三）业务领域

按照业务领域，政策性银行可以划分为农业、中小企业、进出口、住房、经济开发、基础产业、主导产业以及环境、国民福利等政策性银行。

（四）业务性质

按业务性质，政策性银行可以分为四类：第一类是专为经济开发提供投资性贷款的银行，一般称为开发银行；第二类是支持和扶植农业开发的农业信贷银行；第三类是专门经营对外贸易信用业务的银行；第四类是为便利居民购买房屋、支持房地产产业发展的住宅信贷银行。

此外，还有为扶植中小企业发展及履行其他特殊职能的政策性银行。

三、政策性银行的历史发展及其立法情况

（一）政策性银行的历史发展

政策性银行在外国的实践已经有较为悠久的历史了，它是在商业银行高度发达的基

础上产生的。萌发建立政策性银行的原始思想，最早可追溯到 17 世纪。当时英国有人建议用公共土地做抵押开办一个国家银行，统辖所有国家的经营事业。在这个建议中就包含了建立政策性银行的原始思想。然而，真正的政策性银行出现是在 19 世纪后半期，首先开始在农业领域。1894 年，法国建立的农业信贷互助地方金库，是政策性银行最早的雏形。直至 20 世纪初，政策性银行的设立并不普遍，相应的政策性银行立法也处于萌芽状态。而 20 世纪 30 年代则是政策性银行普遍设立的时期，美国、日本、韩国、泰国、印度、巴西等国都先后成立了政策性银行，建立了较为健全的政策性金融体系。各国的政策性银行立法开始产生。

在我国，新中国成立后，国家对民国时期的银行进行了全面整顿，中国人民银行吸收合并了国内绝大部分银行，集中央银行、商业银行于一身，成为唯一的银行。当时的政策性业务，主要由人民银行负责。1978 年改革开放后，国家采取了多项举措，促使国内银行业呈现出多元化发展局面。1978～1994 年，国家的政策性业务主要由工商银行、农业银行、中国银行和建设银行承担。1993 年 12 月 25 日，国务院发布《国务院关于金融体制改革的决定》（以下简称《决定》）及其他文件，提出深化金融改革，将工农中建四大行建设成国有大型商业银行，为此，从四大行中剥离出政策性业务，组建了专门承担政策性业务的专业银行，即政策性银行。1994 年，我国先后成立了国家开发银行、中国进出口银行、中国农业发展银行。2008 年 12 月 16 日，国家开发银行股份有限公司在北京挂牌成立，成为第一家由政策性银行转型而来的商业银行，标志着我国政策性银行改革取得重大进展。2015 年 4 月 12 日，由中国央行会同有关单位提出的国家开发银行、中国进出口银行、中国农业发展银行的改革方案，已经正式获得批准。其中，国家开发银行明确定位为开发性金融机构，而中国进出口银行、中国农业发展银行进一步明确了政策性银行的定位。

（二）我国政策性银行的立法现状

1. 法律

目前，我国对政策性银行尚无专门立法，但在有关法律中，对政策性银行的监管制度等有一些规定。

例如，《中国人民银行法》第 52 条中规定："本法所称银行业金融机构，是指在中华人民共和国境内设立的商业银行、城市信用合作社、农村信用合作社等吸收公众存款的金融机构以及政策性银行。"据此，"银行业金融机构"是包括政策性银行在内的。再如，我国的《银行业监督管理法》第 2 条对银行业金融机构进行了解释，其中包括政策性银行。换言之，这两部法律对政策性银行的监管在总体上采取了同样的态度，即在监管上不区分政策性银行、商业银行还是其他银行业金融机构。略有不同的是，《银行业监督管理法》在附则第 48 条规定："对在中国境内设立的政策性银行、金融资产管理公司的监督管理，法律、行政法规另有规定的，依照其规定。"这说明该法的立法者意识到了政策性银行监管制度的特殊性，为政策性银行立法预留了空间。

除了上述规定之外，我国现行法律中再无对政策性银行的规定。

2. 行政法规

我国现行的行政法规中缺乏对政策性银行的专门规定。在行政法规的层次，我国并没有针对政策性银行的单独立法。当然，在其他有关“银行业金融机构监管”的行政法规中，也很少有对政策性银行同样适用的规定。

3. 决定、命令和规章及其他政策性文件

我国现行政策性银行立法主要集中在决定、命令和规章这一层次。除了前述文件之外，在国务院、中国人民银行和银行业监督管理机构制定的其他银行业监管的各种文件中也有涉及政策性银行组织机构、业务运行、人事任职资格等方面的一些规定。但是，这些规定很少是针对政策性银行而专门做出的，其规定要旨主要反映的是对整个银行业金融机构的监管要求。

第二节 政策性银行的法律地位和职能

一、政策性银行的法律地位

(一) 政策性银行的法律性质

1. 政策性银行是国家干预市场的产物，构成经济法主体

不仅政策性银行的产生有深刻的经济学背景，而且政策性银行的设立也体现了经济法的基本理念。政策性银行是在国家干预经济的过程中出现的新事物。弥补市场调节的缺陷是政策性银行产生和发展的基本理论依据。经济学的市场失灵理论是经济法产生的理论根源之一。

在市场经济条件下，市场是配置资源的基本方式；但是，实践已经证明并将继续证明，由于市场的盲目性、滞后性、外部性和对实质公平的忽视等种种弊端，这只“无形之手”并不是万能的。因此，为了克服市场调节失灵这一痼疾，通过国家干预的“有形之手”，来适当干预经济领域便成了历史的必然和世界潮流。而政策性金融便是国家干预的“有形之手”在金融领域的作用结果，是为了克服商业性金融的不足而在“有形之手”和“无形之手”之间形成的一种集国家干预性与市场自由性于一身的综合性结果。因此，政策性银行的产生和发展是国家干预、协调金融市场资源配置的产物。

2. 政策性银行是独立法人

虽然政策性银行由国家出资建立，用来执行国家金融政策，但它是独立法人，具有相对独立性，不构成“二级财政”或“命令性金融”。从世界范围来看，国外的政策性银行立法一般均确认政策性银行具有独立的法人地位。

从我国的情况来看，根据党的十四届三中全会精神和《国务院关于金融体制改革的决定》，中国农业发展银行和中国进出口银行均为独立法人。经国务院批准的《中国农业发展银行章程》第 2 条也规定，中国农业发展银行为独立法人。国务院《关于组建国家开发银行的通知》、经国务院批准的《国家开发银行组建和运行方案》及《国家开发

银行章程》却对国家开发银行是否为独立法人均未予明确规定。但是，2008 年 12 月 16 日，国家开发银行转制为国家开发银行股份有限公司以后，国家开发银行已经成为企业法人或公司法人。总之，政策性银行是我国金融市场中贯彻国家政策意图的一个独立法人。

（二）政策性银行和政府的关系

综观世界各国，政策性银行与其本国政府之间存在着密切联系。这是由以下几方面的因素所决定的：第一，政策性银行由政府创立，政府是政策性银行的坚强后盾，并依法对其进行监督管理和行政领导；第二，政策性银行的资金首先来自政府财政，其资本金由财政拨付，筹资由财政担保，经营亏损由财政补贴；第三，政策性银行的高层管理人员通常由政府任免；第四，政策性金融是一种直接渗透政府意图的金融方式，政策性银行为政府的政策意图服务，是政府实施宏观经济管理或干预经济的重要工具。

在我国，1994 年成立的三家政策性银行都是直属于国务院领导下的政策性金融机构。

（三）政策性银行和中央银行的关系

在西方发达国家，政策性银行和中央银行的关系相对松散。中央银行一般不直接管理政策性银行，而是侧重于对商业银行的管理。政策性银行不在中央银行的监管之列，原因在于政策性银行的业务特点，诸如一般不直接吸收存款、不能从事存款创造、无法传递央行货币政策等。因此，政策性银行一般不在中央银行货币政策管理制约之列。例如，日本的“二行九库”直接由大藏省领导，不归属日本银行直接管理；美国联邦土地银行、联邦中期信贷银行和合作银行由联邦农业信贷管理局与联邦农业信贷委员会管理，并隶属于美国农业部。

当然，政策性银行毕竟是金融机构、银行机构，因此，中央银行仍然给予其必要的资金支持、业务指导和政策协调。一般而言，政策性银行和中央银行的关系主要表现在以下几个方面。第一，中央银行向政策性银行提供再贴现、再贷款或专项基金，构成政策性银行一部分资金的来源；第二，中央银行和政策性银行在各自的决策机构中相互派驻人员，为双方的业务协调和政策协调建立人事基础；第三，在法定存款准备金的缴纳方面，一些国家的政策性银行仍然需要向中央银行缴纳存款准备金，例如，比利时国家工业信贷银行和国民职业信贷银行等政策性银行。

目前，我国法制不够健全、市场机制不够完善，在这样的制度环境条件下，作为央行的中国人民银行对政策性银行的监管、指导是完全必要的。专司一国货币管理的中央银行应给予政策性银行以必要的支持和指导，政策性银行也应尽力与中央银行的政策目标保持一致。这应是我国政策性银行发展的方向。

（四）政策性银行和商业银行的关系

首先，政策性银行的创立和存续有其特殊的目的与价值，尤其是对商业银行不愿涉足的行业、领域或区域的信贷支持，因此，从资源配置的角度分析，双方是一种互补关系，而不是替代关系或竞争关系。

其次，政策性银行与商业性银行在法律地位上是平等的，都是独立的法人机构。政策性银行虽享有种种优惠待遇，但不是国家权力的代表，并不凌驾于商业银行之上。

最后，政策性银行与商业性银行之间存在一定的协作关系。政策性银行的设立客观上减少了商业银行的政策性业务，为商业银行推行资产负债比例管理提供了资金自求平衡的前提。同时，政策性银行为了节约交易费用，其分支机构比较缺乏，其业务方式一般又是间接的，采用的是商业银行代理制，即委托商业银行对业务往来对象进行资信调查、发放贷款、检查并收回贷款等活动。另外，政策性银行对商业银行从事的符合政府政策要求的业务活动给予再贷款、利息补贴、偿还担保等鼓励与支持，能够带动商业银行向这些领域融资，并在业务上进行一定的监督，以防政策性资金被商业性活动所挪用；一旦能带动商业银行向某些特定对象融资，政策性银行则会悄然退出，转而投向其他领域，再次示范和引导商业银行的融资活动。因此，两者之间存在一定的协作配合关系。

想一想

政策性银行和商业银行的区别有哪些？

二、政策性银行的目标和职能

（一）政策性银行的一般职能

在一般职能方面，政策性银行与商业性银行一样具有金融中介职能，通过负债业务吸收资金，再通过资产业务将资金投入相关领域或项目中，从而实现资金贷出和资金借入之间的融通过程。即使政策性银行主要负责政策性的信贷业务，但它同样也是作为资金的供应者和资金的需求者之间的中介出现在金融市场的。

（二）政策性银行的特殊职能

1. 倡导性职能

政策性银行一旦决定对某些产业提供资金，则反映了经济发展的长远目标，表明政府对这些产业的扶持意向，从而增加其他金融机构对这些产业的投资信心，纷纷放宽审查，协同投资。一旦其他金融机构对某一产业的投资热情高涨起来，政策性银行就会逐渐减少其份额，转而扶持别的产业。

2. 选择性职能

政策性银行投资的主要领域如中小企业、农业、住房、落后地区开发等都是商业性银行不愿选择投资的，因而，政策性银行的融资活动对这些领域的发展，尤其对于产业结构调整有明显的积极作用，体现出政策性融资的特有性质。

3. 补充性职能

政策性银行对技术、市场风险较高的领域，以及投资回收期长、收益低的项目进行融资补充，可以解决商业性银行主要以提供短期资金融通而对长期资金融通不足的问题。

主要表现在以下几个方面：第一，对技术、市场风险较高的领域进行倡导性投资；第二，对投资回收期限过长、投资回报率低的项目进行融资补充；第三，对成长中的扶持性产业给予优惠利率、放宽投资；第四，以间接的融资活动或提供担保来引导商业银行的资金流向，并针对商业银行主要提供短期资金融通而长期资金不足的缺点，提供长期资金，甚至发放超长期的贷款。例如，美国联邦土地银行的贷款期限最长达 40 年，法国农业信贷银行贷款期限最长达 50 年。

4. 服务性职能

政策性银行一般为专业性的银行，在本领域内拥有丰富经验，可作为政府在某一方面事务的助手或顾问，参与政府相关规划的制订，甚至代表政府组织实施该方面的政策计划或产业计划。

总之，政策性银行以更主动、更直接、更具内在动力的方式贯彻实施宏观经济政策，尤其是产业政策，所以各国政策性银行往往被视为“特殊银行”。

第三节 我国政策性银行法律制度

一、中国农业发展银行

（一）性质与任务

中国农业发展银行是根据国务院 1994 年 4 月 19 日发出的《国务院关于组建中国农业发展银行的通知》成立的国有政策性银行，也是我国唯一的一家农业政策性银行，直属国务院领导。

中国农业发展银行的主要任务：按照国家的法律、法规和方针、政策，以国家信用为基础，筹集农业政策性信贷资金，承担国家规定的农业政策性和经批准开办的涉农商业性金融业务，代理财政性支农资金的拨付，为农业和农村经济发展服务。中国农业发展银行实行独立核算，自主、保本经营，企业化管理，在业务上接受中国人民银行的指导和监督。

（二）资金来源与运用

农业发展银行注册资本为 200 亿元人民币。中国农业发展银行运营资金的来源：业务范围内开户企事业单位的存款；发行金融债券；财政支农资金；向中国人民银行申请再贷款；同业存款（信用社以及财务公司、信托公司等非银行金融机构开办的存款业务）；协议存款；境外筹资。

中国农业发展银行的运营资金主要用于粮、棉、油收购等流动资金贷款，为保护农民利益，维护国家粮食安全和重要农产品有效供给发挥了不可替代的作用。与此同时，在国家没有增加注资、没有剥离不良资产的情况下，农业发展银行不仅出色完成了国家赋予的支农任务，而且实现了自身内生性可持续发展。

（三）组织机构

中国农业发展银行实行行长负责制，对其分支机构实行垂直领导的管理体制。中国农业发展银行在机构设置上实行总行、一级分行、二级分行、支行制。中国农业发展银行总行设在北京；分支机构的设置，须经中国人民银行批准。其分支机构按照开展农业政策性金融业务的需要，并经银监会批准设置。

中国农业发展银行设行长1人，副行长若干人，由国务院任命。中国农业发展银行行长主持行长会议，研究决定以下重大事项：①本行的业务方针、计划和重要规章制度；②行长的工作报告；③国家重点农业政策性贷款项目；④本行年度决算报告；⑤有关本行的其他重大事项。中国农业发展银行分行正、副行长由总行任命；支行正、副行长由所在省、自治区、直辖市分行任命。

（四）业务范围

中国农业发展银行的业务范围，由国家根据国民经济发展和宏观调控的需要并考虑农业发展银行的承办能力来界定。中国农业发展银行成立以来，国务院对其业务范围进行过多次调整。

2013年，中国农业发展银行的主要业务：①办理粮食、棉花、油料收购、储备、调销贷款；②办理肉类、食糖、烟叶、羊毛、化肥等专项储备贷款；③办理粮食、棉花、油料加工企业和农、林、牧、副、渔业的产业化龙头企业贷款；④办理粮食、棉花、油料种子贷款；⑤办理粮食仓储设施及棉花企业技术设备改造贷款；⑥办理农业小企业贷款和农业科技贷款；⑦办理农业基础设施建设贷款，支持范围限于农村路网、电网、水网（包括饮水工程）、信息网（邮政、电信）建设，农村能源和环境设施建设；⑧办理农业综合开发贷款，支持范围限于农田水利基本建设、农业技术服务体系和农村流通体系建设；⑨办理农业生产资料贷款，支持范围限于农业生产资料的流通和销售环节；⑩代理财政支农资金的拨付；⑪办理业务范围内企事业单位的存款及协议存款、同业存款等业务；⑫办理开户企事业单位结算；⑬发行金融债券；⑭资金交易业务；⑮办理代理保险、代理资金结算、代收代付等中间业务；⑯办理粮棉油政策性贷款企业进出口贸易项下的国际结算业务以及与国际业务相配套的外汇存款、外汇汇款、同业外汇拆借、代客外汇买卖和结汇、售汇业务；⑰办理经国务院或中国银行业监督管理委员会批准的其他业务；⑱办理投资业务。

知识拓展

中国农业发展银行改革趋势

2015 年 4 月 12 日，国务院印发《关于同意中国农业发展银行改革实施总体方案的批复》指出：中国农业发展银行改革要坚持以政策性业务为主体，通过对政策性业务和自营性业务实施分账管理、分类核算，明确责任和风险补偿机制，确立以资本充足率为核心的约束机制，建立规范的治理结构和决策机制，把中国农业发展银行建设成为具备可持续发展能力的农业政策性银行。主要内容如下：第一，合理界定业务范围，突出政策性功能定位，坚持以政策性业务为主体，审慎发展自营性业务。对政策性业务和自营性业务实行分账管理、分类核算。第二，妥善解决政策性财务挂账等历史遗留问题，逐步消化政策性财务挂账。第三，明确资本补充计划，逐步建立资本充足率约束机制，对两类业务实行差别化资本充足率标准。第四，完善财税货币支持政策，体现国家对"三农"的政策扶持意图。第五，建立健全治理结构，成立董事会并强化其功能，维持现行的外派监事会制度，建立市场化的人力资源管理体制与激励约束机制。第六，修改农业发展银行章程并由国务院发布，作为依法合规经营的重要依据。第七，深化内部改革，加强风险评估、预警、监测和管理体系建设，严格执行审慎会计制度和信息披露制度，建立市场化的人力资源管理体制与激励约束机制等。

二、中国进出口银行

(一) 性质与任务

中国进出口银行是根据国务院 1994 年 4 月 26 日发出的《国务院关于组建中国进出口银行的通知》成立的政府全资拥有的政策性银行，其国际信用评级与国家主权评级一致。中国进出口银行是直属国务院领导的政策性金融机构，实行自主、保本经营，企业化管理，在业务上接受财政部、对外贸易经济合作部、中国人民银行的指导和监督。在国内银行中，进出口银行是唯一一家为外国政府贷款业务成立专门部门（即转贷部）的银行。

中国进出口银行的主要职责是贯彻执行国家产业政策、外经贸政策、金融政策和外交政策，为扩大我国机电产品、成套设备和高新技术产品进出口，推动有比较优势的企业开展对外承包工程和境外投资，促进对外关系发展和国际经贸合作，提供政策性金融支持和金融服务。

(二) 组织机构

中国进出口银行设董事会，实行董事会领导下的行长负责制，行长为法定代表人。

董事会是中国进出口银行的最高决策机构，对国务院负责。董事会由董事长1人、副董事长2人、董事若干人组成。正、副董事长由国务院任命，董事由有关部门提名，报国务院批准。董事会的职责主要：①根据国家产业政策和外贸政策，审定本行的中长期发展规划、经营方针和年度计划；②听取和审定行长的工作报告，监督本行的财务会计和国有资产的保值增值工作；③审查通过本行的财务预算、决算方案以及税后利润分配方案；④讨论决定提供出口信贷的国别政策及担保、信贷风险等重大决策；⑤审定银行内部机构的设立、撤销和职能的变动；⑥审定重要的财务管理等规章制度；⑦审议重要的人事管理规章制度及其他重大事项。董事会下设战略委员会、财务审核委员会、审计与监督委员会、信贷审批委员会、风险与内控委员会、资产负债管理委员会、业务发展与创新委员会、信息技术委员会。

中国进出口银行董事会定期召开会议，如遇重大事件时，可临时召开会议。董事会由董事长召集和主持，董事长因故不能出席时，可委托副董事长召集和主持。董事会会议应由全部董事的2/3以上出席方可举行。董事会做出决议，必须经全体董事的半数以上通过。

中国进出口银行设行长1人、副行长若干人。行长、副行长由国务院任命。其他人事任免，按有关规定和程序办理。

（三）业务范围

中国进出口银行的注册资本为33.8亿元人民币。进出口银行的资金来源有以下几个方面：发行金融债券筹集资金；人民银行的再贷款；业务范围内开户企事业单位的存款；同业存款；协议存款；境外筹资。

中国进出口银行的主要业务：①办理出口信贷和进口信贷（包括卖方信贷和出口买方信贷）；②办理对外承包工程和境外投资贷款；③办理中国政府对外优惠贷款；④提供对外担保；⑤转贷外国政府和金融机构提供的贷款；⑥办理本行贷款项下国际国内结算业务和企业存款业务；⑦在境内外资本市场、货币市场筹集资金；⑧办理国际银行间贷款，组织或参加国际、国内银团贷款；⑨从事人民币同业拆借和债券回购；⑩从事自营外汇资金交易和经批准的代客外汇资金交易；⑪办理与本行业务相关的资信调查、咨询、评估和见证业务；⑫经批准或受委托的其他业务。

（四）管理制度和业务规范

进出口银行历来重视对转贷项目账务、贷后检查以及档案等方面的管理，及时建章建制、规范业务操作程序，并根据业务发展不断创新，为更好地向用户提供标准、高效的服务奠定了基础。

进出口银行先后完善了《外国政府贷款项目贷后管理办法》《外国政府赠款管理办法》以及相应的操作细则，从制度的层面对业务流程、客户服务及风险控制进一步优化。

随着新的转贷业务品种的增加，进出口银行还及时制定了一系列新规定和新办法，例如，《世界银行节能项目贷款管理办法》《世界银行节能项目贷款业务操作规程》《中国进出口银行利用世界银行节能贷款项目环境影响评估大纲》《美国进出口银行主权担保贷款转贷业务管理办法（暂行）》《美国进出口银行主权担保贷款转贷业务操作规程（暂行）》等，以确保各项工作从一开始就走向规范化、合理化和标准化。

知识拓展

中国进出口银行改革趋势

2015年4月12日，国务院印发《关于同意中国进出口银行改革实施总体方案的批复》指出：中国进出口银行改革要强化政策性职能定位，坚持以政策为主体，合理界定业务范围，明确风险补偿机制，提升资本实力，建立资本充足率约束机制，强化内部管控和外部监管，建立规范的治理结构和决策机制，把中国进出口银行建设成为定位明确、业务清晰、功能突出、资本充足、治理规范、内控严密、运营安全、服务良好、具备可持续发展能力的政策性银行，充分发挥在稳增长、调结构、支持外贸发展、实施“走出去”战略中的功能和作用。2016年进出口银行围绕服务国家战略和实体经济发展，着力供给侧结构改革，把握好“深化改革、转型发展、提质增效、严控风险”四大重点，实现支持实体经济力度不减、改革任务全面推进、力争利润平稳增长、不良贷款有效控制的目标，推动全行改革发展不断取得实实在在的成效。

三、国家开发银行及国家开发银行股份有限公司

（一）性质与任务

国家开发银行是根据国务院1994年3月17日发出的《国务院关于组建国家开发银行的通知》成立的国有政策性银行，直属国务院领导，以“增强国力，改善民生”为使命。这是我国历史上成立最早、规模最大的政策性金融机构。

国家开发银行是直属国务院领导的政策性金融机构，对由其安排投资的国家重点建设项目，在资金总量和资金结构配置上负有宏观调控职责。国家开发银行的主要任务：建立长期稳定的资金来源，筹集和引导社会资金用于国家重点建设，投资项目不留资金缺口，从资金来源上对固定资产投资总量及结构进行控制和调节，按照社会主义市场经济的原则，逐步建立投资约束和风险责任机制，提高投资效益，促进国民经济持续、快速、健康发展。

2008年12月16日，根据国务院的决定，经中国银监会批准，国家开发银行股份有限公司在北京挂牌成立，并成为第一家由政策性银行转型而来的“商业银行”。这标志着中国政策性银行改革取得重大进展。

（二）组织机构

2015年，国家开发银行注册资本4212.48亿元。根据《国务院关于组建国家开发银

行的通知》附件二《国家开发银行章程》，国家开发银行设行长 1 人，副行长若干人，均由国务院任命。其他人事任免，按有关规定和程序办理。国家开发银行行长负责全行工作，副行长协助行长工作。国家开发银行行长负责主持行长会议，研究决定以下重大事项：①审定本行的业务方针、计划和重要规章；②审查行长的工作报告；③审定筹资方案，确定政策性贷款计划；④审查通过本行年度财务决算报告；⑤审定其他重大事项。国家开发银行总部根据精干、高效的原则，设置若干职能部门，在行长领导下进行工作。

同时，国家开发银行设立国家开发银行监事会，由国家计划委员会、国家经济贸易委员会、财政部、中国人民银行、审计署、对外贸易经济合作部等部门各出 1 位负责人以及国务院指定的其他人员组成，报国务院批准。监事会主席由监事会成员单位定期轮换担任，任期为 3 年。

2008 年，国家开发银行改制为国家开发银行股份有限公司以后，建立了股东大会、董事会、监事会和高级管理层。2014 年，国家开发银行按照建立现代金融企业制度的要求，加强公司治理能力建设，完善科学决策机制，规范高效运作，形成有效的决策、执行、监督机制。目前，董事会下设战略发展与投资管理委员会、审计委员会、风险管理委员会、关联交易控制委员会、人事与薪酬委员会；监事会下设履职尽职监督委员会和财务与内部控制监督委员会。

（三）业务范围

国家开发银行经营和办理下列业务：①管理和运用国家核拨的预算内经营性建设基金和贴息资金；②向国内金融机构发行金融债券和向社会发行财政担保建设债券；③办理有关的外国政府和国际金融组织贷款的转贷，经国家批准在国外发行债券，根据国家利用外资计划筹借国际商业贷款等；④向国家基础设施、基础产业和支柱产业的大中型基本建设和技术改造等政策性项目及其配套工程发放政策性贷款；⑤办理建设项目贷款条件评审、咨询和担保等业务，为重点建设项目物色国内外合资伙伴，提供投资机会和投资利息；⑥经批准的其他业务。国家开发银行主要通过开展中长期信贷与投资等金融业务，为国民经济重大中长期发展战略服务。电力、公路、铁路、石油石化、煤炭、邮电通信、农林水利刊、公共基础设施等始终是国家开发银行的主要业务领域和支持贷款的重点。

知识拓展

国家开发银行改革趋势

2015 年 3 月 20 日，国务院批复国家开发银行深化改革方案，明确国家开发银行定位为开发性金融机构。2015 年 4 月 12 日，国务院印发《国务院关于同意国家开发银行深化改革方案的批复》。改革目标是将国家开发银行建设成为资本充足、治理规范、内控严密、运营安全、服务优质、资产优良的开发性金融机构。国家开发银行深化改革的主要内容：一是明确国家开发银行的开发性金融机构的功能定位。二是明确国家开发银行主要从事开发性业务，如新型城镇化、保障性安居工程、“两基一支”、支持“走出去”、科技、文化和人文交流等。三是完善组织架构和治理结构。四是明确资金来源的政策支持。国家开发银行所发行的债券，国家继续给予信用支持，风险权重为零。五是提高资本充足率。国家为国家开发银行注资以补充资本金。六是建立以资本充足率为核心的资本约束机制。七是加强内部管控和外部监管。建立与开发性业务相适应的风险管理体系。监管部门研究制订对国家开发银行的审慎性监管规定并实施监管。八是按照突出服务国家战略、侧重风险控制、兼顾利润回报为导向对国家开发银行进行绩效评价。九是修订和完善章程。条件成熟时，考虑制定国家开发银行条例，以此作为内部运营和外部监管的法定依据。

本章小结

本章介绍了政策性银行的性质、特征和法律地位，结合我国三大政策性银行的概况来分析政策性银行的职能和业务范围，对政策性银行的法律制度作了阐述，介绍了我国政策性银行的组织机构、业务范围及对政策性银行的监管。

复习思考题

1. 政策性银行的概念和特征是什么？
2. 如何认识商业银行与政策性银行的关系？
3. 试述我国三大政策性银行的业务范围和职能。

第四章

商业银行法律制度

学习目的

商业银行是现代金融体系的重要组成部分。通过对本章学习，旨在使学生系统地掌握商业银行的业务范围、经营的基本原则、商业银行设立的条件和程序，以及商业银行终止的各种形式，明确违反商业银行法的法律责任，对我国商业银行法律制度体系进行深入的思考，并进一步思考和总结法律制度完善和创新的路径。

核心概念

商业银行安全性原则　流动性原则　效益性原则　接管　负债业务　资产业务　吸收存款　发放贷款　关联贷款管理规则　不良贷款管理规则　贷款资产负债比例管理规则

案例导入

某公司在银行开立账户，并分多次在账户内存入人民币2000万元。后来公司到银行取款，得知上述存款已被他人以公司的名义分10次取走了1999.8万元，银行账户余额仅为2000元。该公司称他们从来没有提取过这些款项，一定是被他人冒名取走了。银行立即报告公安局，经公安局侦查证实，提取款项的人为成某，他采取计算机扫描、喷涂等手段伪造汇票委托书、转账支票等，分10次从银行骗取存款1999.8万元后潜逃，至今未被抓获。并且，没有发现银行与成某或公司之间存在共同诈骗问题。该公司遂向法院提起诉讼，要求银行支付其存款本金、利息和滞纳金。

案例导学

从上述案例可以看出，银行存款关系不同于普通的财产合同关系，对银行存款人存款利益的保护是法定义务，并不取决于存款合同的约定。因此，对于银行与客户的关系，不能仅仅理解为是普通的合同关系，它们关系中的绝大部分内容都是由法律直接规定的，这里既有对保障存款人财产权利的考虑，也有维护整体金融效率、秩序和安全的考虑，更有促进银行业健康发展的考虑。

第一节 商业银行法律制度概述

一、商业银行概述

（一）商业银行的概念和特征

从经济学的角度来看，商业银行是以经营工商业存款、贷款为主要业务，并以获取利润为目的的货币经营企业。这一概念包括三层含义：①商业银行是一个信用授受的中介机构；②商业银行是以营利为目的的企业；③商业银行是唯一能提供“银行货币”的金融组织。

从法学的角度理解，《中华人民共和国商业银行法》（以下简称《商业银行法》）第2条规定：“本法所称的商业银行是指依照本法和《中华人民共和国公司法》设立的吸收公众存款、发放贷款、办理结算等业务的企业法人。”它包括三层基本含义：①商业银行是企业法人，是拥有自己名称和独立财产，能够以自己名义从事经济活动，享受权利、承担义务和责任的独立法律主体，其从事经营活动是以营利为目的。②商业银行是以吸收公众存款、发放贷款、办理结算为基本业务的企业法人。它一方面表明商业银行的基本业务，另一方面暗示了它具有创造派生存款的特殊功能。③商业银行是依据《商业银行法》和《公司法》设立的。因此，所有商业银行都采用“公司”这一组织形式，不得以非公司组织形式设立商业银行。这一定义，着重强调商业银行的组织形式和主体资格。

一般来看，商业银行的特征如下：

其一，商业银行与一般企业一样，是以营利为目的的企业。商业银行也具有从事业务经营所需要的自有资本，依法经营，照章纳税，自负盈亏，与其他企业一样，以利润为目标。

其二，商业银行是不同于一般企业的特殊企业。其特殊性具体表现在经营对象的差异上。一般企业经营的是具有一定使用价值的商品，从事商品生产和流通；而商业银行是以金融资产和金融负债为经营对象，经营的是特殊商品——货币和货币资本。经营内容包括货币收付、借贷以及各种与货币运动有关的或者与之相联系的金融服务。

其三，商业银行与专业银行相比又有所不同。商业银行的业务更综合，功能更全面，经营一切金融业务，为客户提供所有的金融服务；而专业银行只集中经营指定范围内的业务和提供专门服务。随着西方各国金融管制的放松，专业银行的业务经营范围也在不断扩大，但与商业银行相比，仍差距甚远，商业银行在业务经营上具有优势。

（二）商业银行的职能

商业银行的职能是由其性质所决定的，主要有以下五个基本职能：

1. 信用中介职能

信用中介是商业银行最基本、最能反映其经营活动特征的职能。这一职能的实质是通过银行的负债业务，把社会上的各种闲散货币集中到银行里，再通过资产业务，把它投向经济各部门。商业银行是作为货币资本的贷出者与借入者的中介人或代表来实现资本的融通，并从吸收资金的成本与发放贷款利息收入、投资收益的差额中，获取利益收入，形成银行利润。商业银行通过信用中介的职能实现资本盈余者和短缺者之间的融通，并不改变货币资本的所有权，改变的只是货币资本的使用权。

2. 支付中介职能

商业银行除了作为信用中介，融通货币资本以外，还有着货币经营的职能。它通过存款在账户上的转移代理客户支付，在存款的基础上为客户兑付现款等，成为工商企业、团体和个人的货币保管者、出纳者和支付代理人。以商业银行为中心，形成经济过程中持续不断的支付链条和债权债务关系。

3. 信用创造功能

商业银行在信用中介职能和支付中介职能的基础上，产生了信用创造职能。商业银行是能够吸收各种存款的银行，并用其所吸收的各种存款发放贷款。在支票流通和转账结算的基础上，贷款又转化为存款，在这种存款不提取现金或不完全提现的基础上，就增加了商业银行的资金来源，最后在整个银行体系中，形成数倍于原始存款的派生存款。因此，商业银行就可以把自己的负债作为货币来流通，具有了信用创造功能。

4. 金融服务职能

随着经济的发展，工商企业的业务经营环境日益复杂化，银行间业务竞争也日益激烈化。银行由于联系面广，信息比较灵通，特别是电子计算机在银行业务中的广泛应用，使其具备了为客户提供信息服务的条件，咨询服务、对企业“决策支援”等服务应运而生。随着工商企业生产和流通专业化的发展，又要求把许多原来属于企业自身的货币业务转交给银行代为办理，如发放工资、代理支付其他费用等。个人消费也由原来的单纯钱物交易，发展为转账结算。现代化的社会活动，从多方面给商业银行提出了金融服务的要求。在强烈的业务竞争压力下，各商业银行也不断开拓服务领域，通过金融服务业务的发展，进一步促进资产负债业务的扩大，并把资产负债业务与金融服务结合起来，开拓新的业务领域。在现代经济生活中，金融服务已成为商业银行的重要职能。

5. 调节经济职能

调节经济是指商业银行通过其信用中介活动，调剂社会各部门间的资金短缺，同时在央行货币政策和其他国家宏观政策的指引下，实现经济结构、投资消费比例、产业结构等方面的调整。此外，商业银行通过其在国际市场上的融资活动还可以调节本国的国际收支状况。商业银行因其广泛的职能，使它对整个社会经济活动的影响十分显著，在整个金融体系乃至国民经济中居于特殊而重要的地位。随着市场经济的发展和全球经济的一体化发展，现在的商业银行已经凸显了职能多元化的发展趋势。

二、商业银行法概述

（一）商业银行法的概念

商业银行法是调整商业银行的组织机构与业务经营的法律规范的总称。商业银行法概念有广义和狭义之分。广义上的银行法包括一切关于商业银行的组织及业务经营的法律、法规、行政规章，除商业银行法外，如《中国人民银行法》《中华人民共和国银行业监督管理法》（以下简称《银行业监督管理法》）、《中华人民共和国电子银行业务管理办法》等都囊括在广义的商业银行法概念中。狭义的商业银行法仅指冠以“商业银行法”名称的专门性法律。在我国，狭义的商业银行法是指 1995 年 5 月 10 日通过，现行版本为 2015 年 8 月 29 日第十二届全国人民代表大会常务委员会第十六次会议修改的《商业银行法》。

（二）商业银行法的性质

银行法属于金融法的二级子部门法，但从其性质来说是企业法。商业银行法所规范的对象是特殊的金融企业，即商业银行。商业银行以营利为目的，但由于其涉及社会经济生活的方方面面，对一国社会安定和经济发展影响极大，所以各国立法对其设立和经营活动的开展规定了许多不同于一般工商企业的特殊监管措施，从而使商业银行法具有了很多特质。

1. 商业银行法属于商事公法

所谓商事公法，是指公法上有关的商事规定，例如商业银行法中有关银行的设立、变更、终止及各项罚则等均已形成公法化，有极强的国家参与性。

2. 商业银行法属于特别法

所谓特别法，是指优于普通法适用而言的，商业银行法规范商业银行这种特殊企业的，因此商业银行法优于公司法和民法，商业银行法未规定的适用公司法和民法。

3. 商业银行法为国内法

商业银行法是由国内立法机构制定的，其适用也是以本国领土为实施范围。例如，我国的《商业银行法》是适用于依照本法在中华人民共和国境内设立的所有商业银行。

4. 商业银行法为强行法

商业银行法的法律内容多为义务性规范和禁止性规范，因此具有强行性。

第二节 商业银行组织法律制度

商业银行是各国金融体系的骨干，在金融系统中居于主导地位，其经营活动对社会经济生活产生巨大的影响。因此，各国对商业银行的组织机构都由法律作专门的规定。

一、商业银行的设立和组织机构

（一）商业银行设立的条件

对于商业银行的设立，各国大都采取“审批制”，即非经有关主管部门审查批准，不得设立。在我国，《商业银行法》第 11 条规定：“设立商业银行，应当经国务院银行业监督管理机构审查批准。”经审查批准后，颁发金融许可证。同时，任何未经批准的单位和个人都不得擅自经营银行业务。已经获得银行经营许可证的商业银行不得将自己的许可证以出租、出借、出卖、赠予等方式让与其他的单位或个人，否则有关部门有权依据情节责令改正，没收违法所得，处以罚款、责令停业整顿或吊销营业执照。商业银行设立需满足以下条件：

1. 有符合《商业银行法》和《公司法》规定的章程

商业银行应根据上述法律规定，制定银行章程，包括商业银行的名称、住所、注册资本、经营范围、法人代表、管理制度、利润分配等。银行章程是银行的“小宪法”，是规定银行的性质、地位、权责等方面公开性文件，对商业银行具有约束力。

2. 有符合法律规定的注册资本

《商业银行法》第 13 条规定：“设立全国性商业银行的注册资本最低限额为 10 亿元人民币。设立城市商业银行的注册资本最低限额为 1 亿元人民币，设立农村商业银行的注册资本最低限额为 5000 万元人民币。注册资本应当是实缴资本。国务院银行业监督管理机构根据审慎监管的要求可以调整注册资本最低限额，但不得少于前款规定的限额。”

3. 有具备任职专业知识和业务工作经验的董事、高级管理人员

商业银行的管理人员应具有过硬的金融专业知识和丰富的工作经验，同时熟悉银行业务流程并能有效地开展银行各项业务。《商业银行法》第 27 条规定：“有下列情形之一的，不得担任商业银行的董事、高级管理人员：①因犯有贪污、贿赂、侵占财产、挪用财产罪或者破坏社会经济秩序罪，被判处刑罚，或者因犯罪被剥夺政治权利的；②担任因经营不善破产清算的公司、企业的董事或者厂长、经理，并对该公司、企业的破产负有个人责任的；③担任因违法被吊销营业执照的公司、企业的法定代表人，并负有个人责任的；④个人所负数额较大的债务到期未清偿的。”

4. 有健全的组织机构和管理制度

组织机构即公司治理结构，健全的组织机构是商业银行规范运营的基础，科学合理的管理制度亦是商业银行得以发展壮大的关键因素。故此项内容是商业银行设立的重要条件。

5. 有符合要求的营业场所、安全防范措施和与业务有关的其他设施

设立商业银行必须有固定的、符合要求的营业场所。营业场所必须具有防盗、报警、通信、消防等安全防范设施，安全防范规章、制度等措施及与业务有关的其他设

施等。

此外，《商业银行法》还规定，设立商业银行，还应当符合其他审慎性条件。

（二）商业银行的设立程序

1. 提交申请文书

《商业银行法》第 14 条规定，设立商业银行，申请人应当向国务院银行业监督管理机构提交下列文件、资料：①申请书，申请书应当载明拟设立的商业银行的名称、所在地、注册资本、业务范围等；②可行性研究报告；③国务院银行业监督管理机构规定提交的其文件、资料。

设立商业银行的申请经审查符合第 14 条规定的，申请人应当填写正式申请表，并提交下列文件、资料：①章程草案；②拟任职的董事、高级管理人员的资格证明；③法定验资机构出具的验资证明；④股东名册及其出资额、股份；⑤持有注册资本 5%以上的股东的资信证明和有关资料；⑥经营方针和计划；⑦营业场所、安全防范措施和与业务有关的其他设施的资料；⑧国务院银行业监督管理机构规定的其他文件、资料。

2. 批准颁发许可证，办理登记、领取营业执照

《商业银行法》第 16 条规定："经批准设立的商业银行，由国务院银行业监督管理机构颁发经营许可证，并凭该许可证向工商行政管理部门办理登记，领取营业执照。"

3. 公告

经批准设立的商业银行及其分支机构，由银行业监督管理委员会予以公告。商业银行及其分支机构自取得营业执照之日起无正当理由超过 6 个月未开业的，或者开业后连续停业 6 个月以上的，由银行业监督管理委员会吊销其经营许可证，并予以公告。

（三）商业银行分支机构的设立

《商业银行法》第 19 条规定："商业银行根据业务需要可以在中华人民共和国境内外设立分支机构。设立分支机构必须经国务院银行业监督管理机构审查批准。在中华人民共和国境内的分支机构，不按行政区划设立。商业银行在中华人民共和国境内设立分支机构，应当按照规定拨付与其经营规模相适应的营运资金额。拨付各分支机构营运资金额的总和，不得超过总行资本金总额的 60%。"

设立商业银行分支机构，申请人应当向国务院银行业监督管理机构提交下列文件、资料：①申请书，申请书应当载明拟设立的分支机构的名称、营运资金额、业务范围、总行及分支机构所在地等；②申请人最近 2 年的财务会计报告；③拟任职的高级管理人员的资格证明；④经营方针和计划；⑤营业场所、安全防范措施和与业务有关的其他设施的资料；⑥国务院银行业监督管理机构规定的其他文件、资料。

经批准设立的商业银行分支机构，由国务院银行业监督管理机构颁经营许可证，并凭该许可证向工商行政管理部门办理登记，领取营业执照。

（四）商业银行的组织形式和组织机构

《商业银行法》第 17 条规定，商业银行的组织形式、组织机构适用《公司法》的规

定。按照《公司法》的规定，我国商业银行的组织形式为有限责任公司和股份有限公司。

1. 有限责任公司

有限责任公司股东以其出资额为限对公司承担责任，公司则以其全部资产对公司的债务承担责任。有限责任公司的组织机构包括：

（1）股东会。股东会是由全体股东组成的最高权力机构。《公司法》规定有限责任公司股东会由全体股东组成，股东会是公司的权力机构，依法行使职权。

（2）董事会或者执行董事。董事会或者执行董事是有限责任公司的执行机构。《公司法》规定，有限责任公司设立董事会，其成员为 3~13 人；股东人数较少或规模较小的，可设 1 名执行董事，不设董事会。

（3）监事会或者监事。监事会或者监事是有限责任公司设立的监督机构。《公司法》规定，有限责任公司经营规模较大的，设立监事会，其成员不得少于 3 人。监事会应当在其组成人员中推选 1 名召集人。监事会由股东代表和适当比例的公司职工代表组成。有限责任公司股东人数较少和规模较小的，可以设 1~2 名监事，不设监事会。

2. 股份有限公司

股份有限公司将其全部资本分为等额股份，股东以其所持有的股份为限对公司承担责任，公司以其全部资产对公司的债务承担责任。股份有限公司的组织机构：

（1）股东大会。股东大会由股东组成，是公司的权力机构，决定公司的经营方针、投资计划等一切重大问题。

（2）董事会。董事会是股份有限公司的经营决策和业务执行机构。按照《公司法》的规定，董事会由 5~19 名董事组成，从股东或者非股东中选出。《公司法》还规定，股份有限公司设经理，由董事会聘任或者解聘。经理组织公司的生产管理工作，组织实施董事会决议和公司年度经营计划、投资方案，拟定公司内部管理机构设置方案和公司的基本管理制度，制定公司的具体规章，提请聘任或者解聘公司副经理、财务负责人。

（3）监事会。《公司法》规定，股份有限公司设监事会，其成员不得少于 3 人。监事会应在其组成人员中推选 1 名召集人。监事会由股东代表和适当比例的职工代表组成。监事会检查公司的财务，对董事、经理执行公司职务时违反法律、法规或者公司章程的行为进行监督，当董事和经理的行为损害公司利益时，要求董事或经理予以纠正。

国有独资商业银行是国家授权投资的机构或者国家授权的部门单独投资设立的银行。依照《公司法》的规定，国有独资商业银行的组织形式是有限责任公司，国有独资公司不设股东会，由国家授权投资的机构或者国家授权的部门，授权公司董事会行使股东会的部分职权，决定公司的重大事项，但公司的合并、分立、解散、增减资本和发行公司债券，必须由国家授权投资的机构或者国家授权的部门决定。公司董事会成员为 3~13人，由国家授权投资的机构或者国家授权的部门按照董事会的任期委派或者更换。董事会成员中应当有公司职工代表。国有独资公司设经理，由董事会聘任或者解聘。《商业银行法》第 18 条规定："国有独资商业银行设立监事会。监事会的产生办法由国务院规定。监事会对国有独资商业银行的信贷资产质量、资产负债比例、国有资产保值增值等情况以及高级管理人员违反法律、行政法规或者章程的行为和损害银行利益的行为进行监督。”

二、商业银行的变更

我国《商业银行法》第24条规定：“商业银行有下列变更事项之一，应当经国务院银行业监督管理机构批准：（一）变更名称；（二）变更注册资本；（三）变更总行或者分支行所在地；（四）调整业务范围；（五）变更持有资本总额或者股份总额百分之五以上的股东；（六）修改章程；（七）国务院银行业监督管理机构规定的其他变更事项。”

变更名称、注册资本、总行或分支行所在地，调整业务范围，变更持有资本总额或股份总额5%以上的股东，修改章程以及国务院银行业监督管理机构规定的其他变更事项，都属于重大事项的变更，可能关系存款人和其他客户等的合法权益，关系商业银行的稳健运行和国家金融秩序的稳定。根据《银行业监督管理法》的规定，商业银行的变更，应当经国务院银行业监督管理机构审查批准；商业银行变更持有资本总额或股份总额达到规定比例以上的股东的，国务院银行业监督管理机构应当对股东的资金来源、财务状况、资本补充能力和诚信状况进行审查。另外，商业银行分立、合并等主体自身的变更，需适应《公司法》的规定，还应当经国务院银行业监督管理机构审查批准。

知识拓展

商业银行的合并和分立

商业银行的变更是指经过法定机关依照法定程序予以确定的商业银行某些要素的变化，包括形式变更和实质变更。《商业银行法》第24条的变更是形式变更，商业银行的合并和分立是商业银行的实质变更。商业银行的合并是指几个商业银行合并为一个新商业银行，可采用的形式是吸收合并和新设合并两种。商业银行的分立是指某个商业银行分设为几个新的商业银行，我国目前还没有出现过真正的银行分立，随着我国金融体制改革的深化，我国银行分立会越来越走向法制化、规范化和科学化。

三、商业银行的接管

（一）接管的概念和条件

接管是国务院银行业监督管理机构对商业银行进行监督和管理的一种手段，是国务院银行业监督管理机构在商业银行已经或者可能发生信用危机，严重影响存款人利益时，对该银行采取的整顿、改组等措施。

接管作为对商业银行监管的一种手段，不少国家和地区的银行法都作了规定，其中对接管条件的规定基本相似。比如，我国台湾地区法律规定，银行因业务或者财务状况明显恶化，不能支付其债务或者有损存款人利益时，主管机构勒令其停业并限期清理、停止其部分业务，派有关人员接管。新加坡法律规定，有以下情况之一的，银行主管机构可以接办该银行的管理和业务，或者命令他人管理及经营该银行业务：①银行无法履行债务，已经或者将被破产、停止支付的；②以有可能损害存款人或者债权人权益的方法经营其业务的；③曾违反或者未能遵守法律或者执照的规定和条件的。

《商业银行法》第 64 条规定："商业银行已经或者可能发生信用危机，严重影响存款人的利益时，国务院银行业监督管理机构可以对该银行实行接管。接管的目的是对被接管的商业银行采取必要措施，以保护存款人的利益，恢复商业银行的正常经营能力。被接管的商业银行的债权债务关系不因接管而变化。"根据上述规定，国务院银行业监督管理机构可以在以下情形采取接管措施：

其一，商业银行已经发生信用危机的。对于银行经营管理不善，或者违反法律、公司章程的规定，造成银行资金无法收回，存款人的到期存款不能兑现，严重影响存款人利益时，国务院银行业监督管理机构可以采取接管措施。

其二，商业银行可能发生信用危机的。有的商业银行虽然从其目前的经营状况看还可以支付到期的债务，但是由于发生重大事项，该银行将没有能力支付存款人存款。在这种可能发生信用危机的情况下，国务院银行业监督管理机构也可以采取接管措施。

（二）接管程序

接管由国务院银行业监督管理机构决定并组织实施。国务院银行业监督管理机构决定采取接管措施时，应当以书面形式作出接管决定。接管决定应当包括以下内容：

其一，被接管的商业银行的名称。

其二，接管理由。即需要采取接管措施的原因，比如，由于银行内部人员违法贷款致使不能支付存款人到期存款等。

其三，接管组织。即经国务院银行业监督管理机构决定，由接管人员组成的临时机构。

其四，接管期限。即采取接管措施的起止日期。根据《商业银行法》第 67 条的规定，接管期限届满，国务院银行业监督管理机构可以决定延长接管期间，但接管期限最长不得超过 2 年，接管组织应当在法定的期限内采取接管措施。

接管决定作出后，国务院银行业监督管理机构应当予以公告，使被接管银行的存款人、客户及广大公众能了解该银行已经被接管的情况，从而能够配合接管组织采取相关措施。在接管期间，接管组织一般首先要了解和调查被接管商业银行发生信用危机的原因，然后根据问题所在制定出相应的措施来挽救被接管的商业银行。

此外，为了保证接管工作的顺利进行，并追究有关责任人员的责任，《银行业监督管理法》第 40 条还规定，银行业金融机构被接管的，国务院银行业监督管理机构有权要求该银行业金融机构的董事、高级管理人员和其他工作人员，按照国务院银行业监督管理机构的要求履行职责。在接管期间，经国务院银行业监督管理机构负责人批准，对直接负责的董事、高级管理人员和其他直接责任人员可以采取下列措施：①直接负责的董事、高级管理人员和其他直接责任人员出境将对国家利益造成重大损失的，通知出境管理机关依法阻止其出境；②申请司法机关禁止其转移、转让财产或者对其财产设定其他权利。

（三）接管终止

《商业银行法》第 68 条规定了接管终止的法定情形。根据规定，有以下情形之一的，接管终止：接管决定规定的期限届满或者国务院银行业监督管理机构决定的接管延期届满；接管期限届满前，被接管的商业银行已恢复正常经营能力；接管期限届满前，被接管的商业被合并；接管期限届满前，被接管的商业银行被依法宣告破产。

四、商业银行的终止

商业银行终止是指商业银行由于出现法律规定的情形，其权利和义务全部结束。《商业银行法》第 72 条规定："商业银行因解散、被撤销和被宣告破产而终止。"

（一）商业银行的解散

商业银行因分立、合并或者出现公司章程规定的解散事由需要解散的，应当向国务院银行业监督管理机构提出申请，并附解散的理由和支付存款的本金和利息等债务清偿计划，经国务院银行业监督管理机构批准后解散。

商业银行解散的，应当依法成立清算组，进行清算，按照清偿计划及时偿还存款本金和利息等债务。国务院银行业监督管理机构监督清算过程。

（二）商业银行的撤销

商业银行的撤销是指中国人民银行对经其报批设立的具有法人资格的金融机构依法采取行政强制措施，终止其经营活动，并予以解散的措施。依据《金融机构撤销条例》，金融机构有违法违规经营、经营管理不善等情形，不予撤销将严重危害金融秩序、损害社会公众利益的，应当依法撤销。《商业银行法》规定，商业银行因吊销经营许可证被撤销的，银行业监督管理机构应当依法及时组织成立清算组，进行清算，按照清偿计划及时偿还存款本金和利息等债务。

（三）商业银行的破产

按照《商业银行法》第 71 条的规定，商业银行不能支付到期债务的，应经过国务院银行业监督管理机构同意，由人民法院宣告其破产。商业银行在被宣告破产后，应由人民法院组织国务院银行业监督管理机构等部门和有关员成立清算组进行清算。商业银行破产的条件原则上只有一个，即不能支付到期债务。在商业银行的破产过程中，除了按照《商业银行法》的有关规定实施破产程序外，还应根据《中华人民共和国破产法》和《中华人民共和国民事诉讼法》的规定办理有关破产事宜。此外，商业银行破产清算时，在支付清算费用、所欠职工工资和劳动保险费用后，应当优先支付个人储蓄存款的本金和利息。在此支付后剩余的破产财产，才能按顺序支付国家的税款、清偿普通的债权，包括其他银行、单位、机构在银行的存款、拆出资金和其他债权等。

想一想

商业银行接管制度与破产制度有何区别和联系？

第三节 商业银行业务经营法律制度

一、商业银行经营原则和业务范围

（一）商业银行的经营原则

1. 安全性、流动性、效益性原则

（1）“安全性”就是要使其资产尽可能地免遭或降低风险，使其经营保持长期稳定，保证各方利益不受损失。这就要求商业银行在发放贷款时要考虑贷款的安全性，实行担保贷款，并对保证人的清偿能力，抵押物、质物的权属和价值以及变现的可能性进行严格审查，同时商业银行还要加强自身的业务管理，健全稽核检查制度，以避免因经营管理不善而造成的损失。

（2）“流动性”是指银行资金的流动和融通，能够随时应对客户的提存、借贷的需求。对于银行来讲，保持资金的流动性是十分重要的，银行的大部分资金都是通过存款吸纳的，存款人随时可能取款，而资金不贷出去又很难创造效益，因此，保证资金的周转和流动，才能服务好客户并保证其信用。

（3）“效益性”包括经济效益和社会效益，这里主要是强调经济效益，即银行的营利性，获取利润是商业银行经营所追求的目标，银行只有盈利才可以增加银行自身的经营实力，提高银行的信用，更好地服务于社会。

商业银行安全性、流动性、效益性的经营原则有其内在的逻辑关系，只有在保证安全性和流动性的基础上才能争取更大的效益性。

案例4-1 四川省遂宁市一名储蓄员盗取密码窃取储户35万元

四川省遂宁市某银行储蓄员曾某某利用职务之便，于2012年11月9日、12月6日、12月11日，与同伙在遂宁、射洪、雅安、盐亭等地自动柜员机上利用伪造储蓄卡窃取朱某、曾某、刘某144890元存款。其后，曾某某又利用相同方法，窃取了喻某、罗某、毛某3人储蓄卡密码和卡号等资料，于2013年1月至2013年5月先后6次在成都、梓潼、雅安、内江、自贡等地窃取211024元人民币。

该案只是众多银行工作人员借职务之便侵吞储户财产案例中较为典型的一个，银行的存款业务本该给我们的生活、生产带来方便和安全，但这种安全现今却因某些工作人员的贪欲而令人惴惴不安，因此，银行运作应强化安全原则，切实保护储户利益。

2. 自主经营、自担风险、自负盈亏、自我约束的原则

商业银行实行自主经营、自担风险、自负盈亏、自我约束原则，这是商业银行企业法人地位的具体体现，也是市场经济机制运行的必然要求。商业银行依法开展业务，不受任何单位和个人的干涉，其作为独立的法律实体，在合法的范围内，有权处理其一切经营管理事务，自主参与民事活动，享受权利和承担义务，并以其全部法人财产独立承担民事责任。但是，商业银行也应当严格遵守法律、行政法规和国务院银行业监督管理机构制定的各项规章，充分尊重客观经济规律，建立和健全有效的内部管理和约束机制，做到合法、稳健经营。

3. 平等、自愿、公平和诚实信用原则

平等、自愿、公平、诚实信用是民商事法律规范的基本原则。商业银行与客户的业务往来，应当遵循平等、自愿、公平和诚实信用的原则。平等是指商业银行与客户之间处于同等的地位，享有同样的权利，得到同样的法律保护。自愿是指当事人中的任何一方都按照自己的意思表示从事民事法律行为，任何一方不能将自己的意思表示强加于对方。公平是指合情合理或公平合理，处理事务用同一个标准和尺度，不倾斜于哪一方。诚实信用是指诚实守信用，遵守商业道德，不欺骗对方。

4. 遵守法律、行政法规、不得损害国家利益和社会公共利益

商业银行开展业务，应当遵守法律、行政法规的有关规定，不得损害国家利益和社会公共利益。商业银行开展业务，要遵守法律、行政法规的有关规定，这是对商业银行及其工作人员最基本的要求。其中国家利益是指国家的根本利益，社会公共利益是指社会全体成员的共同利益，国家利益也是社会公共利益，两者是相辅相成的。在一般情况下，银行利益与国家利益、社会公共利益是统一的，但在实践中，商业银行在进行业务活动时，其利益有时会与国家利益、社会公共利益产生一定的矛盾，这就需要商业银行依照法律、行政法规的有关规定，调整好与国家利益、社会公共利益之间关系，不得为了谋取私利或者局部利益，损害国家利益和社会公共利益。

5. 公平竞争原则

商业银行开展业务，应当遵守公平竞争的原则，不得从事不正当竞争。在市场经济中，商业银行之间不可避免地会发生竞争，通过竞争能够促进银行业不断地提高管理水平，提高信贷资产质量，增强服务意识，为社会提供高质量的服务。商业银行的竞争，应当遵守公平竞争的原则。公平竞争是指经营者在经营中遵守国家法律，遵守诚实信用等民法原则进行正当竞争的行为。

不正当竞争是指经营者违反法律、法规的规定，损害其他经营者合法权益，扰乱社会经济秩序的行为。例如，擅自提高存款利率招揽储蓄或者采用违法的有奖储蓄；利用

汇款、贷款业务收取各种不合理的费用；窃取竞争对手的商业秘密或者捏造、散布虚伪事实，损害竞争对手的商业信誉等。不正当竞争不但达不到促进银行业发展的目的，而且会破坏商业银行的稳健运营，使金融秩序发生混乱，对经济产生破坏作用。

6. 保障存款人的合法权益原则

保护存款人的合法权益是我国金融法的一项基本原则。存款是商业银行的主要资金来源，存款人是商业银行的基本客户。商业银行作为债务人，是否充分尊重存款人利益，严格履行自己的债务，切实承担保护存款人利益的责任，不仅关系到银行自身的经营，而且直接关系到社会公众对银行体系的信任程度，进而关系到资金的正常融通甚至社会的稳定。

案例 4-2

伪造银行卡异地ATM机取款致损的责任承担

原告秦某与被告中国农业银行某分行存在储蓄合同关系。2009 年 10 月 21 日，原告到被告下属某分理处用存折取款，发现账户内资金短少。原告立即向被告报案。经被告下属分理处查明，原告账户内的存款于 2009 年 10 月 14 日、15 日、16 日在菲律宾被他人分三次共取款 12138. 78 元。原告随即向公安机关报案。之后，原告多次要求被告支付存款 12138. 78 元及利息，但被告拒绝，故发生本纠纷。

法院经审理认为，原告、被告在平等、自愿的基础上形成的储蓄合同关系合法有效，应受法律保护。合同成立后，原告可以根据合同，要求被告履行支付存款本息的义务。被告除了负有支付储户存款本息的义务外，还应该承担对银行卡真伪实质的审查义务，本案中，原告的账户在境外被取款，与此同时，原告本人在柳州上班，可以排除取款系原告本人所为，原告向公安机关报案后，可证实原告所持的金穗银联卡已经被犯罪嫌疑人克隆的结论。ATM 自助取款机是被告服务的外延，应视为被告的行为。由于被告不能识别伪卡，被告将原告卡内的存款支付给了犯罪嫌疑人，导致原告的资金被盗，被告的给付行为是无效的，被告履行合同义务不当，原告要求被告继续履行合同，要求被告支付存款 12138. 78 元及相应利息的诉讼请求，合理合法。

（二）商业银行的业务范围

根据《商业银行法》的有关规定，商业银行可以经营以下部分或全部业务：吸收公众存款；发放短期、中期、长期贷款；办理国内外结算；办理票据承兑与贴现；发行金融债券；从事同业拆借；买卖、代理买卖外汇；提供信用证服务及担保；代理收付款项及代理保险业务；提供保管箱服务；经银行业监管机构批准的其他业务。

商业银行的经营范围由商业银行章程规定，报国务院银行业监督管理机构批准。商业银行经中国人民银行批准，可以经营结汇、售汇业务。

本节以下内容主要介绍我国商业银行的主要业务规则：存款业务规则、贷款业务规则及同业拆借业务规则。

二、商业银行存款业务规则

存款业务是商业银行的基本负债业务，是商业银行业务资金的主要来源。

(一) 存款的含义及法律性质

存款是商业银行和具有经营存款业务法律资格的其他金融机构，接受其客户存入资金（存入资金的客户可以随时或按约定时间支取本金和利息）的一种信用业务。存款体现了商业银行与存款人之间的债权债务关系。存款人是债权人，商业银行是债务人，而客体是存款表示的一定数量的货币资金。存款人对商业银行享有债权，即依法取得存款本息的请求权；银行对存款人负有债务，即依法按期向存款人支付本金和利息的义务。

知识拓展

关于“存款性质”的争议

关于存款的性质有许多种理论，大陆法系认为，存款属于消费寄托，即以金融机构为受寄人，以存款人为寄托人，以金钱为标的物的消费寄托；英美法系则认为，存款与银行贷款并无本质的区别，只不过在存款上出借人是存款人，借款人是金融机构；在贷款上出借人是金融机构，借款人是客户。这些认识都有一定的道理，但是不全面，没有能够全面反映出存款的性质。

本书认为，存款性质应从以下几方面分析：首先，从存款行为的角度来看，它是一种合同关系，但这种合同关系不同于普通合同，它的合同内容除存款数额和期限外，其他内容都是由法规明确规定或由习惯确定的，存款人和金融机构基本上没有选择的余地。因此，存款是一种基本内容法定的合同。其次，从存款客体的角度来看，它是一种特殊的财产关系，银行账户中的存款货币是一种由法定货币衍化而来的特殊货币资产，在法律性质上不同于传统的有体或无体财产体系，它在不同相关主体之间形成的是货币财产关系。最后，从存款经营和流通的角度来看，它还是一种监督管理关系，货币经营和流通体系是当代社会一种独立的法律体系，为保证这个体系的效率、秩序和安全，各国都对其实施严格的监管。

作为合同关系，存款是一种特殊的实践性合同。作为实践性合同，仅有要约和承诺的意思表示，存款关系还是不能生效的；存款人必须实际实施了存款行为，将法定货币交付给金融机构，或将存款货币转移到自己在金融机构的存款账户上，并经金融机构签章确认后才能生效。如果存款人没有实际向金融机构交付货币财产，存款关系就不能生效，金融机构也不因此承担存款责任。

案例 4-3 李某与中国农业银行股份有限公司重庆某支行储蓄存款合同纠纷案

2008 年 11 月，唐某某、刘某某请求曾某、刘某为自己的公司“引资”。同年 12 月，刘某提出用高额利息为诱饵，用假的银行存单骗取他人资金，并提出要有银行工作人员在外配合，利用银行柜台将假存单交给存款人，暗自将存款人的资金转入唐某等人的私人账户。唐某等人同意，并邀请身为银行工作人员的谭某参与。谭某表示同意。2009 年 1 月，刘某通过熟人介绍认识了存款人李某，对李谎称，到某县农业银行存款 1000 万元，定期三个月，每月可得 5.5%的利息。李某表示同意。办理转账业务后，谭某将信封交给李某，李某看了存单后信以为真。同年 4 月，李某的三个月“存款”到期，唐某无钱退还即要求延期，李某得知存单造假，资金被骗。

审理法院认为，李某在农行某支行杏家湾分理处办理业务时，并未向柜员表示存款 1000 万元。李某向谭某做出的存款意思表示不能视为向农行某支行做出的意思表示。银行工作人员程某在办理李某业务中，李某并未向其做出存款的意思表示，工作人员程某也未让李某填写存款凭条、未向李某出具储蓄存单。李某所持存单系伪造，该存单所涉 1000 万元款项并未向农行某支行交存，双方并未成立储蓄存款合同，李某依据犯罪分子伪造的存单，主张农行某支行兑付存单上载明的存款缺乏法律依据。

（二）我国关于单位存款的法律规定

根据中国人民银行颁布的《人民币单位存款管理办法》的规定，我国的单位存款是指企业、事业、机关、部队和社会团体等单位在金融机构办理的人民币存款。它最主要的特点就是办理存款的主体是单位。

单位存款主要包括两大类，即企业存款和财政性存款。企业存款是企业在生产流通过程中的支付准备金和部分扩大再生产的积累基金。企业存款按企业性质的不同，又可分为工业企业存款、商业企业存款、三资企业存款、私营及个体工商业存款。财政性存款是指各级财政金库和机关、团体、部队、学校等事业单位预算资金和预算外资金的存款，是国家财政集中起来的、待分配、待使用的国民收入。

1. 单位存款的基本管理原则

（1）财政拨款、预算内资金及银行贷款不得作为单位定期存款存入机构。任何单位和个人不得将公款以个人名义转为储蓄存款；任何个人不得将私款以单位名义存入金融机构；任何单位不得将个人或其他单位的款项以本单位名义存入金融机构；财政性存款应纳入中国人民银行的信贷资金管理范畴。

（2）对单位存款适用强制原则。凡在开户银行开立账户的开户单位，应将所收入的现金于当日送存开户银行，当日送存确有困难的，按其开户银行确定的时间送存，不得擅自保存，不得坐支现金。

（3）开户银行依法对开户单位支取和使用存款进行监督。开户银行对开户单位的监督管理，主要包括信贷监督、结算监督、现金管理、工资基金监督等方面。

2. 单位定期存款的特别规定

（1）单位定期存款的开户。单位存款时单位须提交开户申请书、营业执照正本等，并预留印鉴。印鉴应包括单位财务专用章、单位法定代表人印章（或主要负责人印章）和财会人员印章。由接受存款的金融机构给存款单位开出“单位定期存款开户证实书”，证实书仅对存款单位开户证实。

（2）单位定期存款的支取。存款单位支取定期存款只能以转账方式将存款转入其基本存款账户，不得将定期存款用于结算或从定期存款账户中提取现金。单位定期存款可以全部或部分提前支取，但只能提前支取一次。支取定期存款时，须出具证实书并提供预留印鉴，存款所在金融机构审核无误后为其办理支取手续，同时收回证实书。

3. 单位存款的查询、冻结、扣划

对单位存款，商业银行有权拒绝任何单位或者个人查询，但法律、行政法规另有规定的除外。在我国，人民法院、人民检察院、公安机关、税务机关、海关有权查询、冻结、扣划单位存款。国家审计机关、工商行政管理机关、技术监督机关、物价管理机关、国家监察机关等有权查询单位存款，查询、冻结、扣划单位存款的具体程序，参见中国人民银行、最高人民法院、最高人民检察院、公安部联合发布的《关于查询、冻结、扣划企业事业单位、机关、团体银行存款的通知》。

4. 单位存款的变更、挂失

（1）因人事变动发生的单位存款变更。因存款单位人事变动，需要更换单位法定代表人印章（或单位负责人）或财会人员印章时，必须持单位公函及经办人身份证件向存款所在金融机构办理更换印鉴手续，如为单位定期存款，应同时出示金融机构为其开具的证实书。

（2）因单位形式变更发生的单位存款变更。因存款单位机构合并或分立，其定期存款需要过户或分户，必须持原单位公函、工商部门的变更、注销或设立登记证明及新印鉴（分户时还须提供双方同意的存款分户协定）等有关证件向存款所在金融机构办理过户或分户手续，由金融机构换发新证实书。

（3）单位存款账户的挂失。存款单位的密码失密或印鉴遗失、损毁，必须持单位公函，向存款所在金融机构申请挂失。金融机构受理挂失后，挂失生效。如存款在挂失生效前已被人按规定手续支取，金融机构不负赔偿责任。

（三）我国关于储蓄存款的法律规定

储蓄存款是指个人所有的存入在中国境内储蓄机构的人民币或外币存款。目前，储蓄管理法律法规主要有《商业银行法》、国务院颁行的《储蓄管理条例》及中国人民银行发布的《关于执行〈储蓄管理条例〉的若干规定》。

1. 储蓄存款的原则

储蓄机构办理储蓄业务，必须遵循“存款自愿、取款自由、存款有息、为储户保密”的原则。

存款自愿是指个人是否将自己所有的或合法持有的货币存入储蓄机构，是由个人意愿所决定的，任何机构和个人不得以任何方式和理由进行强迫和干涉。这种权利是个人依法享有的财产权利的具体体现。

取款自由是指储蓄机构在储户要求取款时，不得以法律规定和双方约定以外的任何理由拒绝支付或拖延支付，也不得限制储户支取的数额和查询储户取款的用途和目的。

存款有息是指储蓄机构对合法吸收的存款必须按照国家规定的利率和计息方式以及储蓄期限和种类向储户支付利息，这是储户依法享有的财产收益权。

为储户保密是指储蓄机构对储户的与储蓄有关的信息和资料负有保密责任，不得随意泄露。除法律和国家有明文规定的以外，不得代任何单位和个人查询储户的信息资料。这项原则也是为了更好地保护储户的资金安全，防止给不法分子攫取他人财产留下可乘之机。

案例 4-4

吴某诉花旗银行储蓄合同纠纷案

原告吴某到被告花旗银行上海分行处办理个人外币储蓄手续时，得知存款额要高于5000美元；低于5000美元的，必须接受被告提供的个人理财服务，并向其缴纳相应服务费。原告表示只办储蓄，不要个人理财服务，不愿支付服务费，但被被告拒绝，以致双方不能缔结储蓄合同。原告认为，为不特定社会公众提供储蓄服务，是商业银行的法定义务，被告花旗银行上海分行以5000美元为界线，强迫低于此数的储户接受其提供的个人理财服务，实际是变相搭售，有违诚实信用原则，遂起诉至上海市浦东新区人民法院，请求判令被告赔礼道歉，赔偿原告为此次储蓄而支出的往返路费34元。

本案争议焦点：对小额储户收取账户管理费，是否违背存款有息的原则，是否违法？

一审、二审法院认为，根据《外资金融机构管理条例》第22条规定，外资金融机构在经中国人民银行批准开展的业务范围内，有权按照中国人民银行的有关规定确定各种手续费率。对外资金融机构在办理小额存款时能否收取服务费，中国人民银行至今尚无专门规定。上海花旗银行在法律、法规和规章没有明确禁止规定的情况下，决定对小额储户收取服务费，并及时向主管部门备了案。故原告认为被告上海花旗银行对小额储户收取账户管理费属违法行为的主张，没有法律依据。上海花旗银行在向小额储户收取账户管理费的同时，仍向小额储户计付利息，故收取账户管理费与存款有息互不关联。

2. 储蓄机构的设立及业务范围

储蓄机构的设立必须经银行监管机构批准，并申领《经营金融业务许可证》。储蓄机构的设置必须具备下列条件：①有机构名称、组织机构和营业场所；②熟悉储蓄业务的工作人员不少于四人；③有必要的安全防范设备。

储蓄机构的可以办理下列人民币储蓄业务：①活期储蓄存款；②整存整取定期储蓄存款；③零存整取定期储蓄存款；④存本取息定期储蓄存款；⑤整存零取定期储蓄存

款；⑥定活两便储蓄存款；⑦华侨（人民币）整存整取定期储蓄存款；⑧其他储蓄存款。经外汇管理部门批准，储蓄机构可以办理外币储蓄业务。

3. 储蓄业务基本规则

（1）个人存款账户实名制。个人存款实名制是指个人在金融机构开立个人存款账户时，应当使用其真实姓名。就具体操作环节而言，存款人在办理开户、挂失止付等重要银行业务时，应提交其真实身份证件。商业银行等储蓄机构应认真核实证件的真实性、有效性，并复印、留存身份证复印件。

（2）储蓄存款利率及计息规则。储蓄存款利率由中国人民银行拟定，经国务院批准后公布，或者由国务院授权中国人民银行制定、公布。储蓄机构必须挂牌公布储蓄存款利率。

未到期的定期储蓄存款，全部提前支取的，按支取日挂牌公告的活期储蓄存款利率计付利息；部分提前支取的，提前支取的部分按支取日挂牌公告的活期储蓄存款利率计付利息，其余部分到期时按存单开户日挂牌公告的定期储蓄存款利率计付利息。

逾期支取的定期储蓄存款，其超过原定存期的部分，除约定自动转存的外，按支取日挂牌公告的活期储蓄存款利率计付利息。定期储蓄存款在存期内遇有利率调整，按存单开户日挂牌公告相应的定期存款利率计付利息。活期储蓄存款在存入期间遇有利率调整，按结息日挂牌公告的活期储蓄存款利率计付利息。全部支取活期储蓄存款，按清户日挂牌公告的活期储蓄存款利率计付利息。

（3）存款支取原则。存款人依法可以随时支取存款。存款人支取未到期的定期储蓄存款，必须持存单和本人居民身份证办理。代他人支取的，代支取人必须出示其身份证明。

（4）挂失规则。存单（折）分为记名式和不记名式，记名式的存单（折）可挂失，不记名的不可以挂失。存单、存折如有遗失，存款人应立即持本人居民身份证明，并提供姓名、存款时间、种类、金额、账号及住址等所有情况，书面向原储蓄机构声明挂失止付。若存款在挂失前或挂失失效后被他人支取，储蓄机构不负责任。

（5）查询、冻结、扣划个人储蓄存款规则。对个人储蓄存款，商业银行有权拒绝任何单位或者个人查询、冻结、扣划，但法律另有规定的除外。就现行法律规定来看，可以查询个人储蓄存款的主体有人民法院、海关、税务机关、人民检察院、公安机关、国家安全机构、军队保卫部门、监狱、走私犯罪的侦查机关、监察机关（包括军队监察机关）、审计机关、银保监、证监会等；有权冻结个人储蓄存款的主体有人民法院、海关、税务机关、人民检察院、公安机关、国家安全机构、军队保卫部门、监狱、走私犯罪的侦查机关、监察机关（包括军队监察机关）、证监会；有权扣划个人储蓄存款的主体只有人民法院、海关、税务机关。

（6）存款人死后存款的过户或支取规则。存款人死亡后，合法继承人为证明自己的身份和提取该项存款，应向储蓄机构所在地的公证处（未设公证处的地方向县、市人民法院）申办继承权证明书。该项存款的继承权发生争执时，由人民法院判处；储蓄机构凭继承权证明书、人民法院的判决书、裁定书或解调书办理过户或支付手续。

存款人已死亡，但存单持有人没有向储蓄机构申明遗产继承过程，也没有持存款所在地法院判决书，直接去储蓄机构支取或转存存款人生前的存款，储蓄机构若是为正常支取或转存时引起的存款继承争执，存款机构不负责任。

在国外的华侨和港澳台同胞等在国内储蓄机构的存款或者委托银行代为保管的存款，原存款人死亡，其合法继承人在国内者，凭原存款人的死亡证明向储蓄机构所在地的公证处申请继承证明书，储蓄机构凭此办理存款的过户和支付手续；在我国定居的外国公民（包括无国籍人），存入我国储蓄机构的存款，其存款过户手续，与我国公民存款手续相同；继承人在国外，也可凭存款人的死亡证明和经我国驻该国使领馆认证的亲属证明，向我国公证机构申请办理继承权证明书，储蓄机构凭此办理存款过户或支取手续。

存款人死亡后，无法确定继承人又无遗嘱的，经当地公证机关证明，按财政部门规定，属全民所有制企业事业单位、国家机关、群众团体的职工，其存款上缴国库收归国有。属集体所有制企事业单位的职工，其存款可转归集体所有。此项上缴国库或转归集体所有的存款都不计利息。

（7）储蓄存款禁止规则。任何单位和个人不得将公款以个人名义转为储蓄存款。公款的范围包括：凡列在国家机关、企事业单位会计科目的任何款项；各保险机构、企事业单位吸收的保险金款项；属于财政性存款范围的款项；国家机关和企事业单位的库存现金等。

不得使用不正当手段吸收储蓄存款。“不正当手段”是指：以散发有价馈赠品为条件吸收储蓄存款；发放各种名目的揽储费；利用不确切的广告宣传；利用汇款、贷款或其他业务手段强迫储户存款；利用各种名目多付利息、奖品或其他费用。

三、商业银行贷款业务规则

贷款是银行主要的资产业务。贷款是银行业金融机构作为贷款人以还本付息为条件，将一定数量的货币资金提供给借款人使用一定期限的一种借贷行为。从法律行为的角度来看，贷款与存款具有共同属性，存款也可以理解为是存款人与金融机构之间的是一种借贷行为。但是，贷款关系仅仅是借贷行为关系，而不包括存款中的其他法律关系。贷款按照不同的标准可以分为许多种类型，按照贷款行为性质可以分为自营贷款、委托贷款和特定贷款。其中，自营贷款是贷款人自主发放的贷款，委托贷款是代理他人的贷款，特定贷款是具有某些特殊规定的贷款。按照贷款的期限可以分为短期贷款、中期贷款和长期贷款。其中，短期贷款是期限在 1 年以内（含 1 年）的贷款，中期贷款是期限在 1 年以上（不含 1 年）5 年以下（含 5 年）的贷款，长期贷款是期限在 5 年（不含 5 年）以上的贷款。按照贷款的担保性质可以分为信用贷款和担保贷款。其中，信用贷款即以借款人自身信誉为还款依据，实际上是没有担保的贷款。担保贷款指保证贷款、抵押贷款和质押贷款。除委托贷款以外，其他贷款均应当提供担保。

我国关于调整贷款关系的现行法律主要有《商业银行法》《合同法》以及中国人民银行发布的《贷款通则》。

1. 贷款的基本原则

贷款的发放和使用应当符合国家的法律、行政法规和中国人民银行发布的行政规章，应当遵循效益性、安全性和流动性的原则。贷款人开展贷款业务，应当遵循公平竞争、密切协作的原则，不得从事不正当竞争。借款人与贷款人的借贷活动应当遵循平等、自愿、公平和诚实信用的原则。

2. 贷款的程序

（1）贷款申请。借款人需要贷款，应当向主办银行或者其他银行的经办机构直接申请。借款人应当填写包括借款金额、借款用途、偿还能力及还款方式等主要内容的《借款申请书》，并提供以下资料：①借款人及保证人基本情况；②财政部门或会计审计师事务所核准的上年度财务报告，以及申请借款前一期的财务报告；③原有不合理占用的贷款纠正情况；④抵押物、质物清单和有处分权人的同意抵押、质押的证明及保证人拟同意保证的有关证明文件；⑤项目建议书和可行性报告；⑥贷款人认为需要提供的其他有关资料。

（2）对借款人的信用等级评估。金融机构应当根据借款人的领导者素质、经济实力、资金结构、履约情况、经营效益和发展前景等因素，评定借款人的信用等级。评级可由贷款人独立进行，内部掌握，也可由有权部门批准的评估机构进行。

（3）贷款调查和审批。贷款人受理借款人申请后，应当对借款人的信用等级以及借款的合法性、安全性、营利性等情况进行调查，核实抵押物、质物、保证人情况，测定贷款的风险度。贷款人应当建立审贷分离、分级审批的贷款管理制度。审贷分离是指，贷款调查评估人员负责贷款调查评估，承担调查失误和评估失准的责任；贷款审查人员负责贷款风险的审查，承担审查失误的责任；贷款发放人员负责贷款的检查和清收，承担检查失误、清收不力的责任。分级审批是指贷款人应当根据业务量大小、管理水平和贷款风险度确定各级分支机构的审批权限，超过审批权限的贷款，应当报上级审批。各级分支机构应当根据贷款种类、借款人的信用等级和抵押物、质物、保证人等情况确定每一笔贷款的风险度。

案例 4-5

全套假资料骗走银行贷款3000万元

针对当前日趋严重的恶意逃废债现象，我国《刑法修正案（六）》新增设了骗取贷款罪，该罪名成立不用考虑行为人非法占有的主观犯意，只要行为人采取了欺骗手段获取贷款，数额达到100万元或给银行造成损失20万元以上的，均可入刑。2016年12月，中国建设银行湖南省分行曝出离奇骗贷案：除了贷款经办人是真的，提交给银行的公章、证件、文件等资料都是假的，却能突破层层“防线”，获得1.3亿元贷款授信，最终导致银行贷款损失3000万元。

（4）签订借款合同。贷款经审查批准，贷款人应当与借款人签订书面借款合同，约定借款的种类、用途、金额、利率、期限、还款方式、借贷双方的权利义务、违约责任以及双方认为需要约定的其他事项。担保贷款应当按照我国担保法和物权法的规定，签订书面担保合同，并依法办理相关担保物移转、登记手续。

（5）贷款发放。借款合同签订后，贷款人要按借款合同的约定按期发放贷款。贷款人不按合同约定按期发放贷款的，应偿付违约金。借款人不按合同约定用款的，应偿付违约金。

（6）贷后检查。贷款发放后，贷款人应当对借款人执行借款合同情况及借款人的经营情况进行追踪调查和检查。

（7）贷款归还。借款人应当按照借款合同规定按时足额归还贷款本息；贷款人在短期贷款到期1个星期之前、中长期贷款到期1个月之前，应当向借款人发送还本付息通知单；借款人应当及时筹备资金，按时还本付息。贷款人对逾期的贷款要及时发出催收通知单，做好逾期贷款本息的催收工作；贷款人对不能按借款合同约定期限归还的贷款，应当按规定加罚利息；对不能归还或者不能落实还本付息事宜的，应当督促归还或者依法起诉。借款人提前归还贷款，应当与贷款人协商。

3. 我国关于金融机构贷款业务的法律规定

对金融机构贷款业务的管理，涉及诸多方面。下面选择相对重要的部分内容做简要介绍。

（1）授权、授信管理规则。在我国，商业银行实行一级法人体制。建立法人授权、授信管理制度，对于强化商业银行统一管理和内部控制，增强商业银行防范和控制风险的能力，具有重要意义。

商业银行应当在法定经营范围内对有关业务职能部门、分支机构及关键业务岗位进行授权，即对其开展业务的权限作出具体规定。授权逐级进行、总行对总行有关业务职能部门和管理分行进行直接授权，管理分行在总行授权权限内对本行有关业务职能处室（部门）和所辖分支行进行转授权，依次类推。总行授权不得超越核准的经营范围，转授权不得大于原授权。授权人应根据受权人的经营管理水平、风险控制能力、主要负责人业绩等，实行区别授权，并在必要时对授权及时进行调整。商业银行各级业务职能部门和分支机构以及关键业务岗位只能在授予的权限范围内开展业务活动，不得越权。

商业银行应当根据国家货币信贷政策、各地区金融风险及客户信用状况，核定对各地区及客户的最高授信额度，包括贷款之贴现、承兑和担保。应当根据不同地区、不同客户的情况区别对待，确定不同的授信额度，并在必要时及时进行调整。商业银行各级业务职能部门及分支机构只能在规定的授信额度内对各地区及客户进行授信。

（2）资产负债比例管理规则。金融机构办理贷款义务，应当遵守资产负债比例管理制度。在资产与负债的比例上，商业银行的资本充足率不得低于8%；流动性资产的余额与流动性负债的比例不得低于25%；对同一借款人的贷款余额与商业银行资本余额的比例不得超过10%。除此之外，中国人民银行还要根据具体情况，增加其他资产负债比例管理的比例要求，并根据需要对这些比例关系进行适当的调整。

（3）关联贷款管理规则。关联贷款是关联交易的一种，在现实中非常普遍。贷款人向关联方发放贷款，一方面可以支持关联方的经营和发展，促进彼此的协作关系，但另一方面，贷款人因为关联关系的存在，在审查和管理贷款时，可能降低标准，疏于风险的控制，提供不公允的优惠条件，从而加大贷款风险，损害贷款人及贷款人股东的利益。因此，各国对关联交易包括关联贷款虽未一味禁止，但都注重加以管理和规范。我国规定，商业银行不得向关系人发放信用贷款，同时，向关系人发放担保贷款的条件不得优于其他借款人同类贷款的条件。这里的贷款关系人是指商业银行的董事、监事、管理人员、信贷业务人员及其近亲属，和这些人员投资或者担任高级管理职务的公司、企业和其他经济组织。

(4) 不良贷款管理规则。贷款人应当建立和完善贷款质量管理制度，依法对不良贷款进行分类、登记、考核、催收和冲销。根据《贷款通则》规定，不良贷款包括呆账贷款、呆滞贷款及逾期贷款。即所谓“一逾两呆”。2007 年 4 月 3 日，中国银监会发布《贷款风险分类指引》，这是我国商业银行进行贷款分类的主要法律规范。根据该规定，贷款分为正常、关注、次级、可疑和损失五类，后三类合称不良贷款。借款人能够履行合同，没有足够理由怀疑贷款本息不能按时足额偿还，为正常贷款；尽管借款人目前有能力偿还贷款本息，但存在一些可能对偿还产生不利影响的因素，为关注贷款；借款人的还款能力出现明显问题，完全依靠其正常营业收入无法足额偿还贷款本息，即使执行担保，也肯定要造成较大损失，为可疑贷款；在采取所有可能的措施或一切必要的法律程序之后，本息仍然无法收回，或只能收回极少部分，则为损失贷款。

商业银行应至少每季度对全部贷款进行一次分类。如果影响借款人财务状况或贷款偿还因素发生重大变化，应及时调整对贷款的分类。对不良贷款应严密监控，加大分析和分类的频率，根据贷款的风险状况采取相应的管理措施。商业银行内部审计部门应对信贷资产分类政策、程序和执行情况进行检查和评估，将结果向上级行或董事会作出书面汇报，并报送中国银行业监督管理委员会或其派出机构。检查、评估的频率每年不得少于一次。

中国银行业监督管理机构及其派出机构通过现场检查和非现场监管对贷款分类及其质量进行监督管理。商业银行应当按照相关规定，向中国银行业监督管理机构及其派出机构报送贷款分类的数据资料。商业银行应在贷款分类的基础上，根据有关规定及时足额计提贷款损失准备，核销贷款损失。商业银行应依据有关信息披露的规定，披露贷款分类方法、程序、结果及贷款损失计提、贷款损失核销等信息。

四、同业拆借业务规则

同业拆借是指银行之间的借款活动，同业拆借既可以及时调配银行结算账户上的头寸，也可以成为银行贷款的一种资金来源。为了维护金融市场的稳定，规范银行间借款，《商业银行法》第 46 条对此作了明确的规定：“同业拆借，应当遵守中国人民银行的规定。禁止利用拆入资金发放固定资产贷款或者用于投资。拆出资金限于交足存款准备金、留足备付金和归还中国人民银行到期贷款之后的闲置资金。拆入资金用于弥补票据结算、联行汇差头寸的不足和解决临时性周转资金的需要。”中国人民银行发布的《同业拆借管理办法》对同业拆借的市场准入、交易、清算、风险控制、信息披露、监督管理等作出具体规定，同业拆借的期限和同业拆借利率由交易双方自行商定，但商业银行拆入资金的最长期限不得超过 1 年。

此外，《商业银行法》第 43 条明确规定：“商业银行在中华人民共和国境内不得从事信托投资和证券经营业务，不得向非自用不动产投资或者向非银行金融机构和企业投资，但国家另有规定的除外。”这一规定既保证了商业银行经营的安全，也适应我国经济发展形势的需要。

第四节 商业银行的监督管理

一、银行业监管概述

（一）银行业监管的概念

银行业监督管理就是指银行业监督管理机构对监管对象，即银行业（包括金融机构，即在中华人民共和国境内设立的商业银行、城市信用合作社、农村信用合作社等吸收公众存款的金融机构以及政策性银行）的活动是否符合政策和法律的要求所进行的监督管理。包括防范和化解银行业风险、保护存款人和其他客户的合法权益、促进银行业健康发展等内容。

（二）银行业监管模式

银行业监管模式，是指国家对银行业进行监督管理的职权和职责划分的方式和组织制度。一般来讲，银行业监督管理的模式与本国的政治经济体制、市场经济发展程度、国家采用的宏观调控手段、金融体制、金融市场发育程度是相适应的。根据上述情况，各国确立了各自不同的银行业监管模式。概括起来，主要有以下两种模式。

1. 中央银行与其他金融监管机关共同监管

这种监管模式即银行业由中央银行与其他金融管理机关共同监管。采用这种模式的国家有美国、德国等发达国家。德国采取货币政策执行与银行监管相分离的模式，其中央银行——德意志联邦银行主要负责国家货币政策的制定与执行，联邦金融市场监管局则统一行使对银行、保险、证券及其他金融服务公司的监管职责。但在银行业具体监管上，德意志联邦银行与联邦金融市场监管局分工协作，两者职能密不可分。联邦金融市场监管局是银行业监管的主体，负责制定联邦政府有关金融监管的规章制度，在银行的市场准入、信息披露、重大的股权交易、资本充足性、市场退出等方面实行全面监管。

2. 设立专门的银行业监管机构

这种监管模式即由专门的银行业监管机构行使银行业监管职能，中央银行不行使对银行业的监管职能。采用这种模式的国家有英国、日本等。应当指出，采用这种模式的国家有的采取综合监管体制，即所设立的专门的金融监管机构具有统一监管银行、证券、保险等所有金融领域的职能；有的采取分业监管体制，即银行、证券、保险业分别由专门的银行业监管机构、证券业监管机构以及保险业监管机构进行监管。

知识拓展

我国银行业监管模式的历史发展

我国采用的监管模式是分业监管的模式。我国的这一金融分业监管模式是随着经济体制和金融体制改革的不断深入而逐步形成的，经历了一个较长的发展过程。从新中国成立到1984年，我国实行的是大一统的人民银行体制，谈不上真正的金融监管和银行监管。1984年，随着中国工商银行的建立，我国形成中央银行、专业银行的二元银行体制，中国人民银行行使中央银行职能，对银行业、证券业、保险业、信托业实行综合监管。1992年，国务院决定成立国务院证券委和中国证监会（两者于1998年4月合并），证券业的监管职能从中国人民银行分出。其后，我国的金融体制发生了重大变化，国家专业银行商业化改革步伐加快，若干股份制银行设立，证券市场和保险业迅速发展，信托业经历重大调整和重组。1995年，《中国人民银行法》《商业银行法》和《中华人民共和国保险法》相继颁布实施，从法律上确立了分业经营、分业监管的体制。1998年，国务院决定成立中国保险业监督管理委员会，负责对中国保险业的监督管理，将保险业的监管从中国人民银行分离，中国人民银行主要负责银行业和信托业的监管。从1998年开始，针对亚洲金融危机的严重局势和中国经济实际情况，党中央、国务院决定对我国金融体制进行重大改革。2003年，根据国务院提请十届全国人大一次会议审议通过的《关于国务院机构改革方案的决定》以及十届全国人大常委会第二次会议通过的《关于中国银行业监督管理委员会履行原由中国人民银行履行的监督管理职能的决定》，中国银行业监督管理委员会成立，履行原由中国人民银行行使的审批、监督管理银行、金融资产管理公司、信托投资公司及其他存款类金融机构的职责。2003年12月27日，十届全国人大常委会第六次会议通过了《银行业监督管理法》以及修改后的《中国人民银行法》和《商业银行法》，中国银监会、中国证监会、中国保监会分工明确、独立监管、相互协调的金融分业监管体制正式确立，中国人民银行则专注于制定和执行货币政策、维护金融稳定和提供金融服务。为了更好地应对银行业、保险业混业经营的现实，2018年银监会和保监会合并，组成中国银行保险监督管理委员会，形成了现今的“一行两会”监管格局。

二、中国银行业监管的目标和原则

（一）中国银行业监管的目标

行业监管的目标是根据银行业监管的使命及立法目的提出的实施行业监管的总体方向、要求和应达到的目的。《银行业监督管理法》第3条规定：“银行业监督管理目标是促进银行业的合法、稳健运行，维护公众对银行业的信心。”“银行业监督管理应当保护银行业公平竞争，提高银行业竞争能力。”这是法律对银行业监督管理活动的总体目标和总体要求的规定。

（二）中国银行业监管的原则

银行业监管的原则是银行业监督管理行为所应遵循的基本准则。我国银行业监管应遵循以下几个方面的原则。

1. 依法监管原则

该原则又称为合法原则，它是指监管部门在监管职权的设定、行使方面必须依据法律、行政法规的规定。监管的法律性质是一种行政行为，因此监管应当遵循依法原则。依法原则的内容包括：①任何监管职权都必须基于法律的授权才能存在；②任何监管职权的行使都必须依据法律、遵守法律；③任何监管职权的授予及其运用都必须依据法律。

2. 公开原则

该原则也可以称为透明度原则，它是指监管行为除依法应当保密的以外，应当一律公开进行，应该具有高度的透明度。行政法规、规章、监管政策以及银行业监督管理机构作出的影响行政相对人权利、义务的行为的标准、条件、程序应当依法公布。主要包括以下内容：①监管立法和政策公开；②监管执法行为公开，包括监管的标准、条件、程序，涉及相对人重大权益的行为，如重大行政处罚应该采取公开的形式；③行政复议的依据、标准、程序应当予以公开；④行政信息应当予以公开。

3. 公正原则

公正原则为民商法的基本原则。在此原则的指导下，作为银行业的监管部门，对于市场中的任何从事民商事活动的主体应该一视同仁。公正原则包括实体公正和程序公正两个方面的要求，在实体公正方面，要求监管部门依法监管，平等对待所有市场主体，不偏不倚。在程序公正方面，要求监管部门处理案件时符合法律、行政法规规定的程序，尤其是涉及与自己有利害关系的事务或裁决与自己有利害关系的争议时，应实行回避制度；不得在事先未通知和听取相对人申辩意见的情况下，作出对行政相对人不利的监管行为。

4. 效率原则

法律追求公平，市场追求效率。银行业监管部门在行使自己的职权时两个方面都要妥善考虑，即在行使监管职权时要及时、高效，严格遵循行政程序和时限，使监管行为既符合法律要求，又符合市场要求。

5. 独立监管原则

所谓独立性是指监管部门在依法行使职权时，不受任何其他有关主体的干预和干涉。银行业监督管理机构对银行业实施监督管理的主要目的是监督管理银行业金融机构合法经营，维护银行业秩序，确保银行业金融机构安全、合法、稳健运行，发挥市场对资金资源的配置机制。由于资金对社会和经济的重要性，一些企业和个人出于对生产经营的需要或出于一些非法目的，往往通过各种手段从银行业金融机构获取资金。因此，以法律的形式赋予银行业监督管理机构监管的独立性，以维护银行业金融机构合法、稳健运行，维护银行业秩序，促进我国金融事业健康发展。

6. 协调监管原则

该原则是指国务院银行业监督管理部门应当和中国人民银行、国务院其他金融监督管理机构建立监督管理信息共享机制，以便它们在各自的职责范围内，开展对银行业和金融市场的有效监督。

三、中国银行业监管机构的监管职责

我国银行业监督管理机构为中国银行保险监督管理委员会，根据履行职责的需要设立派出机构，并对派出机构实行统一领导和管理。根据《银行业监督管理法》的规定，银行业监督管理机构具有下列监督管理职责：

（一）规章、规则的制定权

国务院银行业监督管理机构依照法律、行政法规制定并发布对银行业金融机构及其业务活动监督管理的规章、规则。

（二）市场准入、退出及其业务的审批权

国务院银行业监督管理机构依照法律、行政法规规定的条件和程序，审查批准银行业金融机构的设立、变更、终止以及业务范围。其中对银行业金融机构的设立，国务院银行业监督管理机构应当自收到申请文件之日起6个月内作出批准或者不批准的书面决定；对银行业金融机构的变更、终止，以及业务范围和增加业务范围内应该报批的业务品种，国务院银行业监督管理机构应当自收到申请文件之日起3个月内作出批准或者不批准的书面决定。银行业金融机构业务范围内的业务品种，应当按照规定经国务院银行业监督管理机构审查批准或者备案。未经国务院银行监督管理机构批准，任何单位或者个人不得设立银行业金融机构或者从事银行业金融机构的业务活动。

（三）对银行业金融机构股东资格和高级管理人员任职资格的审查权

申请设立银行业金融机构，或者银行业金融机构变更持有资本总额或者股份总额达到规定比例以上的股东的，国务院银行业监督管理机构应当对股东的资金来源、财务状况、资本补充能力和诚信状况进行审查。国务院银行业监督管理机构对银行业金融机构的董事和高级管理人员实行任职资格管理。银行业监督管理机构审查董事和高级管理人员任职资格，自收到申请文件之日起30日内，应当作出批准或者不批准的书面决定；决定不批准的，应当说明理由。

（四）对银行业金融机构实行现场和非现场的监管权

国务院银行业监督管理机构应当对银行业金融机构的业务活动及其风险状况进行非现场监管，建立银行业金融机构监督管理信息系统，分析、评价银行业金融机构的风险状况。同时，国务院银行业监督管理机构及其派出机构应当对银行业金融机构的业务活

动其风险状况进行现场检查。

（五）对银行业金融机构实行并表监督管理权

一般而言，并表监管是指母国监管当局在合并资产负债表基础上，对银行或银行集团在全球范围内面临的所有风险予以监督控制。并表监管不同于财务会计表，并表监管既是定性监管，也是定量监管。

（六）建立银行业金融机构监管评级体系和风险预警机制的职责

中国银行业监管机构根据监管评级的结果，增加对高风险机构的监管措施的强度，对持续稳健经营的机构则采取常规的监管措施，对问题严重的机构采取特殊的监管措施，以此来合理地分配监管资源，提高监管资源的使用效率和监管的有效性。同时，该机构对银行业金融机构的风险进行早期预警，及时采取预防措施，将风险控制在可以接受的水平之内，实现风险的防范和化解。总之，中国银行监管机构根据银行业金融机构的评级情况和风险状况，确定对其现场检查的频率、范围和需要采取的其他措施。

（七）建立银行业突发事件的发现、报告制度的职责

银行业监督管理机构发现可能引发系统性银行业风险、严重影响社会稳定的突发事件的，应当立即向国务院银行业监督管理机构负责人报告；国务院银行业监督管理机构负责人认为需要向国务院报告的，应当立即向国务院报告，并告知中国人民银行、国务院财政部门等有关部门。国务院银行业监督管理机构应当会同中国人民银行、国务院财政部门等有关部门建立银行业突发事件处置制度，制定银行业突发事件处置预案，明确处置机构和人员及其职责、处置措施和处置程序，及时、有效地处置银行业突发事件。

（八）对银行业金融机构数据信息资料的编制、发布权

国务院银行业监督管理机构负责统一编制全国银行业金融机构的统计数据、报表，并按照国家有关规定予以公布。

四、中国银行业监管机构的监督管理措施

根据《银行业监管法》规定，中国银行业监管机构在监管中可以采取以下措施。

（一）会计报表的报送

银行业监督管理机构根据履行职责的需要，有权要求银行业金融机构按照规定报送资产负债表、利润表和其他财务会计、统计报表、经营管理资料以及注册会计师出具的审计报告。为确保有关材料真实、充分，除银行业金融机构应对其报送资料的完整性、真实性和准确性负责外，国务院银行业监督管理机构有权要求被监管银行业金融机构提供由外部审计机构出具的审计证明，也有权直接对这些材料的真实性进行核查。

（二）现场检查

银行业监督管理机构根据审慎监管的要求，可以采取下列措施进行现场检查：①进

入银行业金融机构进行检查；②询问银行业金融机构的工作人员，要求其对有关检查事项作出说明；③查阅、复制银行业金融机构与检查事项有关的文件、资料，对可能被转移、隐匿或者损毁的文件、资料予以封存；④检查银行业金融机构运用电子计算机管理业务数据的系统。进行现场检查，应当经银行业监督管理机构负责人批准。现场检查时，检查人员不得少于 2 人，并应当出示合法证件和检查通知书；人员少于 2 人或者未出示合法证件和检查通知书的，银行业金融机构有权拒绝检查。

（三）审慎性监管

银行业监督管理机构根据履行职责的需要，可以与银行业金融机构董事、高级管理人员进行监督管理谈话，要求银行业金融机构董事、高级管理人员就银行业金融机构的业务活动和风险管理的重大事项作出说明。

（四）信息披露

银行业监管机构应当责令银行业金融机构按照规定的原则、内容、方式和程序，真实、准确、及时、完整地向投资者、存款人和相关利益人披露其财务会计报告、风险管理状况、董事和高级管理人员变更以及其他反映其经营管理和财务状况的主要信息。

（五）强制措施

银行业金融机构违反审慎经营规则的，银行业监管机构应当责令限期改正。逾期未改正的，或者其行为严重危及该银行业金融机构的稳健运行，损害存款人和其他客户合法权益的，经中国银行业监管机构负责人批准，可以区别情形，采取下列措施：责令暂停部分业务，停止批准开办新业务；限制分配红利和其他收入；限制资产转让；责令控股股东转让股权或者限制有关股东的权利；责令调整董事、高级管理人员或者限制其权利；停止批准增设分支机构。

（六）接管与重组或撤销

银行业金融机构已经或者可能发生信用危机，严重影响存款人和其他客户合法权益的，银行业监管机构可以依法对该银行业金融机构实行接管或者促成机构重组。银行业金融机构有违法经营、经营管理不善等情形，如果不予撤销将严重危害金融秩序、损害公众利益的，银行业监管机构有权予以撤销。

（七）查询和冻结

经中国银行业监管机构负责人批准，银行业监管机构有权查询涉嫌金融违法的银行业金融机构及其工作人员以及关联行为人的账户；对涉嫌转移或者隐匿违法资金的，经银行业监督管理机构负责人批准，可以申请司法机关予以冻结。

第五节 法律责任

一、商业银行的违法行为及法律责任

商业银行的违法行为和法律责任包括以下几个方面。

其一,《商业银行法》第 73 条规定，商业银行有下列情形之一，对存款人或者其他客户造成财产损害的，应当承担支付迟延履行的利息及其他民事责任：①无故拖延、拒绝支付存款本金和利息的；②违反票据承兑等结算业务规定，不予兑现，不予收付入账，压单、压票或者违反规定退票的；③非法查询、冻结、扣划个人储蓄存款或者单位存款的；④违反规定对存款人或者其他客户造成损害的其他行为。有前款规定情形的，由国务院银行业监督管理机构责令改正，有违法所得的，没收违法所得，违法所得 5 万元以上的，并处违法所得 1 倍以上 5 倍以下罚款；没有违法所得或违法所得不足 5 万元的，处 5 万元以上 50 万元以下的罚款。

其二,《商业银行法》第 74 条规定，商业银行有下列情形之一，由国务院银行业监督管理机构责令改正，有违法所得的，没收违法所得，违法所得 50 万元以上的，并处违法所得 1 倍以上 5 倍以下罚款；没有违法所得或者违法所得不足 50 万元，处 50 万元以上 200 万元以下罚款；情节特别严重或者逾期不改正的，可以责令停业整顿或者吊销其经营许可证；构成犯罪，依法追究刑事责任：①未经批准设立分支机构的；②未经批准分立、合并或违反规定对变更事项不报批的；③违反规定提高或者降低利率以及采用其他不正当手段，吸收存款、发放贷款的；④出租、出借经营许可证的；⑤未经批准买卖、代理买卖外汇的；⑥未经批准买卖政府债券或者发行、买卖金融债券的；⑦违反国家规定从事信托投资和证券经营业务、向非自用不动产投资或者向非银行金融机构和企业投资的；⑧向关系人发放信用贷款或者发放担保贷款的条件优于其他借款人同类贷款条件的。

其三,《商业银行法》第 75 条规定，商业银行有下列情形之一，由国务院银行业监督管理机构责令改正，并处 20 万元以上 50 万元以下罚款；情节特别严重或者逾期不改正的，可以责令停业整顿或者吊销其经营许可证；构成犯罪的，依法追究刑事责任：①拒绝或者阻碍国务院银行业监督管理机构检查监督的；②提供虚假的或者隐瞒重要事实的财务会计报告、报表和统计报表的；③未遵守资本充足率、资产流动性比例、同一借款人贷款比例和国务院银行业监督管理机构有关资产负债比例管理的其他规定的。

其四,《商业银行法》第 76 条规定，商业银行有下列情形之一，由中国人民银行责令改正，有违法所得的，没收违法所得，违法所得 50 万元以上的，并处违法所得 1 倍以上 5 倍以下罚款；没有违法所得或者违法所得不足 50 万元，处 50 万元以上 200 万元以下罚款；情节特别严重或者逾期不改正的，中国人民银行可以建议国务院银行业监督管理机构责令停业整顿或者吊销其经营许可证；构成犯罪的，依法追究刑事责任：①未经

批准办理结汇、售汇的；②未经批准在银行间债券市场发行、买卖金融债券或者到境外借款的；③违反规定同业拆借的。

其五，《商业银行法》第 77 条规定，商业银行有下列情形之一，由中国人民银行责令改正，并处 20 万元以上 50 万元以下罚款；情节特别严重或者逾期不改正的，中国人民银行可以建议国务院银行业监督管理机构责令停业整顿或者吊销其经营许可证；构成犯罪的，依法追究刑事责任：①拒绝或者阻碍中国人民银行检查监督的；②提供虚假的或者隐瞒重要事实的财务会计报告、报表和统计报表的；③未按照中国人民银行规定的比例交存存款准备金的。

其六，《商业银行法》第 80 条规定，商业银行不按照规定向国务院银行业监督管理机构报送有关文件、资料的，由国务院银行业监督管理机构责令改正，逾期不改正的，处 10 万元以上 30 万元以下罚款。商业银行不按照规定向中国人民银行报送有关文件、资料的，由中国人民银行责令改正，逾期不改正的，处 10 万元以上 30 万元以下罚款。

二、商业银行工作人员违法及法律责任

商业银行工作人员的违法行为和法律责任主要包括以下几个方面。

其一，《商业银行法》第 78 条规定，商业银行有本法第 73 条至第 77 条规定情形的，对直接负责的董事、高级管理人员和其他直接负责人员，应当给予纪律处分；构成犯罪的，依法追究刑事责任。

其二，《商业银行法》第 84 条规定，商业银行工作人员利用职务上的便利，索取、收受贿赂或者违反国家各种规定收受各种名义的回扣、手续费，构成犯罪的，依法追究刑事责任；尚不构成犯罪的，应当给予纪律处分，有前款行为，发放贷款或者提供担保造成损失应当承担全部或者部分赔偿责任。

案例 4-6 “银弹”击昏头脑，2.5亿余元无法追回

2010 年 7 月至 2012 年 11 月，烟台市福山区某金属有限责任公司总经理王某某为使孙某某为其从山东某实业总公司典当贷款出具银行担保，便向孙某某行贿 10 万元和价值 15.4 万元的住宅一套。为顺利从山东某实业总公司得到贷款，王某某又向该公司总经理助理高某某行贿 10 万元，后高某某实得 6 万元。另外，王某某为办理贷款业务，于 2012 年初送给烟台市城市信用社某服务部负责人于某某松下牌彩电一台，价值 1.08 万元。被“银弹”击昏了头脑的孙某某多次违反规定，为王某某典当贷款和委托山东某实业总公司开立信用证出具银行担保；高某某利用职务之便，多次为王某某办理巨额典当贷款。后王某某因经营不善，严重亏损，造成 2.5 亿余元贷款无法追回。

其三，《商业银行法》第 85 条规定，商业银行工作人员利用职务上的便利，贪污、挪用、侵占本行或者客户资金，构成犯罪的，依法追究刑事责任；尚不构成犯罪的，应

当给予纪律处分。

其四，《商业银行法》第86条规定，商业银行工作人员违反本法规定玩忽职守造成损失的，应当给予纪律处分；构成犯罪的，依法追究刑事责任。违反规定徇私向亲属、朋友发放贷款或者提供担保造成损失的，应当承担全部或者部分赔偿责任。

其五，《商业银行法》第87条规定，商业银行工作人员泄露在任职期间知悉国家秘密、商业秘密的，应当给予纪律处分；构成犯罪的，依法追究刑事责任。

其六，《商业银行法》第88条规定，商业银行工作人员对单位或者个人强令其发放贷款或者提供担保未予拒绝的，应当给予纪律处分；造成损失的，应当承担相应的赔偿责任。

其七，《商业银行法》第89条规定，商业银行违反本法规定的，国务院银行业监督管理机构可以区别不同情形，取消其直接负责的董事、高级管理人员一定期限直至终身的任职资格，禁止直接负责的董事、高级管理人员和其他直接责任人员一定期限直至终身从事银行业工作。商业银行的行为尚不构成犯罪的，对直接负责的董事、高级管理人员和其他直接责任人员，给予警告，处5万元以上50万元以下罚款。

三、其他单位和个人的违法行为及法律责任

其他单位和个人的违法行为及法律责任要包括以下几个方面。

其一，根据《商业银行法》第79条的规定，有下列情形之一，由国务院银行业监督管理机构责令改正，有违法所得的，没收违法所得；违法所得5万元以上的，并处违法所得1倍以上5倍以下罚款；没有违法所得或者违法所得不足5万元的，处5万元以上50万元以下罚款：①未经批准在名称中使用“银行”字样的；②未经批准购买商业银行股份总额5%以上的；③将单位的资金以个人名义开立账户存储的。

其二，根据《商业银行法》第81条的规定，未经国务院银行业监督管理机构批准，擅自设立商业银行，或者非法吸收公众存款、变相吸收公众存款，构成犯罪的，依法追究刑事责任；并由国务院银行业监督管理机构予以取缔。伪造、变造、转让商业银行经营许可证，构成犯罪的，依法追究刑事责任。

案例 4-7

公司非法吸收公众存款，非法揽储逾亿元

2009~2014年，吉林省四平市某房屋开发有限公司在未经我国银监机构批准的情况下，以缺少资金为由对外向社会不特定人群借款，给付月利率5分的高额利息。此后，该公司又多次召集公司员工开会，要求通过员工口口相传对外借款，承诺用公司资产作抵押，给付高额利息（月利率3分至1角），截至2014年9月，该公司非法吸收公众存款金额高达1亿多元，涉及人员172人。该公司以高额利息为诱饵，用口口相传的形式向社会不特定人群非法吸收公众存款，所吸收的公众存款无法还本付息，扰乱了国家金融秩序。2019年3月，经法院审理，认定四平市某房屋开发有限公司非法吸收公众存款罪成立，主犯孙某被判处无期徒刑。

其三，根据《商业银行法》第 88 条的规定，单位或者个人强令商业银行发放贷款或者提供担保的，应当对直接负责的主管人员和其他直接责任人员或者个人给予纪律处分；造成损失的，应当承担全部或者部分赔偿责任。商业银行的工作人员对单位或者个人强令其发放贷款或者提供担保未予拒绝的，应当给予纪律处分；造成损失的，应当承担相应的赔偿责任。

本章小结

本章对商业银行及商业银行法的基础理论和基本制度加以介绍，阐述了商业银行的概念和历史沿革，商业银行的特点、职能及法律地位、商业银行的组织机构、商业银行的市场准入与市场退出、商业银行的经营与监管以及违反商业银行法的法律责任。

复习思考题

1. 如何理解商业银行法的基本原则？
2. 商业银行存款业务规则有哪些？
3. 商业银行贷款规则主要包括哪些？
4. 试述商业银行接管法律制度。
5. 简述中国银监会的监管职责与监管措施。

第五章

借贷合同

学习目的

借贷法律关系是金融领域最基础和重要的法律关系，也是现代金融领域最常见的法律关系。通过本章学习，旨在使学生掌握借贷合同的特征、成立要件和效力，以及借贷合同履行、转让和终止的情形，掌握民间借贷合同的界定、表现形式、成立要件和生效条件以及民间借贷合同生效、效力待定和无效的三种具体情形。

核心概念

借贷合同　诺成合同　实践合同　要式合同　有偿合同　无偿合同　合同效力　民间借贷

案例导入

据北京市丰台区人民法院（2011）丰民初字第12103号民事判决书显示，2004年4月21日，中国建设银行股份有限公司北京××支行（乙方）与向××（甲方）、南方××公司（丙方）签订《个人汽车借款保证合同》。合同约定：乙方向甲方提供人民币贷款10.4万元，用于甲方购买别克凯越轿车一辆，贷款利率为月利率4.185‰，贷款期限自2004年4月21日起至2009年4月20日止；甲方按月等额还款法按月归还贷款本息；甲方未按本合同还款计划还本付息，乙方按逾期金额、天数和中国人民银行最新颁布的贷款逾期相应罚息利率计收罚息；丙方提供连带责任保证，丙方确认，当甲方未按照合同约定履行到期债务时，无论乙方对合同项下的债权是否拥有其他担保，乙方均有权直接要求丙方在保证范围内承担保证责任；丙方保证担保的范围包括甲方的借款本金及利息（包括复利和罚息）、违约金、赔偿金和乙方为实现债权而发生的费用（包括但不限于诉讼费、仲裁费等）。合同签订后，××支行依约发放了贷款。但向××在约定的还款期限内仅归还了部分借款，贷款结清试算单显示，向××现拖欠借款本金人民币8336.05元及截至2011年3月29日止的利息、罚息3834.90元。故中国建设银行股份有限公司北京××支行起诉了向××。

法院审理认为，中国建设银行股份有限公司北京××支行与向××、南方××公司之间签订的贷款借款合同，系当事人真实意思表示，且未违反有关法律规定，应为有效合同。各方当事人均应依约履行各自义务。现向××未能依约按期履行返还贷款本金及相应利息的义务，其行为属违约，应承担相应的违约责任。中国建设银行股份有限公司北京××支行依约发放了贷款，其要求向××返还借款本金并偿付相应利息及逾期利息的请求，理由正当，法院予以支持。南方××公司作为合同约定的保证人，在保证期间内应承担相应责任，故对中国建设银行股份有限公司北京××支行要求南方××公司对向××应负债务承担连带保证责任的意见，法院予以支持。法院依法判决，向××于判决生效之日起10日内归还中国建设银行股份有限公司北京××支行借款本金8336.05元。向××于判决生效之日起10日内归还中国建设银行股份有限公司北京××支行截至2011年3月29日的借款利息及逾期利息计3834.9元（自2011年3月30日起至欠款付清之日止，以贷款余额为基数按中国人民银行相关规定、合同约定计算利率）。南方××公司对向××的上述债务承担连带保证责任。南方××公司承担保证责任后，有权向向××追偿。

案例导学

本章主要讨论借款合同，所以对于此案的点评主要集中于借款合同本身。在本案中，被告向××与原告中国建设银行股份有限公司北京××支行之间签订的借款合同，经过双方当事人的平等协商达成，系双方当事人真实意思的表示，不存在欺诈、胁迫或违反社会公共利益等使合同无效或可被撤销的事由，因此合同合法成立并发生法律效力。当事人应当根据合同约定严格履行合同，原告中国建设银行股份有限公司北京××支行已根据合同约定发放了相应款项，而被告向××并没有依约履行返还贷款支付利息，故应承担相应的违约责任。因此，该法院的判决是正确的。

第一节 借贷合同的概述

一、借贷合同的概念

借贷合同，这里主要指金融机构借款合同，它是指以金融机构作为贷款人一方，与借款人订立的约定向借款人提供贷款，借款人到期返还借款并支付利息的合同。提供借款的一方，称为贷款人，也可以称为出借人。受领货币的一方称借款人。

二、借贷合同的特征

(一) 借贷合同是转移所有权的合同

关于借贷合同转移标的物所有权还是处分权，有不同的观点：一种观点认为，借贷合同是转移标的物所有权的合同。另一种观点认为，不转移所有权，所有权仍属于出借人，借用人返还的只是借贷物的可替代物。实际上，借款是一种消费借贷，出借人并不是依据所有权要求返还货币和利息，而是依据债权要求返还货币和利息。借贷合同只能是转移所有权的合同。

(二) 借贷合同是诺成合同

借贷合同是诺成合同，在借、贷双方意思表示一致时合同成立、生效。贷款人交付贷款是借款合同生效之后，贷款人所须承担的合同义务，并不是合同成立的要件，所以借款合同是诺成性合同。由于自然人之间的借贷合同经常具有互助性质，多为无息借贷，所以《合同法》第 210 条规定：“自然人之间的借贷合同，自贷款人提供借款时生效。”也就是说，贷款人与借款人就借贷达成合意后合同成立，自提供借款时合同生效。这里的提供借款，不是合同的成立要件，而是合同的生效要件。对于实践合同，承担义务的一方实际上有反悔权，贷款人可以通过不交付借款来行使反悔权。当借款人有不能偿还债务的现实可能时，贷款人不必有不安抗辩权，其不提供借款即可保护自己。

(三) 借贷合同是要式合同

借贷合同应采用书面形式。根据我国法律规定，借款合同应当采用书面形式。当事人未采用书面形式订立借贷合同的，若当事人双方就该合同关系的存在产生争议的，推定合同关系不成立；若一方当事人已经履行主要义务，且对方接受了，则合同成立。相比较而言，自然人间的借款合同是非要式合同，其合同的形式则较为宽松，当事人约定采用口头形式的，可以采用口头形式。

(四) 借贷合同是有偿合同

借款人必须支付一定的利息。金融机构发放贷款，除法律另有规定外，都应收取一定的利息，因为支付利息是借款人的对价。也就是说，借款人在获得金融机构所提供的贷款的同时，不仅负有按期返还本金的义务，还应按照约定向贷款人支付利息。

第二节 借贷合同的效力

借贷合同的效力是指依法成立并生效的借贷合同所具有的法律约束力。在借贷合同中，一方当事人的权利，即另一方当事人的义务；一方当事人的义务，即另一方当事人的权利。

一、贷款人的义务和权利

（一）足额、按期提供贷款义务

1. 足额的要求

《合同法》第200条规定，“借款的利息不得预先在本金中扣除。利息预先在本金中扣除的，应当按照实际借款数额返还借款并计算利息”。利息是以本金数额为基数，乘以借款利率来计算并收取的。如果允许贷款人预先在本金中扣除利息，则等于允许其多收借款人的利息；对于借款人来说，则等于少收了借款、多付了利息。为体现公平原则，贷款人将利息在本金中预先扣除的，借款人应按照实际借款数额返还借款，以实际借款为基数计算利息。

2. 按期的要求

《合同法》第201条第1款规定，“贷款人未按照约定的日期、数额提供借款，造成借款人损失的，应当赔偿损失”。

案例 5-1

关于借贷合同利息的计算

刘某向某市商业银行借款20万元购买新房，提供了自己的旧房（经评估价值为30万元）作为抵押标的物。按商业银行的格式合同，商业银行要扣下贷款数额的20%以借款人的名义存入本行，以存款单作为质押。刘某只拿到了16万元。后刘某起诉到法院，要求按16万元还本付息。

【解析】在本案中，该商业银行已经获得了可靠担保，再利用公用企业的优势地位扣留4万元存入本银行，以存单作为质押是不公平的。一方面，刘某没有获得预期的资金；另一方面，因存款的利率低于贷款的利率，故刘某多支付了利息。对此案的处理应当注意以下两点：

第一，《中华人民共和国消费者权益保护法》第26条第2款规定：“经营者不得以格式条款、通知、声明、店堂告示等方式，作出排除或者限制消费者权利、减轻或者免除经营者责任、加重消费者责任等对消费者不公平、不合理的规定，不得利用格式条款并借助技术手段强制交易。”第3款规定：“格式条款、通知、声明、店堂告示等含有前款所列内容的，其内容无效。”本案商业银行利用优势地位和格式合同迫使消费者接受不合理、不公平的条件，应当认定该存单质押无效。

第二，《合同法》第200条规定：“借款的利息不得预先在本金中扣除。利息预先在本金中扣除的，应当按照实际借款数额返还借款并计算利息。”此条本没有对以存单质押作出规定，但可以参照适用，即刘某按16万元还本付息。因该存单质押无效，刘某也不能以存单为据，向银行收取利息。

（二）保密的义务

贷款人有机会了解到借款人的商业秘密，如在合同订立时，贷款人要了解借款人的资力。这就很可能涉及借款人的商业秘密。再如，《合同法》第 202 条规定："贷款人按照约定可以检查、监督借款的使用情况。借款人应当按照约定向贷款人定期提供有关财务会计报表等资料。"这种检查、监督也很难回避借款人的商业秘密，贷款人自应保密，否则，构成侵权责任，也可构成违约责任。

（三）解除权

这是在借款人不按约定用途使用时的救济手段。是否按照约定的借款用途使用借款，关系到借款的安全。借款用途不同，借款人的偿付能力会受到影响。《合同法》第 203 条规定："借款人未按照约定的借款用途使用借款的，贷款人可以停止发放借款、提前收回借款或者解除合同。"据此，借款人将贷款挪作他用时，如果是分期发放贷款，则贷款人可停止发放尚未发放的贷款，或者对已经发放的部分或全部贷款要求提前收回，或者通知借款人解除合同。另外，如果贷款双方变更了借款用途，而又没有取得保证人书面同意的，保证人免责。

实践中，有的银行提供小额无用途（不规定用途）的借款，自然不发生上述问题。

（四）贷款人的请求权与诉讼时效

《中华人民共和国民法总则》第 189 条规定："当事人约定同一债务分期履行的，诉讼时效期间自最后一期履行期限届满之日起计算。"债务的分期履行，包括买卖、借款等合同债务的履行。借款人分期归还欠款的，债权人的诉讼时效自当从最后一期履行期限届满之日起计算。

二、借款人的义务

（一）借款人告知义务

《合同法》第 199 条："订立借贷合同，借款人应当按照贷款人的要求提供与借款有关的业务活动和财务状况的真实情况。"提供借款，是风险较大的经营活动，故法律赋予贷款人一定程度的知情权，贷款人有权了解借款人有关的商业秘密。

（二）按照约定提供担保的义务

订立借贷合同，贷款人可以要求借款人提供担保。《商业银行法》第 36 条规定："商业银行贷款，借款人应当提供担保。商业银行应当对保证人的偿还能力，抵押物、质物的权属和价值以及实现抵押权、质权的可行性进行严格审查。经商业银行审查、评估，确认借款人资信良好，确能偿还贷款的，可以不提供担保。"

（三）按照约定的用途使用借款的义务

一般来说，是否按约定用途使用，涉及交易安全。如将流动资金贷款用于倒卖股票，就会危及贷款人的利益。当前，出现了无用途借款，即在签订借贷合同时，不规定特定的借款用途。这宜用于小额借款，不宜用于大额借款。以非金融机构为贷款人的借款合同，也可以不约定借款用途。

(四) 按期、足额支付利息的义务

《合同法》第 205 条规定："借款人应当按照约定的期限支付利息，双方当事人对支付利息的期限没有约定或者约定不明确的，可以协议补充，不能达成补充协议的，按照合同有关条款或者交易习惯确定。仍不能确定，借款期间不满 1 年的，应当在返还借款时一并支付；借款期间 1 年以上的，应当在每届满 1 年时支付，剩余期间不满 1 年的，应当在返还借款时一并支付。"

如果借款人提前偿还借款，除非当事人另有约定，借款人有权按照实际借款的期间计算利息。但是如果提前还款损害了贷款人的利益，贷款人有权拒绝借款人提前还款的要求。

足额支付利息的要求是理所当然的。《合同法》第 201 条第 2 款是一个特殊的规定："借款人未按照约定的日期、数额收取借款的，应当按照约定的日期、数额支付利息。"即借款人未按约定受领借款的，仍就迟延的那一段时间承担支付利息的义务。借贷合同为诺成合同的，适用该规定。两个自然人之间签订的借贷合同是实践合同，故不能适用该款的规定。

(五) 按期返还本金的义务

借款到期后，借款人应当返还本金。《合同法》第 207 条规定："借款人未按照约定的期限返还借款的，应当按照约定或者国家有关规定支付逾期利息。"如果当事人未约定借款期限，贷款人可以随时要求返还，但是应当给借款人必要的准备时间。

第三节 借贷合同的违约责任

借贷合同的违约责任又称为违反借贷合同的民事责任，是指借贷合同当事人不履行借款合同义务或者履行借贷合同义务不符合约定时所应承担的民事责任。

一、借贷合同违约责任的法律特征和构成要件

1. 法律特征

借款合同违约责任具有以下三个法律特征。

（1）违约责任是一种财产责任，是民事责任的一种形式。违约责任具有经济内容，当借贷合同一方当事人不履行或者不完全履行合同义务时，将受到以经济利益为内容的违约责任的处罚。违约责任包括支付违约金、损害赔偿、强制履行以及解除合同等形式。

（2）违约责任是借贷合同当事人不履行债务时产生的民事责任。这是违约责任不同于其他民事责任如侵权责任的重要特征。合同责任的发生是以合同有效成立为条件，而

侵权责任的发生不以加害人与受害人之间存在合同关系为条件。

（3）违约责任具有任意性。合同当事人可以在法律允许范围内，对一方的违约责任作出事先安排，如可事先约定违约金的数额或幅度，可事先确定损害赔偿的数额或计算方法。

2. 构成要件

我国借贷合同采用的是严格责任。严格责任原则下，无论当事人是否存在过错，当事人一旦存在违约行为，即应承担违约责任，除非有免责的事由。据此，借贷合同违约责任的构成要件主要有两个：其一，违约行为；其二，无免责事由。

违约行为是指借贷合同当事人不履行或者不适当履行借款合同义务的客观事实。违约行为的发生以借贷合同关系有效存在为前提。违约行为是构成违约责任的最重要的条件，无违约行为即无违约责任。

仅有违约行为这一积极要件还不足以构成违约责任，违约责任的构成还需要具备另一消极要件，即不存在法定和约定的免责事由。根据《合同法》规定，因不可抗力不能履行合同的，根据不可抗力的影响，部分或全部免除责任，但法律另有规定的除外。当事人迟延履行后发生不可抗力的，不能免除责任。这里的“不可抗力”就是最主要的法定的免责事由。除法定的免责事由外，当事人还可以约定免责事由，约定的免责事由应是合法的，不违反社会公共利益的。

二、借贷合同违约责任的形态

根据违约行为发生的时间不同，违约行为形态可分为预期违约和实际违约。

（一）预期违约

预期违约又称为先期违约、事先违约、预期毁约，是指在借贷合同规定的履行期到来之前，当事人一方以明示或者默示的方式表示其将不履行合同，由此在当事人之间发生一定的权利义务关系的一项合同法律制度。

知识拓展

预期违约制度的由来

预期违约制度是英美法系从判例中发展而来的制度。这项制度的确立有利于使非违约方在对方有违约的先兆时及时采取补救措施，或解除合同另订其他补救合同，或直接要求赔偿损失，从而实现其所期望的经济利益，它可以使双方当事人的实际损失降低到最小程度，符合法律的公平正义原则。《合同法》吸收和借鉴了英美法系中的预期违约制度，在第108条作出了规定：“当事人一方明确表示或者以自己的行为表明不履行合同义务的，对方可以在履行期届满之前要求其承担违约责任。”

1. 预期违约的种类及其构成要件

预期违约分为明示毁约和默示毁约两种，二者的构成要件各不相同。

（1）明示毁约指当事人一方明确表示他将不履行借款合同的主要义务。其构成要件包括四个方面。①毁约方必须是在借贷合同履行期到来以前，做出拒绝履行义务的表示。②毁约方必须向对方做出不履行借贷合同的明确表示。毁约方所做的意思表示可以是口头的，也可以是书面的，但必须明确包括不履行借贷合同义务的清晰确定的意图，而不能仅仅是表示履行的困难和不太愿意履行，希望提高报酬。③毁约方必须表示的内容是不履行借贷合同的主要义务。毁约方既可以是直接拒绝履行借贷合同义务，也可以是以其他借口拒绝履行借贷合同义务。④明示毁约必须无正当理由。如果提出毁约有正当理由，就不能构成明示毁约。正当理由可以包括：借贷合同关系根本未成立；借贷合同本身具有无效因素；一方行使不安抗辩权之后对方在合理期限内没有恢复履行能力，也没有提供担保，前者行使解除权；债务人享有法定的解除权；因不可抗力致使贷款合同不能履行等。

（2）默示毁约指当事人一方有足够的证据表明对方将不履行或不能履行借贷合同的主要义务，而对方当事人又未提供的必要担保。默示毁约的构成要件包括三个方面：①一方预见另一方在履行期到来时，将不履行或不能履行借贷合同的主要义务。一方根据另一方的行为或资产情况做出合理判断，《合同法》提供了几个考虑因素，如经营状况严重恶化，转移财产、抽逃资金以逃避债务，丧失商业信誉等。②一方有确切的证据对自己的预见加以证明。仅是预见不足以表明对方违约，主张对方毁约的一方当事人必须提供确切有效的证据来证明自己判断的恰当性、合理性与可靠性。③被认为存在预期违约可能的一方不能在合理期间内提供充分的担保。一方认为另一方将不履行或不能履行借贷合同的，必须通知对方并要求该方提供履行担保，只有当对方在合理期间内未提供担保时，一方当事人才可要求对方承担默示毁约的责任。

2. 预期违约责任的承担

既然预期违约行为是一种严重的违约行为，那么实施这种行为的债务人就应承担由此产生的违约责任，即非违约方可以在履行期届满前直接要求毁约方实际履行或承担违约责任，也可以在履行期届满后再要求毁约方实际履行或承担违约责任。

（二）实际违约

在借款合同中，实际违约主要包括以下几种违约行为形态。

1. 拒绝履行

拒绝履行亦可称为履行拒绝、给付拒绝，是指履行期届满时，债务人无正当理由却表示不履行借贷合同义务的行为。拒绝履行的构成须包括以下几个要件：①它以合法有效的借贷合同存在为前提。②必须有拒绝履行的意思表示。该意思表示可以采用明示或默示的方式。③债务人在履行期到来后才做出拒绝履行的意思表示。如果债务人拒绝履行的意思表示是在履行期到来前做出，则属于预期违约的范畴。④拒绝履行必须无正当理由。

2. 迟延履行

迟延履行是指债务人无正当理由，在借贷合同规定的履行期届满时，仍未履行借贷合同义务；借贷合同中未约定履行期限的，在债权人提出履行催告后仍未履行债务。其构成要件包括以下五点：①其是以合法有效的借贷合同存在为前提。②履行必须是可能的。③债务人违反了履行期限的规定。判断是否迟延的最重要标准是看债务人履行债务是否超过了履行期限，超过履行期限的才构成迟延履行。④履行期届满，债务人没有履行债务。如果债务人仅履行了部分债务，可能构成部分履行、部分履行迟延。⑤债务人迟延履行必须无正当理由。

3. 不完全履行

不完全履行又可称为不完全给付或不适当履行，是指债务人虽然以完全给付的意思为给付，但给付不符合借贷合同本旨。构成不完全履行应符合如下几个要件：①必须有给付行为。不完全履行是部分给付，否则，构成履行不能或履行迟延。②履行的内容不符合借贷合同约定或法律规定。③不完全履行的原因可归责于债务人。不完全履行包括数量瑕疵、质量瑕疵、履行地点不当和履行方法不当的不完全履行。

4. 受领迟延

受领迟延是指债权人对于债务人的履行应当受领而不为或不能受领。其构成要件如下：①须有合法有效的借贷合同的存在。②债务人的履行需要债权人的协助。如果债务的履行不需要债权人的协助，则债务完全可以自行履行义务而消灭债务，不发生受领迟延的问题。③债务已届履行期。④须债务人已经实际或提出履行。⑤债权人不为或不能受领。债权人不为受领表现为拒绝受领或债权人需要协助时未提供协助。债权人不能受领是指因可归责于债权人自身的原因而客观上无法受领。⑥债权人的迟延受领无正当理由。

三、借贷合同违约责任的具体形式

借贷合同违约责任的具体形式，指违约方违反借贷合同而承担各种具体形式的违约责任，主要包括实际履行、违约金、赔偿损失等形式。

（一）实际履行

实际履行又可称为继续履行、强制实际履行、特定履行，是指当事人一方不履行借贷合同义务或者履行借款合同义务不符合约定时，另一方当事人可要求其在借贷合同履行期届满后继续按照原借款合同的约定继续完成借款合同义务。

实际履行包括金钱债务违约的实际履行与非金钱债务违约的实际履行。非金钱债务如提供货物、提供劳务、完成工作，不同于金钱债务，其债务标的往往更具有特定性和不可替代性，所以非金钱债务的履行更加强调实际履行原则。

借贷合同的实际履行属于金钱债务违约的实际履行。金钱债务又叫货币债务。当事人未履行金钱债务的违约行为，即未支付价款或报酬的行为，包括完全未支付价款或报酬、不完全支付价款或报酬、迟延支付价款或报酬。当事人一方未支付价款或者报酬的，对方可以要求其支付价款或者报酬。由于金钱是具有可代替性的种类物，不存在履行不能的问题，无论当事人违约行为的形态如何，非违约方都有要求违约方支付相应价款或报酬的权利。

知识拓展

实际履行与其他违约责任形式的关系

实际履行可以与违约金、赔偿损失、定金罚则并用，但不能与解除合同并用。解除合同导致借款合同关系不复存在，债务人也不再负履行义务，因此解除合同与实际履行是完全对立的补救方法，两者不能并用。

（二）违约金

违约金是指不履行或者不完全履行借贷合同义务的违约方按照借贷合同约定，支付给非违约方一定数量的金钱。

1. 违约金的种类

对违约金可以根据以下不同的标准进行分类。

（1）根据产生的原因不同，违约金可以分为约定违约金和法定违约金。合同双方当事人在借贷合同中约定的违约金属于约定违约金。当事人可以约定一方违约时应当根据违约情况向对方支付一定数额的违约金，也可以约定因违约产生的损失赔偿额的计算方法。而直接由法律规定的违约金，属于法定违约金。《合同法》仅承认约定违约金，而没有规定法定违约金。

（2）根据性质不同，违约金可以分为惩罚性违约金和赔偿性违约金。惩罚性违约金是由借贷合同约定或法律规定由违约方支付一笔金钱，作为对违约行为的惩罚。而赔偿性违约金是合同双方预先估计的损害赔偿总额，违约方在承担违约金责任后，不再承担实际履行或损害赔偿等违约责任。

2. 对违约金责任的限制

对违约金的约定是合同自由的体现，但合同自由并非是绝对的，为了维护双方利益的平衡，法律运用诚实信用的原则和公平原则，对违约金责任作了必要的限制。《合同法》第 114 条第 2 款的规定就证明了这一点，即“约定的违约金低于造成的损失的，当事人可以请求人民法院或者仲裁机构予以增加；约定的违约金过分高于造成的损失的，当事人可以请求人民法院或者仲裁机构予以适当减少。”

知识拓展

违约金与其他违约责任形式的关系

通常情况下，违约金与实际履行可以并用。当事人就迟延履行约定违约金的，违约方支付违约金，还应当履行债务。实际履行原则旨在实现当事人订立合同的目的，当事人不可以承担违约金来拒绝实际履行。承担违约金责任与解除合同不存在冲突，当一方已有违约行为时，即使合同被解除，也应承担违约金责任。

（三）赔偿损失

赔偿损失是指合同当事人由于不履行借贷合同义务或者履行借贷合同义务不符合约定，给对方造成损失时，由违约方以支付一定金钱的方式弥补对方所遭受损失的一种违约责任形式。这是最重要的并为世界各国所一致认可的一种违约救济方法。

1. 赔偿损失的种类

赔偿损失主要有以下几种类型。

（1）约定赔偿损失和法定赔偿损失。约定损失赔偿是指在合同当事人订立合同时预先约定一方违约时损失赔偿额的计算方法。在这种情况下，合同当事人一方违约造成损失的，其赔偿数额的计算方法按照合同当事人的约定。法定损失赔偿是指合同当事人一方违约时，对于因此给非违约方所造成的损失，直接根据法律的规定来确定赔偿损失的数额。

（2）信赖利益的赔偿与期待利益的赔偿。英美法系合同法中常对损害赔偿作出此类划分。所谓期待利益，主要是指交易的损失，即主要通过金钱赔偿使非违约方处于合同得以履行后所处的状态。信赖利益赔偿主要是涉及对实际支付的费用的赔偿。它是使请求赔偿人恢复到合同订立前的状态，例如当事人撤销要约，它应赔偿对方当事人因准备履行而支付的合理费用。

（3）直接损失赔偿和间接损失赔偿。关于直接损失与间接损失的划分标准存在分歧，一般采用的标准是根据损害与违约行为之间的直接和间接因果关系来区分。如果损害是由违约行为直接引起的，并没有介入其他因素，那么就是直接损害；如果损害并不是因为违约行为直接引起的，而是介入了其他因素，那么就是间接损失。

2. 确定赔偿的原则

确定赔偿需要遵循以下原则。

（1）完全赔偿原则，是指违约方应赔偿非违约方因自己的违约行为而遭受的全部损失。违约方赔偿的范围包括积极损失与消极损失。前者是指非违约方因违约行为而遭受的现实财产的减少，后者是指非违约方因合同履行应当得到而未得到的利益。这是对受害人利益实行全面、充分保护的有效措施。

（2）合理预见原则，又称为可预见性原则，是指违约方所承担的赔偿责任范围不得超过他在订立合同时应当预见的损失范围之原则。它是两大法系所共同认可的限制赔偿范围的原则，《合同法》规定：“赔偿损失不得超过违反合同一方订立合同时预见到或者应当预见到的因违反合同可能造成的损失。”判断违约方能否预见的标准采用主观和客观相结合的标准，即通常以处于类似情形下的人的合理预见能力为标准，并结合合同当事人具体情况作出综合性的判断。

（3）减轻损害原则，也可以表述为采取适当措施避免损失扩大原则，是指在一方违约行为发生并造成损害后，受害人必须采取合理措施以防止损害的扩大，否则，受害人应对扩大部分的损害承担责任，违约方亦有权请求从损害赔偿金额中扣除本可避免的损害部分。这一原则要求非违约方负有减轻损害的义务，并以此限制违约方的赔偿责任。《合同法》对此作出了明确规定，即当事人一方违约后，对方应当采取适当措施防止损失的扩大；没有采取适当措施致使损失扩大的，不得就扩大的损失要求赔偿。

3. 赔偿损失与其他责任形式的关系

赔偿损失与其他责任形式的关系主要体现在以下三个方面。

（1）赔偿损失与实际履行。实际履行是实现合同目的的有效方式，然而在此过程中非违约方可能早已受到损失，这是实际履行方式所难以救济的，这时赔偿损失则能为非违约方所遭受的损害提供补偿，所以实际履行与赔偿损失可以并用。

（2）赔偿损失与解除合同。解除合同使双方之间的权利义务关系终止，但它并不影响当事人请求对方赔偿其因合同解除而受到的各种损失，如期待利益的损失、已支付相关费用的损失等，所以解除合同与损害赔偿可以并用。

（3）赔偿损失与违约金。两者可以并用。违约金可视为约定的损害赔偿，如果违约金不足以弥补损害，那么当事人仍可以请求赔偿剩余的损失，这是完全赔偿原则所要求的。但违约金的适用不以损害发生为必要条件。

第四节 民间借贷

一、民间借贷合同概述

（一）民间借贷的界定和表现形式

民间借贷是指自然人、法人、其他组织之间及其相互之间进行资金融通的行为。换言之，民间借贷是指不以金融机构为中介的直接融资，是在社会活动中自发形成的民间信用。民间借贷通常没有金融机构介入，且多发生于相互熟识的个体之间，借贷利率也具有很大的随意性。

《最高人民法院关于审理民间借贷案件适用法律若干问题的规定》（以下简称《民间借贷规定》）于2015年6月23日由最高人民法院审判委员会第1655次会议通过，并自

2015 年 9 月 1 日起施行。《民间借贷规定》第 1 条规定：“本规定所称的民间借贷，是指自然人、法人、其他组织之间及其相互之间进行资金融通的行为。经金融监管部门批准设立的从事贷款业务的金融机构及其分支机构，因发放贷款等相关金融业务引发的纠纷，不适用本规定。”也就是说，民间借贷与非民间借贷是从主体来区分的。

按照借款用途的不同，民间借贷合同可以分为互助式借贷和商业式借贷。互助式借贷的借款人进行借款是为满足生产、生活的需要；而商业式借贷则是为满足企业运转或获得更高的收益。互助式借贷以互助互利为目的，而商业式借贷强调资金收益。

随着民间借贷的不断发展，出现了互助式借贷逐渐向商业式借贷发展的趋势。出现这一趋势的主要原因在于中小企业融资渠道的有限。在无担保或担保能力弱的情况下，众多中小企业难以通过传统融资渠道进行融资，进而催生出更多的民间借贷需求。日益突出的中小企业融资难问题使民间借贷规模日益扩大，借贷利率不断提高，民间借贷的人缘性、地缘性特征弱化，传统民间借贷的信息对称性相对减弱，进而使违约的机会成本降低。

（二）民间借贷合同的界定

民间借贷合同，是指自然人之间、自然人与非金融机构法人、其他组织之间，为了生活或生产的需要，双方达成合意签订的，由贷款人提供货币给借款人，由借款人到期返还贷款人借款并支付一定利息（自然人之间借款未约定利息的除外）的合同。

民间借贷合同的主体包括自然人、非金融机构、其他组织。而依照法律规定，签订民间借贷合同的主体是否具备法律资格涉及民间借贷合同是否生效的问题。我国法律规定：①除涉及非法集资、集资诈骗、非法金融贷款的民间借贷合同按无效处理，自然人与非金融企业之间可以建立有效的民间借贷法律关系。②具有营业执照的其他组织与自然人之间可以建立有效的民间借贷法律关系。③非金融企业、具有营业执照的其他组织之间可以建立有效的民间借贷法律关系。④自然人之间可以建立有效的民间借贷法律关系。

民间借贷合同的标的是货币的给付行为，而货币给付行为中又蕴含着合同内容中的债权债务关系。在民间借贷合同中，通常包含着借贷资金的本金和利息两方面的货币给付行为，本金之债和利息之债又共同形成民间借贷合同的债权债务关系。

民间借贷合同的标的物为货币，包括人民币、外币、国债等有价证券。股票、债券、基金份额、汇票、银行本票、支票、货单和仓单等均属于有价证券。

（三）民间借贷合同的分类

根据民间借贷合同的主体、成立要件和合同标的可以对不同类型的民间借贷合同进行划分。

根据民间借贷合同的主体不同，可将民间借贷合同划分为：企业之间的民间借贷合同、企业与自然人之间的民间借贷合同和自然人之间的民间借贷合同。

根据合同相对人之间相互依存程度的高低和是否互为给付为标准，可将民间借贷合同划分为单务合同、双务合同。《合同法》第 196 条、第 211 条规定，自然人之间签订的未约定利息的借贷合同为单务合同；非自然人之间的民间借贷合同为双务合同。在民间借贷合同中，主体一方为非金融企业、其他组织的，多数以生产经营为目的，属于商业式借款，借款人向贷款人给付利息促进融资，符合市场规律；主体双方为自然人的，多数以生活互利为目的，属于互助式借款，当事人可选择约定不以给付利息为对价。

想一想

民间借贷合同和金融机构借贷合同的区别有哪些？

二、民间借贷合同的效力

（一）民间借贷合同的生效要件

1. 自然人之间民间借贷合同的生效要件

《民间借贷规定》第210条："自然人之间的借贷合同，自贷款人提供借款时生效"。自然人之间的借贷合同，出借人与借款人双方都是自然人。这种民间借贷合同是实践合同，在达成合意的时候成立，在提供借款时生效。

《民间借贷规定》第9条规定了五种提供借款的情形："具有下列情形之一，可以视为具备《合同法》第210条关于自然人之间借贷合同的生效要件：①以现金支付的，自借款人收到借款时；②以银行转账、网上电子汇款或者通过网络贷款平台等形式支付的，自资金到达借款人账户时；③以票据交付的，自借款人依法取得票据权利时；④出借人将特定资金账户支配权授权给借款人的，自借款人取得对该账户实际支配权时；⑤出借人以与借款人约定的其他方式提供借款并实际履行完成时。"

案例5-2 关于民间借贷合同的成立与生效时间的确定

张男在1月1日答应借给李女1万元，在2月2日，张男通过微信转给李女1万元，李女没有注意，过了24小时，转账失效。在2月3日，张男用微信重新转给李女1万元，李女收取。二人的民间借贷合同何时成立、生效？

【解析】二人的合同是实践合同，在1月1日成立，2月3日生效。在2月2日张男通过微信转账，属于提出给付，但李女未受领，给付没有完成（实际履行没有完成），合同未生效。在2月3日，张男又提出给付，李女受领，合同生效。

2. 非自然人之间民间借贷合同的生效要件

非自然人之间借贷合同是诺成合同，自成立时生效，达成合意即满足成立要件。《民间借贷规定》第10条规定："除自然人之间的借贷合同外，当事人主张民间借贷合同自合同成立时生效的，人民法院应予支持，但当事人另有约定或者法律、行政法规另有规定的除外。”

（二）民间借贷合同的无效

1. 一般规定

（1）《民间借贷规定》第14条规定：“具有下列情形之一，人民法院应当认定民间借贷合同无效：①套取金融机构信贷资金又高利转贷给借款人，且借款人事先知道或者应当知道的；②以向其他企业借贷或者向本单位职工集资取得的资金又转贷给借款人牟利，且借款人事先知道或者应当知道的；③出借人事先知道或者应当知道借款人借款用于违法犯罪活动仍然提供借款的；④违背社会公序良俗的；⑤其他违反法律、行政法规效力性强制性规定的。”

（2）《民间借贷规定》第11条规定：“法人之间、其他组织之间以及它们相互之间为生产、经营需要订立的民间借贷合同，除存在《合同法》第五十二条、本规定第十四条规定的情形外，当事人主张民间借贷合同有效的，人民法院应予支持。”

知识拓展

合同无效的法律规定

《合同法》第52条所规定的情形包括：

（1）一方以欺诈、胁迫手段订立合同，损害国家利益；

（2）恶意串通、损害国家、集体或者第三人利益；

（3）以合法形式掩盖非法目的；

（4）损害社会公共利益；

（5）违反法律、行政法规的强制性规定。

非金融机构之间的借贷合同，在性质上属于民间借贷，一般是有效的。

2. 与非法集资有关的规定

《民间借贷规定》第12条规定：“法人或者其他组织在本单位内部通过借款形式向职工筹集资金，用于本单位生产、经营，且不存在《合同法》第五十二条、本规定第十四条规定的情形，当事人主张民间借贷合同有效的，人民法院应予支持。”

3. 民间借贷合同效力与犯罪的关系

借贷行为涉嫌犯罪，或者已经生效的判决认定构成犯罪，民间借贷合同并不当然无效。《民间借贷规定》第13条规定：“借款人或者出借人的借贷行为涉嫌犯罪，或者已经生效的判决认定构成犯罪，当事人提起民事诉讼的，民间借贷合同并不当然无效。人民法院应当根据《合同法》第五十二条、本规定第十四条之规定，认定民间借贷合同的效力。担保人以借款人或者出借人的借贷行为涉嫌犯罪或者已经生效的判决认定构成犯罪为由，主张不承担民事责任的，人民法院应当依据民间借贷合同与担保合同的效力、当事人的过错程度，依法确定担保人的民事责任。”

案例 5-3

对于涉嫌犯罪的民间借贷合同效力的认定

张甲以借款方式非法集资，与多人分别签订借贷合同，其中与不知情的李乙（出借人）签订的借贷合同是由王丙担任保证人的。张甲被立案侦查，逃跑在外。李乙起诉王丙，请求代为偿还借款。王丙抗辩的理由：第一，应当先刑后民；第二，张甲非法集资，借贷合同为无效合同，主合同无效的，从合同也无效。从合同无效，自己没有担保责任。

【解析】其一，刑事与民事交叉案件可以分案审理，即法院可以审理当事人的民事争议。其二，根据已知条件，本案借贷合同和保证合同，应按有效合同处理，应当判决王丙承担保证责任。

三、民间借贷与担保

（一）保证人身份的认定

《民间借贷规定》第 21 条规定：“他人在借据、收据、欠条等债权凭证或者借贷合同上签字或者盖章，但未表明其保证人身份或者承担保证责任，或者通过其他事实不能推定其为保证人，出借人请求其承担保证责任的，人民法院不予支持。”例如，张甲借给李乙 15 万元，双方签订了借贷合同，王丙也在合同上签了字。后来李乙不还钱，张甲起诉王丙，请求其承担保证责任，代为履行。王丙抗辩说：“我是中间人，也是见证人，不是保证人。”借贷合同没有表明王丙的身份，只有王丙的签字。根据已知条件，不能认定王丙是保证人，不能令其承担保证责任。

（二）居间人可兼为担保人

网络贷款平台的提供者撮合民间借贷的业务，具有媒介居间的性质。居间人可以兼为担保人。网络平台的提供者是否构成担保人，要分析其是否作出相应的承诺。《民间借贷规定》第 22 条第 1 款规定：“借贷双方通过网络贷款平台形成借贷关系，网络贷款平台的提供者仅提供媒介服务，当事人请求其承担担保责任的，人民法院不予支持。”第 2 款规定：“网络贷款平台的提供者通过网页、广告或者其他媒介明示或者有其他证据证明其为借贷提供担保，出借人请求网络贷款平台的提供者承担担保责任的，人民法院应予支持。”

（三）以签订买卖合同作为民间借贷合同担保的处理

《民间借贷规定》第 24 条规定：“当事人以签订买卖合同作为民间借贷合同的担保，

借款到期后借款人不能还款，出借人请求履行买卖合同的，人民法院应当按照民间借贷法律关系审理，并向当事人释明变更诉讼请求。当事人拒绝变更的，人民法院裁定驳回起诉。按照民间借贷法律关系审理作出的判决生效后，借款人不履行生效判决确定的金钱债务，出借人可以申请拍卖买卖合同标的物，以偿还债务。就拍卖所得的价款与应偿还借款本息之间的差额，借款人或者出借人有权主张返还或补偿。”

案例 5–4

关于民间借贷合同担保的认定

甲借给乙 1 000 万元，约定以乙的一套房屋作为担保。二人约定，乙先将房屋过户登记给甲，甲再拨款给乙，乙到期归还借款后，房屋再过户登记给乙。乙到期未归还借款的，该 1 000 万元的借款及利息作为房屋买卖的价款，房屋归甲所有。乙到期 30 天，表示要还款并请求返还房屋，甲拒绝，将借款本利提存到公证处，办理了提存公证。之后，乙起诉甲要求返还房屋。甲主张是买卖合同纠纷，借款已经抵作房款，买卖合同已经履行完毕。

【解析】人民法院应当按照民间借贷法律关系审理本案。甲、乙借款协议是主合同，买卖合同（担保合同）是从合同。

四、企业法定代表人或负责人在民间借贷合同中的责任

（一）以企业名义借款，自己使用（公借私用）

为加强对债权人的保护，《民间借贷规定》第 23 条第 1 款规定：“企业法定代表人或负责人以企业名义与出借人签订民间借贷合同，出借人、企业或者其股东能够证明所借款项用于企业法定代表人或负责人个人使用，出借人请求将企业法定代表人或负责人列为共同被告或者第三人的，人民法院应予准许。”

案例 5–5

关于“公借私用”债务人的认定

张甲是 A 公司的董事长（法定代表人）以 A 公司的名义向李乙借款 100 万元。张甲要求把款打到个人账户上，并特意说明，这是为 A 公司使用上的方便，李乙照办。张甲个人使用了这笔资金。到期 A 公司未归还欠款，李乙起诉 A 公司。A 公司新的董事长王丙在法庭上说，李乙明知是张甲的个人账户，还打款，我司免责。并向法庭提交了张甲个人使用的证据。

问：李乙能否请求追加张甲为共同被告？

【解析】应当把张甲列为被告，并令张甲与 A 公司承担连带偿还借款本息的责任。

（二）以个人名义借款，企业使用（私借公用）

为加强对债权人的保护，《民间借贷规定》第23条第2款规定："企业法定代表人或负责人以个人名义与出借人签订民间借贷合同，所借款项用于企业生产经营，出借人请求企业与个人共同承担责任的，人民法院应予支持。"

五、民间借贷的利率、利息、违约金

（一）利息的认定

《民间借贷规定》第25条规定："借贷双方没有约定利息，出借人主张支付借期内利息的，人民法院不予支持。自然人之间借贷对利息约定不明，出借人主张支付利息的，人民法院不予支持。除自然人之间借贷的外，借贷双方对借贷利息约定不明，出借人主张利息的，人民法院应当结合民间借贷合同的内容，并根据当地或者当事人的交易方式、交易习惯、市场利率等因素确定利息。"

对利息的认定有三种情况：①借贷双方没有约定利息的，即为无息借贷。②自然人之间的借贷，借贷双方对利息约定不明的，为无息借贷。③自然人之间借贷以外的民间借贷，借贷双方对利息约定不明的，为有息借贷。例如，甲、乙公司签订民间借贷合同，约定了要支付利息，但是没有约定利率。借款人应当支付利息。如果不能查证双方存在交易习惯，可按银行的利率确定应支付的利息。

没有使用"利息"的用词，但约定了利率，则应认为约定了利息。

（二）借款利息的"两线三区"

《民间借贷规定》第26条规定："借贷双方约定的利率未超过年利率24%，出借人请求借款人按照约定的利率支付利息的，人民法院应予支持。借贷双方约定的利率超过年利率36%，超过部分的利息约定无效。借款人请求出借人返还已支付的超过年利率36%部分的利息的，人民法院应予支持。""两线三区"是指24%和36%这两条线分割的三个区域。

其一，借贷双方约定的利率未超过年利率24%的，受法律保护。

其二，借贷双方约定的利率超过年利率36%，违反公序良俗，超过部分的利息约定无效。这属于借贷合同的部分无效。借款人已经履行的，其可以请求出借人返还。

其三，借贷双方约定的利率在24%~36%，法律不予保护，属于自然之债。借款人（债务人）可以自愿决定是否履行，已经履行的不得请求返还。

其四，"法律不予保护"与"确认无效"不同。法律不予保护（不干涉），是不赋予自然之债的强制执行力，但并不反对自然之债的产生和自愿履行；确认无效，是不允许当事人产生意定之债（包括自然之债）。

（三）预扣利息与复利

1. 预扣利息

《民间借贷规定》第27条规定："借据、收据、欠条等债权凭证载明的借款金额，一般认定为本金。预先在本金中扣除利息的，人民法院应当将实际出借的金额认定为本金。”

2. 复利

复利民间称为“驴打滚”，是将利息计入本金，以增额后的本金计算新的利息。复利有受保护和不受保护两种情况。

《民间借贷规定》第28条第1款规定：“借贷双方对前期借款本息结算后将利息计入后期借款本金并重新出具债权凭证，如果前期利率没有超过年利率24%，重新出具的债权凭证载明的金额可认定为后期借款本金；超过部分的利息不能计入后期借款本金。约定的利率超过年利率24%，当事人主张超过部分的利息不能计入后期借款本金的，人民法院应予支持。”第2款规定：“按前款计算，借款人在借款期间届满后应当支付的本息之和，不能超过最初借款本金与以最初借款本金为基数，以年利率24%计算的整个借款期间的利息之和。出借人请求借款人支付超过部分的，人民法院不予支持。”

案例 5-6

民间借贷中“复利”的效力问题

甲向乙出借10万元，约定借期1年，年利率20%。1年后借款到期，乙本应向甲偿还本息共计人民币12万元。但结算当天乙未立即清偿本息，而是重新书写了一张借条给甲，主要内容为向甲借人民币12万元，月息按2分计，借期为6个月。6个月届满，甲请求乙偿还本金12万元及利息12×0.02×6 =1.44万元。乙认为甲的请求不符合事实，主张其实际上欠甲的本金数额为10万元，借条中记载的12万元中有2万元是利息，对这2万元不应再计收利息。

问：是否应当支持甲的请求？

【解析】应当支持甲的请求。第一，到期甲、乙重新书写了借条，成立了新的借款法律关系。第二，重新借款的含义，未违反《民间借贷规定》第28条。

（四）逾期利率的处理

《民间借贷规定》第29条第1款规定：“借贷双方对逾期利率有约定的，从其约定，但以不超过年利率24%为限。”第2款规定：“未约定逾期利率或者约定不明的，人民法院可以区分不同情况处理：①既未约定借期内的利率，也未约定逾期利率，出借人主张借款人自逾期还款之日起按照年利率6%支付资金占用期间利息的，人民法院应予支持；②约定了借期内的利率但未约定逾期利率，出借人主张借款人自逾期还款之日起按照借期内的利率支付资金占用期间利息的，人民法院应予支持。”

（五）关于利息计算的有关问题

1. 分期还款时的利息计算

借款人分期偿还借款，偿还款包括本金的，其后计算利息的本金数额应当随之减少。

2. 关于利息与违约金的合并计算

《民间借贷规定》第30条规定："出借人与借款人既约定了逾期利率，又约定了违约金或者其他费用，出借人可以选择主张逾期利息、违约金或者其他费用，也可以一并主张，但总计超过年利率24%的部分，人民法院不予支持。"

（1）出借人请求逾期利息、违约金、其他费用，总计超过年利率24%的部分，人民法院不予支持。对本条中的"其他费用"，应当作限制解释，即该费用应当是与逾期利息、违约金性质相同的费用。其一，对于各种以"服务费""中介费""保证金""延期费"等突破或变相突破法定利率红线的，应当计入"其他费用"之中。其二，出借人起诉借款人请求归还借款，其对代理律师负担的律师费，是实现债权的费用，与逾期利息、违约金的性质不相同，不应计入"其他费用"之中。

（2）违约人（借款人）已经支付又请求返还的，超过年利率36%的部分可以请求返还（见《民间借贷规定》第31条）。

本章小结

本章主要介绍了借贷合同的特征、成立要件和效力、借贷合同违约责任的构成要件、具体形式以及民间借贷合同的界定、表现形式、成立要件和生效条件。

复习思考题

1. 简述借贷合同的特殊性。
2. 试述借贷合同的法律效力。
3. 简述借贷合同中违约责任的具体形式。
4. 简述民间借贷合同的成立和生效的区别。
5. 简述民间借贷合同的利息的法律规定。

第六章

票据法律制度

学习目的

通过本章的学习，旨在使学生了解我国票据法基本制度，掌握票据的分类、票据行为、票据权利的取得、保全与行使；熟悉汇票出票、背书、承兑、保证、付款等基本法律制度，了解本票和支票的基本法律制度。

核心概念

票据　票据法　票据权利　票据行为　出票承兑　票据追索权　本票　汇票　支票

案例导入

某轧钢厂为引进资金，向当地建设银行申请签发3张以方圆集团为收款人的银行承兑汇票，总金额为3000万元。方圆集团收到票据后，持票据向中国银行进行贴现。此时，建设银行已经查明方圆集团是通过合同欺诈的方式取得其签发的汇票，在其取得票据后并没有履行向轧钢厂投资的义务，遂要求中国银行拒绝对汇票进行贴现，中国银行以没有理由拒绝为由进行了贴现。建设银行遂向法院起诉，请求判决汇票无效，将汇票返还。

【判决】在轧钢厂票据纠纷案中，一审法院审理认为，方圆集团以欺骗手段取得票据，并没有合法交易的基础，判决方圆集团应归还因票据贴现而取得的建设银行资金。中国银行不服判决，提起上诉。二审法院认为，该票据形式完备、要素齐全，是合法有效的银行承兑汇票。至于方圆集团取得票据是否有合法交易的基础，影响的是票据出票是否符合监管制度的要求，虽然轧钢厂的出票行为有瑕疵，并不影响票据本身的有效性。并且，建设银行作为承兑人必须履行承诺的付款义务，并据此向轧钢厂请求归还其支付的票款。因此改判：撤销一审法院的原判，驳回建设银行的诉讼请求。

案例导学

从《票据法》的角度来讲，票据最初是商人在商品交易过程中支付大额“现金”的工具，是商人之间的一种商业信用关系，同银行和存款货币无关，是一种纯粹的民商事法律关系。但是，随着银行业地位的不断提高和货币流通方式的存款货币化，银行信用最终取代了商业信用，企业、单位之间主要不再以“现金”进行交易，而是通过银行以存款货币进行交易，于是票据演化为存款货币的流通工具，《票据法》成为货币财产流通法的组成部分，它就应具有货币财产法律关系的独立性，就必须以货币财产流通的整体效率、秩序和安全作为其基本的价值追求。因此，当代社会的《票据法》已经与传统的《票据法》有了本质的区别。

第一节 票据与票据法概述

一、票据的概念与特征

（一）票据的概念

票据有广义和狭义之分。广义上的票据是指所有商业上的凭证，如汇票、支票、本票、发票、提单、仓单、保单、股票以及公司债券等。狭义上的票据指出票人依据票据法的规定签发的，约定由自己或委托他人于见票时或指定日期，向持票人或者收款人无条件支付票载金额的完全有价证券。

（二）票据的特征

票据具有以下特征：

1. 票据是一种完全有价证券

有价证券依据证券上权利的独立程度，可分为两种形式：一是完全有价证券；二是不完全有价证券。完全有价证券，是指证券权利与证券凭证之间是不能分离的；若丧失了对证券凭证的占有，证券权利也就不会存在。不完全有价证券，是指证券权利和证券凭证之间可以分离；若权利人失去对证券凭证的占有，仍可以通过其他途径取得权利。票据作为有价证券之一，票据权利不能脱离票据而独立存在，是完全有价证券。

2. 票据是金钱债权证券

依据证券上权利的法律性质，有价证券可分为物权证券和债权证券。物权证券是表彰物之所有关系的凭证，如仓单、提单等，目的在于领取一定的实体物。债权证券是表彰一定债权的凭证，如股票、证券等，目的在于支取一定的金钱。票据以到期支付确定数额的金钱为目的，故其属于金钱债权证券。

3. 票据是流通证券

票据的一项基本功能就是流通。在各种有价证券中，票据的流通性最强。票据可通过法定的方式自由流通，转让的次数越多，票据的信用度越高，可靠性越强。票据流通的法定方式通常有两种：一是背书并交付的方式；二是单纯交付的方式。票据流通的法定规则通常是：除票据上记载“不得转让”字样外，记名票据应以背书并交付票据的方式转让，无记名票据可以单纯交付的方式转让。

4. 票据是文义证券

票据的文义性，是指票据上的权利义务、票据债权人和债务人、票据行为的效力等，都是由票据上所记载的文字含义来确定。任何人不能以票据文义以外的因素认定或改变票据权利或票据义务。票据的文义性决定，即使票据的记载与实际情况不相符，甚至出现错误，一般也不允许票据关系人以票据以外的证明来变更或补充其票据上的权利义务关系。

5. 票据是要式证券

票据的制作必须按照法律规定的方式进行才能产生票据效力，违反法定方式做成的票据，其效力将会受到限制，甚至导致票据无效，因此，票据是要式证券。《中华人民共和国票据法》（以下简称《票据法》）中有多个条文的内容体现了票据的要式性，例如第 8 条规定，票据金额须以中文大写和数码同时记载，二者必须一致，二者不一致的，票据无效。第 9 条规定，票据金额、日期、收款人名称不得更改，更改的票据无效；对票据上的其他记载事项，原记载人可以更改，更改时应当由原记载人签章证明。

6. 票据是无因证券

票据的无因性是指票据只要具备票据法上的条件，票据关系即可成立，至于票据行为发生的原因，不影响票据的效力。换句话说，票据的效力与做成票据的原因相分离，票据权利的存在和行使不以作为票据的原因是否有效为要件。无因性是票据的重要特征，规定票据无因性的目的在于维护票据的流通，保护持票人的合法权益。

7. 票据是提示证券

票据债权人享有票据权利以占有票据为必要，为了证明其占有的事实以行使票据权利，必须提示票据，如向付款人请求承兑，需要提示票据，向承兑人要求付款，也必须提示票据。因此，票据是提示证券。

8. 票据是缴回证券

票据是金钱债权凭证，因此，持有票据者就推定其享有票据权利。因此，一旦持票人之票据权利实现后，应当将票据交给付款人，以便使票据关系消灭或使付款人取得得以此向其前手行使再追索的权利。票据债权人如果拒绝缴回票据，票据债务人有权拒绝支付票款。

二、票据的种类

为了保证票据的流通，使持票人的权利得以实现，《票据法》对票据的种类、格式以及记载事项都有明确的规定，这就是票据法定主义。它主要包括：①票据种类法定。根据《票据法》第 2 条的规定，票据是指汇票、本票和支票三种。②票据格式法定。按照《票据法》的规定，汇票、本票、支票的格式均应统一，出票人签发票据时，应当使用中国人民银行统一印制的票据凭证格式。③票据记载事项法定。《票据法》对汇票、本票和支票的必要记载事项都有明确的规定，出票人应当依法加以记载。出票时欠缺法定绝对必须记载事项的票据，为无效票据。

在我国，票据包括三种：汇票、本票和支票。汇票是出票人签发的，委托付款人在见票时或者在指定日期无条件支付确定的金额给收款人或持票人的票据；本票是出票人签发的，承诺自己在见票时无条件支付确定的金额给收款人或者持票人的票据；支票是出票人签发的，委托办理支票存款业务的银行或者其他金融机构在见票时无条件支付确定的金额给收款人或者持票人的票据。

三、票据法的概念

票据法是调整因票据而发生的各种社会关系的法律规范的总称。1995 年 5 月 10 日，第八届全国人大常委会第十三次会议通过《票据法》，该法的修正案于 2004 年 8 月 28 日经第十届全国人大常委会第十一次会议通过。2000 年 11 月 14 日，最高人民法院发布《关于审理票据纠纷案件若干问题的规定》，对票据作出司法解释。

第二节 票据法基础理论

一、票据法律关系

票据法律关系（以下简称票据关系），是指由票据法所确认和规范的基于票据当事人的票据行为而发生的票据上的权利义务关系或称为债权债务关系。

知识拓展

票据法上的非票据法律关系

非由票据行为产生的，但与票据有密切关联的法律关系，传统票据法理论称为非票据关系。非票据关系包括两部分：票据法上的非票据关系和民法上的非票据关系。民法上的非票据关系，通常称为票据基础关系，包括三种：票据原因关系、票据资金关系、票据预约关系。票据基础关系与票据关系之间是相分离的，同时又具有一定的牵连关系。票据法上的非票据关系是指由票据法直接规定的与票据行为有联系但不是由票据行为本身所发生的法律关系，例如票据利益返还请求权、付款人在付款后请求持票人缴回票据的关系等。

票据法律关系的构成要素有主体、客体和内容。

（一）票据法律关系的主体

票据法律关系的主体是指在票据上为一定的票据行为，享有票据权利，承担票据责任的人可以是自然人、法人，还可以是其他有自己字号的合伙企业等。

票据法律关系的主体一般包括以下几种：①出票人，是指制作、签发并且交付票据的人；②付款人，是指在票据上被记载，应当承担付款责任的票据债务人；③收款人，是指持有票据并且享有票据权利的票据权利人；④承兑人，是指对票据进行承兑，承诺到期付款的票据当事人；⑤票据保证人，是指在票据上为保证记载事项，在付款人不履行付款义务时，承担保证责任的票据当事人；⑥参加付款人，是指为了免除特定票据债务人的付款责任，而同意承担票据责任的当事人；⑦背书人，是指在票据上进行背书记载，将票据依法转让给他人或者为保证记载等票据行为的当事人。

此外，票据当事人还包括参加承兑人、持票人、被背书人等。票据法律关系的主体可以分为票据基本当事人和票据非基本当事人。票据基本当事人是随着出票行为的出现而一起出现的票据上的权利义务人，它主要包括汇票的出票人、付款人和收款人；支票的出票人、付款人和收款人；本票的出票人及收款人。除此之外的一切票据权利义务人皆为票据非基本当事人，主要包括保证人、承兑人、背书人、被背书人等。

（二）票据法律关系的客体

票据法律关系在本质上是一种债权，债权法律关系的客体是行为，即履行行为。所以，票据法律关系的客体就表现为一定数额的货币给付行为。

（三）票据法律关系的内容

票据法律关系的内容是指票据当事人因票据行为依法享有的权利和承担的义务。票据权利，是指持票人向票据债务人请求支付票据金额的权利，包括付款请求权和追索权。票据义务是指在票据上签章的票据行为人向持票人支付票载金额的义务。针对不同的票据权利，会产生相对应的票据义务。

二、票据行为

（一）票据行为的概念与特征

票据行为有广义和狭义之分。广义的票据行为，是指以产生、变更或消灭票据的法律行为或准法律行为，包括出票、背书、改写、涂销、禁止背书、付款、承兑、参加承兑、划线、保付。狭义的票据行为，仅指以发生票据债务为目的的法律行为，或者是以承担票据债务为意思表示内容的法律行为，包括出票、背书、保证、承兑、参加承兑。票据行为具有以下特征。

1. 票据行为的要式性

票据行为的要式性是指当事人进行票据行为必须按照法律规定的方式，否则被认定为无效。其要式性主要体现在以下几方面：①必须有行为人签章。②票据行为应当是书面行为。③票据行为必须按照一定的格式为之。票据行为如果欠缺要式性，必然影响票据的法律效力。

2. 票据行为的抽象性

票据行为的抽象性，又称票据行为的无因性，是指票据行为仅具有抽象的形式即可产生票据上的效力。通常情况下，票据行为多以买卖、借贷等具有经济内容的法律行为为前提，但票据行为成立后，作为其前提条件的原因关系是否存在、无效、被撤销或效力待定等，对票据关系不产生影响，即票据行为的效力与其基础关系是分离的。

3. 票据行为的独立性

所谓独立性，是指在已经具备基本形式的同一票据上，各行为人所为的若干票据行为，从效力上互不牵连，各自以其票据上所载的文义分别独立发生效力，不因其他票据行为无效或者有瑕疵而受影响。

4. 票据行为的文义性

所谓文义性，是指票据行为的内容完全以票据券面上记载的文字为准来确定，即使文字记载与实际情况不一致，仍以文字记载为准，不允许票据当事人以票据上文字以外的证据对票据上文字记载作变更或补充。票据行为的文义性，目的在于保护善意持票人，使票据上的签名者不得以票据文字记载以外的事实对抗善意持票人，从而保证票据的流通性。

5. 票据行为具有连带性

票据行为之目的在于创设票据债务，各票据行为人都负担票据债务。票据属于金钱证券，各票据行为人都要承担保证持票人实现票据权利之责任。为达到这一目的，各票据行为人之间存在连带性。例如《票据法》第 68 条规定："汇票的出票人、背书人、承兑人和保证人对持票人承担连带责任。持票人可以不按照汇票债务人的先后顺序，对其中任何一人、数人或者全体行使追索权。"也就是说，任何票据行为人都是票据债务人，他们对持票人承担连带责任，因此，票据行为是以产生连带责任为目的的行为，具有连带性。

（二）票据行为的要件

1. 实质要件

民法上一般民事法律行为的有效要件有三项：①行为人具有相应的民事行为能力；②意思表示真实；③内容不违反法律的强制性规定。在票据法理论上，通常将民法规定的民事法律行为的一般构成要件，称为票据行为的实质要件。

2. 形式要件

票据行为的形式要件主要包括书面、签章、记载。

（1）书面。票据是完全有价证券，作为票据权利的载体，必须具备法律规定的书面形式，方可发生票据法上的效力。

（2）签章。各种票据行为的目的就是使票据行为人成为票据债务人，承担票据责任。签章的作用就是确定承担票据义务行为人的真实性。票据行为人只有在票据上进行了真实签章，才能对其票据行为负票据责任。

《票据法》第7条规定："票据上的签章，为签名、盖章或者签名加盖章"。由于票据行为人包括自然人和法人，二者在签章上存在区别。自然人的签章就是自然人在票据上记载自己的姓名，一般以签字的方式表示，按照《票据法》的规定，在票据上的签名，应当为该当事人的本名。法人和其他使用票据的单位在票据上的签章，为该法人或者该单位的盖章加其法定代表人或者其授权的代理人的签章。

（3）记载。依票据法的规定，票据记载事项有不同的效力。根据记载事项效力的不同，票据法理论中通常将票据记载事项分为应记载事项、可记载事项与不得记载事项。

应记载事项，是指依照票据法规定，各种票据行为应当在票据上进行记载的事项。又可分为绝对应记载事项与相对应记载事项两种。①绝对应记载事项，是指依照票据法的规定，票据行为必须记载于票据上的事项，缺少此类事项，票据或票据行为将无效。②相对应记载事项，是指依照票据法规定进行票据行为时应当在票据上记载，如未记载，票据或票据行为仍然有效，但该事项的内容应依法律规定而予以确定。

可记载事项，又称任意记载事项。票据法不强制当事人必须记载，而是允许行为人自行选择；不记载时，不影响票据行为的效力，但是一经记载，即发生票据上的法律效力。如《票据法》第27条第2款规定："出票人在票据上记载'不得转让'字样的，票据不得转让。"第34条规定："背书人在票据上记载'不得转让'字样，其后手再背书转让的，原背书人对后手的被背书人不承担保证责任。"据此，出票人在票据上记载的"不得转让"字样以及背书人在票据上记载的"不得转让"字样，均属任意记载事项。

不得记载事项，是指依照票据法的规定，行为人在票据上不应该记载的事项。例如《票据法》第48条规定："保证不得附有条件；附有条件的，不影响对汇票的保证责任。"这表明，有关票据保证附带条件的记载事项不发生票据法上的效力，票据保证行为仍然有效。

案例 6-1

票据签章的效力

2017年4月20日，甲房地产开发公司向乙水泥厂购买5万袋水泥，货款共计100万元，双方约定付款方式为以远期汇票支付。第二日，甲房地产开发公司开出了一张以乙水泥厂为收款人、承兑银行为A市建设银行城关支行的银行承兑汇票。但是，甲房地产开发公司的会计张某在将该票据送往乙水泥厂的途中不慎遗失。该汇票被王某拾得，王某遂伪造签章，将其转让给某百货公司。某百货公司将其作为支付货款的方式转让给某玩具厂。某玩具厂要求承兑行付款，遭到拒绝。

在本案中，出票人虽然已经按照票据法之规定出具票据，但没有将其交付给收款人乙水泥厂。那么，该票据之交付行为尚未完成，票据权利是否有效设立？持票人某玩具厂能否要求出票人承担票据责任？

【解析】出票人甲房地产开发公司在票据做成后，交付给收款人乙水泥厂之前，票据遗失，交付行为并未完成。因此，乙水泥厂并未取得票据权利。王某拾得该票据后，伪造签章，将其转让给某百货公司，某百货公司又将其转让给玩具厂，百货公司与玩具厂属于善意，能够取得票据权利。而且，按照《票据法》第14条第2款的规定，票据上有伪造、变造的签章，不影响票据上其他真实签章的效力。因此，持票人玩具厂可以要求百货公司承担票据责任。甲房地产开发公司虽然在票据交付之前丢失，但因其在票上之签章真实有效，因此，也应承担票据责任。A市建设银行城关支行如果已经在票据上作出承兑的，作为承兑人要承担责任；尚未承兑的，无须承担责任。

（三）票据行为的种类

1. 出票

出票又称发票，是指票据创立和交付行为，即出票人依法定格式制作票据，并交付收款人的行为。

2. 背书

背书是指持票人将票据权利转让他人时在票据上所为的行为。通过背书转让其票据权利的人为背书人，接受经过背书的票据的人为被背书人。

3. 承兑

承兑是指汇票的付款人承诺负担票据债务的行为。汇票只有经过付款人的承兑，付款人才正式成为负担票据债务的承兑人。

4. 参加承兑

参加承兑是指当汇票无法获得承兑；付款人、承兑人因死亡、逃避或其他原因无法向持票人作承兑提示；付款人、承兑人被宣告破产时，为了防止持票人行使追索权，由第三人以参加承兑人的身份加入票据关系，承担票据债务的行为。

5. 保证

保证是指票据保证人以担保票据债务的履行为目的而进行的票据行为。票据保证具有独立性，即使被保证人的债务无效，保证人仍然需要承担票据上的义务。

6. 保付

保付是指银行对出票人签发的支票所作的保证付款的行为。保付人是支票的主债务人，负有绝对付款的责任。

7. 付款

付款是指付款人向持票人支付票据金额以消灭票据法律关系的行为。付款人依法足额付款后，全体票据债务人的责任因此解除。

(四) 票据行为的代理

1. 票据行为代理的概念

票据代理是指代理人在票据上表明代理关系，以被代理人的名义实施票据行为，票据行为所产生的法律后果由被代理人承担的票据法律制度。民法上关于民事法律行为代理的规则，一般都可适用于票据代理；但由于票据行为具有文义性、要式性等特点，为了有利于票据流通，票据法对票据代理特别规定了一些形式上的要求。因此，票据代理的构成要件包括民法上规定的民事法律行为的代理有效要件，还包括票据法特别规定的代理在形式上的构成要件。

知识拓展

票据代理的有效要件

《票据法》第 5 条第 1 款规定："票据当事人可以委托其代理人在票据上签章，并应当在票据上表明其代理关系。"据此，票据代理的有效条件包括：①必须在票据上载明本人（被代理人）的名义，即记载被代理人的名称；②票据上应当记载代理人为本人代理的意思，即记载关于代理意旨的文句；③代理人必须在票据上签章；④须有代理权。

2. 票据行为无权代理与越权代理

代理人没有代理权而以代理人名义在票据上签章的，应当由签章人承担票据责任；代理人超越代理权限的，应当就其超越权限的部分承担票据责任。

三、票据权利

(一) 票据权利的概念与内容

票据权利是指持票人向票据债务人请求支付票据金额的权利。从票据权利的内容上来看，票据权利包括两次请求权：第一次请求权和第二次请求权。付款请求权是第一次请求权；追索权是第二次请求权，持票人行使两次请求权必须按照法定的顺序和条件进行。

1. 付款请求权

付款请求权是指票据债权人请求票据主债务人或其他付款人按照票据所载金额支付金钱的权利。

2. 追索权

追索权是指债权人行使付款请求权而遭拒绝或者因其他法定原因而不能实现时，在保全票据权利的基础上，向其前手（包括出票人、背书人、保证人）请求偿还票据金额及其损失的权利。如经持票人追索，被追索人作了清偿，那么他对另外的相对人可再行使追索权，这种权利称为再追索权。

（二）票据权利的取得与消灭

票据权利的合法取得主要有以下几种方式：

其一，出票取得，是指出票人制作票据，并将票据交付收款人而完成出票行为，收款人由此取得票据权利。

其二，通过背书转让方式取得票据权利，是指持票人依背书或交付的方式从有处分权的人处取得票据权利；或票据保证人因履行保证义务、被追索人因偿还票据金额而取得票据权利。

其三，善意取得，是指票据受让人从无处分权人手中，无恶意或重大过失受让票据，从而取得票据权利。

其四，非票据法上的继受取得，是指持票人非基于票据法所规定方式而取得的票据权利。例如因普通债权的转让、继承、受赠或公司合并等方式取得的票据权利。

（三）票据权利的行使与保全

所谓票据权利的行使，是指票据权利人请求票据义务人履行票据义务的行为，如向付款人提示票据请求承兑；向承兑人或付款人提示票据行使付款请求权；向票据债务人行使追索权等。

所谓票据权利的保全，是指票据权利人为防止票据权利的丧失而为的一切行为，如对票据主债务人遵期提示承兑和付款，以保全付款请求权和追索权；被拒绝承兑或付款或有其他法定原因不能实现付款请求权时，依法做成有效拒绝证明以保全追索权等。

保全票据权利的行为通常也是行使票据权利的行为，所以《票据法》一般将二者相提并论，一并进行规定。票据权利的行使与保全的方式通常有三种，即遵期提示、依法取证和时效中断。

1. 遵期提示

所谓“遵期提示”，是依票据法规定的期间，向票据债务人或关系人现实地出示票据，请求其支付一定金额。根据《票据法》第 40 条、第 53 条、第 80 条规定，持票人不在法定期限内提示承兑和付款的，丧失对其前手的追索权。因此，遵期提示票据也是保全票据权利的必要行为方式。

2. 依法取证

所谓“依法取证”，是持票人为了证明自己曾经依法行使票据权利而遭拒绝或者根本无法行使票据权利，而依法律规定的时间和方式取得相关的拒绝证明，如提示承兑或付款被拒绝的，请求拒绝人出具拒绝证书或退票理由书；承兑人或付款人死亡、被宣告破产的，向人民法院请求出具有关当事人被宣告死亡或宣告破产的证明或法律文书、向医院请求出具死亡证明、向公证机构请求出具具有拒绝证明效力的文书等。

3. 时效中断

《票据法》第 17 条规定：“票据权利在票据时效期限内不行使的，因时效届满而消灭。”因此，中断票据时效的行为，是票据权利的保全措施之一。《票据法》规定，持票人对票据债务人行使票据权利，或者保全票据权利，应当在票据当事人的营业场所和营业时间内进行，票据当事人无营业场所的，应当在其住所进行。

（四）票据权利的时效

票据时效是指票据上权利的消灭时效，即指票据权利人如果在一定的期间内不行使其票据权利，票据义务人就可以票据权利人超过票据权利时效为由而拒绝履行票据义务。从多数国家的法律规定来看，票据时效属于票据权利的消灭时效，《票据法》规定的票据时效也是消灭时效。

为了保障票据之流通，敦促持票人及时行使票据权利，票据之消灭时效的期限较一般民法上的时效期间短。依据《票据法》第 17 条的规定，结合最高人民法院《关于审理票据纠纷案件若干问题的规定》，票据时效期间具体有以下四种情况。

1. 对汇票、本票出票人或承兑人的时效期间

《票据法》第 17 条第 1 款第（1）项规定：“持票人对票据的出票人和承兑人的权利，自票据到期日起两年，见票即付的汇票、本票，自出票日起两年。”此项票据时效期间为 2 年，主要适用于汇票、本票的出票人或承兑人，因票据种类的不同，又区分为两种情况。

（1）对于远期汇票（包括定日付款的汇票、出票后定期付款的汇票和见票后定期付款的汇票）而言，持票人对出票人和承兑人的权利，自票据到期日起 2 年。

（2）对于即期汇票和银行本票来讲，持票人对于出票人的追索权时效期间为出票日起 2 年。

2. 对支票出票人的时效期间

《票据法》第 17 条第 1 款第（2）项规定：“持票人对支票出票人的权利，自出票日起六个月。”支票中的付款人只是票据关系人，并非票据债务人，而出票人才是真正的票据债务人；持票人可以向支票付款人提示票据、请求付款，不获付款时得对支票出票人行使追索权。

3. 初次追索权的时效期间

《票据法》第 17 条第 1 款第（3）项规定：“持票人对前手的追索权，自被拒绝承兑或者被拒绝付款之日起六个月。”

4. 再追索权的时效期间

《票据法》第 17 条第 1 款第（4）项规定：“持票人对前手的再追索权，自清偿日或者被提起诉讼之日起三个月。”

四、票据抗辩

（一）票据抗辩的概念和分类

票据抗辩是指票据债务人根据票据法的规定对票据债权人拒绝履行义务的行为。票

据债务人享有的对持票人拒绝履行票据义务的权利，称为抗辩权。根据抗辩原因的不同，可以将票据抗辩区分为对物的抗辩和对人的抗辩。对物的抗辩是指票据债务人对一切持票人都可以行使的抗辩，所以，也称绝对抗辩；对人的抗辩则是指票据债务人只能对特定的持票人行使的抗辩，所以，也称相对抗辩。

1. 对物的抗辩

对物的抗辩事由主要包括以下内容：①票据上的记载事项不符合《票据法》的规定导致票据无效；②票据上记载的到期日尚未到期；③票据上记载的付款地与持票人请求付款的地点不符；④票据权利因已经付款或者依法被提存而消灭；⑤票据权利因法院的除权判决而消灭；⑥票据行为人欠缺票据行为能力；⑦无权代理或者越权代理；⑧票据伪造或者变造；⑨欠缺票据权利的保全手续；⑩对不得转让的票据背书转让；⑪票据权利因票据时效期间的届满而消灭。其中，前五项抗辩事由是一切票据债务人对一切持票人都可以主张；后六项抗辩事由，只能由特定的票据债务人对一切持票人主张。

2. 对人的抗辩

对人的抗辩事由主要包括以下内容：①持票人丧失受偿行为能力；②持票人取得票据欠缺合法的形式，从而丧失票据权利；③持票人恶意取得票据；④原因关系无效或者不成立；⑤欠缺对价的抗辩。其中，前三项抗辩事由，一切票据债务人都可以向特定的持票人主张抗辩；而后两项的抗辩事由只能由特定的票据债务人向特定的持票人主张抗辩。

（二）票据抗辩的限制

票据抗辩是有限制的，票据债务人不得以自己与出票人或者与持票人的前手之间的抗辩事由对抗持票人。但是，持票人明知存在抗辩事由而取得票据的除外。这便是对票据抗辩限制的规定。《票据法》对票据抗辩的限制主要表现在以下方面：

（1）票据债务人不得以自己与出票人之间的抗辩事由对抗持票人。即如果票据债务人与出票人之间存在抗辩事由，该票据债务人不得以此抗辩事由对抗善意持票人。

（2）票据债务人不得以自己与持票人的前手之间的抗辩事由对抗持票人。

（3）凡是善意的、已付对价的正当持票人可以向票据上的一切债务人请求付款，不受前手权利瑕疵和前手相互间抗辩的影响。

（4）持票人取得的票据是无对价或不相当对价的，由于其享有的权利不能优于其前手权利，故票据债务人可以用对抗持票人前手的抗辩事由对抗该持票人。

五、票据丧失与补救

（一）票据丧失的概念

票据的丧失是指票据权利人非以本人意愿而失去对票据的占有。票据丧失的补救，就是指票据丧失之后，为保护持票人的票据权利不因为失去对票据的占有而受损害，而采取的法定保护措施。票据丧失的补救具有恢复和保护票据权利的性质，它只能出现在票据丧失之后。依据《票据法》的规定，持票人在丧失票据之后，为保护其合法权利、作出止付之通知，并向法院提出公示催告申请或提起诉讼。

因此，按照我国《票据法》、《中华人民共和国民事诉讼法》（以下简称《民事诉讼法》）以及相关法律的规定，票据丧失之救济制度主要包括挂失止付制度、公示催告制度以及诉讼制度。

（二）挂失止付

挂失止付是指失票人将票据丧失的情形通知付款人，并指示付款人停止付款的意思表示。《票据法》以及《民事诉讼法》均规定了票据之挂失止付。挂失止付的当事人包括挂失人与挂失止付的受理人。根据《票据法》《票据管理实施办法》《支付结算办法》以及《民事诉讼法》的规定，挂失止付应当履行以下程序：①失票人及时向付款人提交挂失止付的书面通知。②付款人或代理付款人认真审查失票人的挂失止付通知，以决定是否接受挂失止付。③付款人或代理付款人经审查之后，符合挂失止付条件的，应当为挂失止付。

挂失止付仅为票据丧失后暂时防止票据款项被人领取的保护票据权利的方法，而不是票据权利的复权方法。其效力有以下几个方面：①挂失止付具有停止付款的效力；②挂失止付通知具有确认责任人的效力；③付款人或者代理付款人自收到挂失止付通知书之日起 12 日内没有收到人民法院止付通知书的，自第 13 日起，挂失止付通知书失效；④失票人应当在通知挂失止付后 3 日内向有管辖权的人民法院申请公示催告或提起诉讼，人民法院受理失票人公示催告或提起诉讼的申请后，应当向付款人签发止付通知书，人民法院签发的止付通知书具有持续挂失止付效力的作用。

失票人挂失止付后，未在 3 日内提供证明的，3 日期满后止付解除，付款人或代理付款人按照票据记载付款的，对冒领情形不负责任。

（三）公示催告

公示催告是指持票人在丧失票据后申请法院宣告票据无效而使票据权利与票据相分离的一种制度。其主要内容如下：

1. 申请

持票人在票据丧失后应向票据支付地基层人民法院提出申请，写明票面金额、出票人、持票人、背书人等票据主要内容和申请的理由、事实，通知付款人或代理付款人挂失止付的时间，付款人或代理付款人的名称、地址和电话等，请求人民法院为公示催告。

2. 人民法院审查申请

经审查申请不符合要求时，裁定驳回。申请符合要求时，即决定受理申请，应当同时通知支付人停止支付，并在 3 日内发出公告，催促利害关系人申报权利。公告应当在全国性的报刊上登载。

3. 公示催告

公示催告的期间，由人民法院根据情况决定，但国内票据不得少于 60 日，涉外票据不得超过 90 日。公示催告期间，支付人收到人民法院停止支付的通知，应当停止支付，利害关系人应向人民法院申报权利。人民法院收到利害关系人的申报，应当裁定终结公示催告程序，并通知申请人和支付人。申请人或申报人可以向人民法院起诉。

4. 除权判决

公告期满无人申报权利时，申请人可请求人民法院作出除权判决，即以判决宣告票据无效。判决应当公告，并通知支付人。自判决公告之日，申请人有权依据判决书向支付人请求支付。

第三节 汇票法律制度

一、汇票的概念与分类

汇票是出票人签发的委托付款人在见票时或者在指定的日期无条件支付确定的票据金额给收款人或持票人的票据。汇票有银行汇票和商业汇票。

银行汇票是指银行签发给汇款人持往异地办理转账结算或支取现金的票据。单位、个体经济户和个人需要使用各种款项，均可使用银行汇票。

商业汇票是指由出票人签发的，委托付款人在指定日期无条件支付确定的金额给收款人或持票人的票据。商业汇票按承兑人的不同，分为商业承兑汇票和银行承兑汇票。商业承兑汇票指出票人签发的，由银行以外的付款人承兑的票据；银行承兑汇票指由出票人或承兑申请人签发，并由承兑申请人向开户银行申请，经银行审查同意承兑的票据。

二、汇票的出票

（一）出票的概念

出票是指出票人签发票据并将其交付给收款人的票据行为，是要式行为。出票是基本票据行为，是其他票据行为的基础。通过出票人制作、签发及交付票据，在出票人、付款人以及收款人之间产生了票据法上的权利义务关系。

（二）出票的记载事项

出票人票据的记载事项应符合票据法的规定，记载事项一般分为汇票的绝对应记载事项、汇票的相对应记载事项、汇票的非法定记载事项。

1. 汇票的绝对应记载事项

汇票的绝对应记载事项是指票据法规定必须在票据上记载的事项，如欠缺记载，票据便无效。根据《票据法》的规定，汇票的绝对应记载事项包括以下几个方面：①表明

“汇票”的字样；②无条件支付的委托；③确定的金额；④付款人名称；⑤收款人名称；⑥出票日期；⑦出票人签章。

2. 汇票的相对应记载事项

汇票的相对应记载事项也是汇票应记载的内容，但是，相对应记载的事项未在汇票记载，并不影响汇票本身的效力，汇票仍然有效。相对应记载事项包括以下内容：①付款日期；②付款地；③出票地。

3. 汇票的非法定记载事项

汇票上可记载《票据法》规定事项以外的出票事项，但是该记载事项不具有汇票上的效力。

（三）出票的效力

汇票出票人依照票据法的规定完成出票行为后，汇票上记载的票据权利和义务关系即告产生。出票的效力对各个基本当事人是不同的。

1. 对出票人的效力

出票人委托他人付款，一旦该行为成立，就必须保证该付款能得以实现。如果付款人不予付款，出票人就应该承担票据责任。

2. 对付款人的效力

汇票出票是单方行为，付款人并不因此而有付款义务，只有付款权限。但出票人的付款委托使其具有承兑人的地位，在其对汇票进行承兑后，即成为汇票上的主债务人。

3. 收款人的效力

收款人接受出票人发出的汇票后，即取得票据权利，一方面，就票据金额享有付款请求权；另一方面，在该请求权不能满足时，即享有追索权。

三、汇票的背书

（一）背书的概念

背书是指持票人为了实现转让票据权利或其他目的，在票据背面或者粘单上所为的一种附属的票据行为。据此，作背书转让的持票人为背书人，受让人为被背书人。被背书人在接受票据后可以再作背书，以增强其流通性和安全性。

（二）背书的分类

一般来说，背书按目的不同可分为转让背书与非转让背书两类。

1. 转让背书

转让背书是指持票人以完全转让票据上的权利为目的，而在票据上进行的背书，其效力在于使票据上的权利发生转移。转让背书是背书的基本类型。依据转让背书有无法律上的特殊性，理论上又将其分为一般转让背书与特殊转让背书。

（1）一般转让背书。一般转让背书是指持票人基于普通票据权利转让的目的，依据票据法基本规则，在票据上所进行的转让背书。一般转让背书又可分为完全背书与空白背书两种。所谓完全背书又称为记名背书，是指背书人依法必须在票据上完整记载背书类型、被背书人的名称，并记载签章的背书形式。所谓空白背书又称无记名背书、略式背书或不完全背书，是指背书人在票据上仅以签章而完成背书记载的背书形式。

（2）特殊转让背书。特殊转让背书是指持票人基于特殊的权利变动目的，依据票据法特别规则，在票据上所进行的转让背书。特殊转让背书主要包括回头背书和期后背书两种。所谓回头背书，又称逆背书或还原背书，是指以票据上原有的债务人为被背书人的背书。《票据法》第 69 条从侧面予以认可："持票人为出票人的，对其前手无追索权。持票人为背书人的，对其后手无追索权。"所谓期后背书，是指超过提示付款期或者在被拒绝承兑、拒绝付款期之后进行的背书。《票据法》第 36 条规定："汇票被拒绝承兑、被拒绝付款或者超过付款提示期限的，不得背书转让；背书转让的，背书人应当承担汇票责任。"

2. 非转让背书

非转让背书是指持票人非以转让票据上的权利为目的，而是以授予他人的权利为目的在票据上进行的背书。非转让背书，又包括委托收款背书和设定质押背书。

（1）委托收款背书，简称委任背书，是指持票人为了授予他人代为行使票据权利的权利而作的背书。《票据法》第 35 条第 1 款规定，背书记载"委托收款"字样的，被背书人有权代背书人行使被委托的票据权利。但是，被背书人不得再以背书转让汇票权利。

（2）设定质押背书，简称设质背书，是指持票人为了在票据上设定质押权，以票据来担保所负债务的履行而作的背书。《票据法》第 35 条第 2 款规定："汇票可以设定质押；质押时应当以背书记载'质押'字样。被背书人依法实现其质权时，可以行使汇票权利。"

（三）汇票转让背书的记载事项

汇票转让背书的记载事项包括必要记载事项、任意记载事项与不得记载事项。其中，转让背书必要记载事项，包括绝对应记载事项和相对应记载事项。

1. 转让背书绝对应记载事项

依《票据法》的规定，转让背书的绝对应记载事项有以下两项：①背书人的签章；②被背书人的名称。

2. 转让背书相对应记载事项

转让背书相对应记载事项，依《票据法》的规定，仅有背书日期一项。

3. 转让背书任意记载事项

背书人可以在不违反票据法禁止性规定的基础上，记载必要事项以外的一些其他事项，这些事项一经记载，即具有票据法上的效力。我国票据法对背书规定的任意记载事项只有"禁止转让"的记载一项。

4. 转让背书不得记载事项

依据《票据法》规定，转让背书的不得记载事项有两项。

（1）附条件记载事项。《票据法》第 33 条第 1 款规定，背书不得附有条件，背书时附有条件的，所附条件不具有票据上的效力，即所附条件视为无效记载。

（2）部分背书或分别背书的记载事项。《票据法》第 33 条第 2 款规定，将票据金额的一部分转让的背书无效。将票据金额分别转让给 2 人以上的背书无效。

(四) 汇票转让背书的效力

1. 权利转移的效力

是指票据上的权利因背书而由背书人转移给被背书人。被背书人由背书而受让票据，并同时取得票据所有权及票据上的一切权利。

2. 担保责任的效力

是指背书人以负担票据债务的意思为背书，对其后手有担保承兑及付款的责任。

3. 权利证明的效力

是指持票人应以背书的连续来证明其取得的票据权利。持票人欲行使票据权利，只要向票据债务人提示票据即可。

案例 6-2

票据转让的效力

2016 年 8 月 5 日，某标志服装厂因生产所需，从某棉麻厂购进高级棉布一批，价值 20 万元。标志服装厂以刚刚收到的一张远期商业汇票付款。该汇票面额 20 万元，出票人及承兑人为某化生造纸厂，票载收款人为标志服装厂，付款日期 2017 年 1 月 10 日。标志服装厂以背书方式将该汇票转让给棉麻厂，并在票据上记载“不得背书转让”字样。2016 年 8 月 12 日，化生造纸厂对该商业汇票作了承兑。

棉麻厂于 2016 年 8 月 15 日，将该汇票又背书转让给器皿生产厂。2017 年 1 月 12 日，器皿生产厂持汇票要求化生造纸厂付款，化生造纸厂以“持票人违背背书人‘不得背书转让’的记载”为由，拒绝承担票据责任。器皿生产厂只好向其前手棉麻厂以及标志服装厂追索。标志服装厂也以“持票人违背了背书人‘不得背书转让’的记载”为由，拒绝承担票据责任。而棉麻厂则表示自己已如约履行了合同，不再承担票据责任。

【解析】票据收款人标志服装厂背书转让其所持汇票时，在票据上明确记载了“不得背书转让”字样，但其后手棉麻厂又将该票据背书转让给器皿生产厂。依《票据法》有关规定，背书人在汇票上记载“不得转让”字样，其后手再背书转让的，原背书人对其后手的被背书人不承担保证责任。因此，本案中的器皿生产厂不能对原背书人标志服装厂行使票据权利；但仍可以对其他票据债务人行使票据权利，包括对承兑人化生造纸厂行使付款请求权，以及在付款请求权不能实现的前提下对其前手棉麻厂行使追索权。

因此，对本案的持票人器皿生产厂，标志服装厂依法享有抗辩权；承兑人以“持票人违背背书人‘不得背书转让’的记载”为由，拒绝承担票据责任，是没有法律根据的；棉麻厂以自己已如约履行了合同，不再承担票据责任为抗辩事由，也不能成立。

四、汇票的承兑

汇票承兑是汇票付款人承诺在汇票到期日支付票据金额的票据行为。承兑是汇票独有的一种附属票据行为，是付款人在汇票正面所为的票据行为。

（一）汇票承兑的记载事项

付款人承兑汇票的，应当在汇票正面记载“承兑”字样和承兑日期并签章；见票后定期付款的汇票，应当在承兑时记载付款日期。由此可见，“承兑”字样、日期、签章为应记载事项。其中，承兑日期为相对应记载事项，如未记载，则可以付款人收到承兑提示之日起的第3日为承兑日期。付款人承兑汇票不得附有条件，承兑附有条件的，或者以其他方法变更汇票上的记载事项的，视为拒绝承兑。

（二）承兑的效力

承兑的效力是承兑人于到期日绝对付款的责任。承兑人决定承兑后，即成为票据主债务人，应当依汇票记载的文义，承担到期支付票据金额的责任。承兑人的付款责任是绝对责任，是基于本人的意思表示而产生的义务。承兑人到期不付款时，持票人即使是原出票人，也可直接请求承兑人偿付汇票金额、利息及其他费用。

五、汇票的保证

汇票保证是票据债务人以外的第三人为担保债务的履行所做的一种附属票据行为。

（一）汇票保证的记载事项

汇票保证行为根据被保证人的身份和在票据关系中的位置不同，可以在票据正面、背面或其粘单上为之。票据保证应记载下列事项：①表明“保证”的字样；②保证人的名称和住所；③被保证人的名称；④保证日期；⑤保证人的签章。

票据保证不得附有条件，附有条件的，不影响对汇票的保证责任。保证人未在票据或粘单上记载“保证”字样的而另行签订保证合同或保证条款的，不属于票据保证，发生纠纷后人民法院应适用《中华人民共和国担保法》的有关规定。

（二）票据保证人的法律责任

1. 连带责任

保证人与票据债务人负连带责任，即保证人所负的责任以被保证人所负的责任为准。

2. 独立责任

由于票据行为具有独立性，只要被保证人债务在形式上有效成立，即使实质上无效（例如被保证人无行为能力等），保证行为仍有效。

3. 共同保证的责任

共同保证是指两个以上的人共同保证同一票据债务。共同保证的各保证人对共同保证的票据债务应负连带责任。共同保证人中的一人或数人在清偿全部债务后，可向其他保证人行使求偿权。

六、汇票付款

汇票付款是指付款人依据票据文义支付票据金额，以消灭票据关系的行为。当付款人依法足额付款后，全体汇票债务人的责任解除。

（一）付款提示

持票人应当按照下列期限提示付款：①见票即付的汇票，自出票日起 1 个月内向付款人提示付款；②定日付款、出票后定期付款或者见票后定期付款的汇票，自到期日起 10 日内向承兑人提示付款。

（二）付款人审查汇票

付款人在付款前，应对持票人向其提示的汇票负有形式审查的义务。审查的内容包括：①背书是否连续；②持票人合法的身份证明。

（三）付款人付款

持票人按规定提示付款的，付款人必须在当日足额付款，而不能分期付款和延期付款。如果付款人及其代理付款人以恶意或有重大过失付款的，应当自行承担责任。

（四）收回汇票

汇票是缴回证券，付款人在付款后，有权向持票人收回汇票。《票据法》第 55 条规定："持票人获得付款的，应当在汇票上签收，并将汇票交给付款人。持票人委托银行收款的，受委托的银行将代收的汇票金额转账收入持票人账户，视同签收。"

七、汇票追索权

追索权是持票人在汇票到期被拒绝付款或其他法定原因发生时，向其前手请求偿还票据金额及其损失的权利。

（一）追索权行使的原因

根据《票据法》的规定，追索权行使的原因如下：①汇票被拒绝承兑；②承兑人或付款人死亡、逃匿；③承兑人或付款人被依法宣告破产或者因违法被责令终止业务活动。

（二）追索权的行使程序

1. 票据提示

持票人行使追索权，必须先在法定期限内向付款人提示票据，请求承兑或付款，否则丧失追索权。但是如发生了付款人或承兑人死亡、解散、逃匿或其他无法为提示的原因，持票人可免除票据提示。

2. 做成拒绝证书

持票人在行使追索权时，原则上必须做成拒绝证书，但下列情况例外：①付款人或承兑人被宣告破产，持票人可用破产宣告裁定书代替拒绝证书；②付款人或承兑人因违法被责令终止业务活动的，有关行政主管部门的处罚决定可代替拒绝证书；③有关证明付款人或承兑人拒绝付款的其他证明也可代替拒绝证书。

3. 通知拒绝事由

持票人有义务通知拒绝事由，使票据全部债务人在知悉被拒绝的事实后做好相应的准备。《票据法》规定，持票人应当自收到被拒绝承兑或者被拒绝付款的有关证明之日起 3 日内，将被拒绝事由书面通知其前手；其前手应当自收到通知起 3 日内书面通知其再前手。持票人也可同时向各汇票债务人发出书面通知。

4. 确定追索对象

当追索通知发出后无人自动偿付时，追索权人就要确定具体的追索对象进行追索。《票据法》规定，汇票的出票人、背书人、承兑人和保证人对持票人承担连带责任。持票人可以不按照汇票债务人的先后顺序，对其中任何一人、数人或者全体行使追索权。

5. 请求偿还

追索对象确定后，持票人即可向其出示汇票、拒绝证书或拒绝证明，请求其依法偿还追索的金额。请求偿还的金额，包括票据金额、汇票金额从到期日起到清偿日止的利息、做成拒绝证书与通知费用及其他合理费用。被追索人按规定清偿后，可向其他票据债务人行使再追索权。

第四节 本票、支票基本法律制度

本票、支票属于特殊票据，其出票、背书等票据行为适用关于汇票的规定。但是，本票、支票有其特殊制度，本书仅对其特殊性进行介绍。

一、本票

（一）本票的概念与种类

本票是出票人签发的，承诺自己在见票时无条件支付确定的金额给收款人或者持票人的票据。

我国本票仅限于银行本票，银行本票是银行签发的，承诺自己在见票时无条件支付确定金额给收款人或持票人的票据。银行本票分为定额银行本票和不定额银行本票。定额银行本票的面额有1000元、5000元、10000元和50000元四种。

（二）本票的记载事项

1. 本票的绝对应记载事项

本票的绝对应记载事项为六项：①表明“本票”的字样；②无条件支付的承诺；③确定的金额；④收款人名称；⑤出票日期；⑥出票人签章。

2. 本票的相对应记载事项

本票的相对应记载事项为出票地和付款地两项。若本票上未记载付款地的，则出票人的营业场所为付款地；若本票上未记载出票地的，则出票人的营业场所为出票地。

3. 任意记载事项

《票据法》对本票的任意记载事项未作规定，一般可适用关于汇票的法律规定。

（三）银行本票的结算规定

1. 银行本票使用范围的规定

《支付结算办法》规定，单位和个人在同一票据交换区域需要支付各种款项，均可以使用银行本票。银行本票可以用于转账，注明“现金”字样的银行本票可以用于支取现金。

2. 申请银行本票的规定

申请人使用银行本票，应向银行填写“银行本票申请书”，填明收款人名称，申请人名称，支付金额，申请日期等内容并签章。个人需要支取现金的，在“支付金额”栏先填写“现金”字样，后填写支付金额。

3. 银行本票出票的规定

本票出票后，对于出票人而言，其必须承担对本票持票人的付款责任。出票人是本票上的主债务人，本票一届到期日，出票人必须对持票人付款，对此不得附加任何条件，而且出票人的付款义务不因持票人对其权利的行使或保全手续的欠缺而免除，但一经出票人付款，全部本票关系都归于消灭。根据《票据法》规定，本票自出票之日起，付款期限最长不得超过两个月，并保证支付。本票的出票人在持票人提示见票时，必须承担付款责任。持票人未按规定期限提示见票的，丧失对出票人以外的前手的追索权。

想一想

本票和汇票有什么区别？

二、支票

（一）支票的概念与种类

1. 支票的概念

支票是出票人签发的，委托办理支票存款业务的银行或者其他金融机构在见票时无条件支付确定的金额给收款人或者持票人的票据。

2. 支票的种类

（1）普通支票是既可以转账，也可以支取现金的支票。用于转账的，可在普通支票左上角加画两条平行线，为画线支票；未画线的普通支票，可用于支取现金。

（2）现金支票是专门用于支取现金的支票。这种支票在印制时，已在支票的上端印明了现金字样。

（3）转账支票是专门用于转账的支票，它不得用于支取现金，这种支票印制时，在支票的上端已印明了转账的字样。

（二）支票的记载事项及出票要求

1. 支票的绝对应记载事项

支票的绝对应记载事项有六项：①表明“支票”的字样；②无条件支付的委托；③确定的金额；④付款人名称；⑤出票日期；⑥出票人签章。支票上未记载上述绝对应记载事项之一的，支票无效。支票上的金额可以由出票人授权补计，未补计前的支票，不得使用。

2. 支票的相对应记载事项

支票的相对应记载事项：①收款人的名称，支票未记载收款人的，以持票人为收款人，经出票人授权，可以补记。②出票地，支票未记载出票地的，以出票人的营业场所、住所或者经常居住地为出票地。③付款地，支票未记载付款地的，以付款人的营业场所为付款地。

3. 支票的可记载事项

支票的可记载事项：①画平行线，出票人可以在支票正面画平行线，也可以在所画的两条平行线上记载收款银行的名称。②禁止背书转让。③免除拒绝通知或做成拒绝证书。

4. 不得记载事项

支票的不得记载事项：①无益记载事项包括到期日、利息、免除担保文句、承兑等。②有害记载事项包括有条件的委托支付文句，分期付款、以非金融机构为付款人。

5. 支票重要的出票要求

（1）支票用纸要求。在我国，支票的出票必须使用银行规定格式并统一印制的支票用纸。

（2）签发支票金额的要求。支票出票人签发的支票金额不得超过其付款时在付款人处实有的存款金额，支票出票人签发的支票金额超过其付款时在付款人处实有的存款金额的，为空头支票。禁止签发空头支票。

（3）支票签章的要求。支票出票人不得签发与其预留本名的签名式样或印鉴不符的支票。

（三）支票的付款

1. 支票的付款期限

支票的持票人应当自出票日起 10 日内提示付款，异地使用的支票，其提示付款的期限由中国人民银行另行规定。

2. 支票付款的程序与方法

（1）对提示付款的支票的审查。付款人对支票的审查为形式审查，主要针对以下三个内容：审查支票是否具备了法定要件；审查支票背书是否连续；审查支票出票人的印章与出票人在银行预留的印鉴是否一致。

（2）收回支票。付款人审查支票后付款时，应要求付款提示人在票据上签章，并收回该支票。

（3）支付支票金额。付款人收回支票后，应按支票上记载的货币和金额付款。

（4）转账或抵销。付款人的付款除直接支付现金外，还可用转账或抵销的办法来支付。抵销是指持票人向付款人提示付款时，因欠付款人一笔同额到期债务，付款人可将其债权与持票人的支票金额抵销，使双方的支票关系和债务关系消灭。

3. 支票付款的效力

付款人在足额付款后，全体支票债务人的责任解除。

知识拓展

禁止签发空头支票

空头支票是出票人签发的金额超过付款时在付款人处实有存款金额的支票。由于空头支票影响支票信用，扰乱金融秩序，因而各国都对空头支票持否定态度。《票据法》规定，禁止签发空头支票。对签发空头支票者，依法追究其民事、行政或刑事责任。《支付结算办法》规定，若签发空头支票的，银行可以按票面金额处以百分之五，但不低于 1000 元的罚款；对屡次签发空头支票的，银行应停止其签发支票。

第五节 违反票据法的法律责任

一、票据欺诈行为的法律责任

有下列票据欺诈行为之一的，依法追究刑事责任：①伪造、变造票据。②故意使用伪造、变造的票据。③签发空头支票或故意签发与其预留的本名签名式样或印鉴不符的支票，骗取财物。④签发无可靠资金来源的汇票、本票，骗取资金。⑤汇票、本票的出票人在出票时作虚假记载，骗取财物。⑥冒用他人的票据，或者故意使用过期或作废的票据，骗取财物。犯有上述票据欺诈行为，情节轻微，社会危害较小，不构成犯罪的，应给予行政处罚。

二、票据业务中玩忽职守的法律责任

金融机构的工作人员在票据业务中玩忽职守，对违反票据法规定的票据予以承兑、付款或者保证的，应由其单位给予警告、记过、撤职、开除公职等行政处分；给金融机构造成重大损失构成犯罪的，应由司法部门追究其刑事责任。金融机构工作人员因玩忽职守办理票据承兑、付款、保证，而给票据当事人造成损失的，应由其金融机构和直接责任人员依法承担赔偿责任。

三、票据付款人故意压票的法律责任

票据付款人对见票即付或者到期的票据，故意压票、拖延支付的，由中国人民银行处以压票、拖延支付期间内每日票据金额万分之七的罚款；对直接负责的主管人员和其他直接责任人员给予警告、记过、撤职，或者开除的处分。票据付款人故意压票，拖延支付，给持票人造成损失的，依法承担赔偿责任。

本章小结

本章主要介绍了票据法律制度的基本内容，包括票据法的基础理论以及汇票、本票、支票法律制度的基本内容。

复习思考题

1. 简述票据的特征。
2. 票据行为要具备什么样的形式要件？
3. 简述票据抗辩的种类以及抗辩的限制。
4. 简要回答汇票的出票、背书、承兑、保证的概念及其记载事项。

第七章

证券法律制度

学习目的

证券是持券人拥有的用以表彰一定权利的书面凭证。证券法是调整证券法律关系的法律规范的总称，是金融法的重要组成部分。证券法对于规范证券发行和交易行为，保护投资者的合法权益，维护社会经济秩序和社会公共利益具有重要的意义。通过本章的学习，旨在使学生了解和掌握证券与证券法的概念与特征，证券法的法定分类与学理分类，证券法的调整对象，证券市场主体的基本内容，证券发行和上市的基本法律制度、证券监管的基本法律制度。

核心概念

证券　证券法　股票　债券　核准制　股票发行　证券承销　证券交易　短线交易　内幕交易　虚假陈述　证券监管机构　证券业协会

案例导入

2016年11月15日晚，某金融信息服务（上海）股份有限公司公告收到中国证券监督管理委员会上海监管局《关于对某金融信息服务（上海）股份有限公司采取出具警示函措施的决定》，事发因2016年7月11日，该公司发生累计约1.98亿元标的诉讼，但未及时披露，直到9月13日才披露。该公司2016年10月17日晚间公告称，公司于10月17日收到中国证监会的《调查通知书》，因公司涉嫌信息披露违法违规，中国证监会决定对公司立案调查。

案例导学

从上述案例可以看出，证券市场不同于普通的商品市场和其他金融市场，它在市场结构、交易方式、结算方式、市场主体、市场客体、市场媒介体、市场准入、市场退出和市场功能等方面都有自己的特殊性，由此也就形成了特殊的财产和行为关系，这种关系的特殊性决定了必须制定专门的法律对其进行专门的规范。只有严格按照这些法律规范实施证券市场行为，才能保护投资人的合法权益，才能保证证券市场的健康、稳定发展。因此，理解证券法，确定行为合法与非法的标准，必须首先从维护整体金融利益出发；同时，也必须注意各市场主体个体利益的保护。

第一节 证券和证券法概述

一、证券的概念与特征

（一）证券的概念

证券的概念有广义和狭义之分。广义的证券是证明并且能够彰显有关持券人享有一定经济权利的书面凭证（文书），一般包括商品证券、货币证券和资本证券。

狭义的证券特指资本证券，即证明并且能够彰显有关持券人享有一定的所有权（物权）以及债权的书面凭证，用以表彰权利人可以索取与其出资的资本额（本金）相应的利益回报。《中华人民共和国证券法》（以下简称《证券法》）所谓的证券是专指狭义的证券。

“证券”的使用本身具有双重含义，它有时用来描述某种有关民商权利的物质载体，如纸张；有时可以表现为虚拟的电子等其他载体；同时，它要强调这些有形无形的载体所表彰的民事权利。因此，证券是一种民商权利和民商权利载体的结合物。

与此相对应，证券上的权利，即证券持有人对证券拥有的各项权利的总称，它包含两层意思：一是证券所有权，比如，股票实物券的纸张物权；二是证券权利，比如，持券人享有的股东权利，即通过股票实物券所确认的股东对公司所享有的资产受益、重大决策和选择管理者等权利。

知识拓展

证券与证书的区别

证券和证书在现实生活中为人们所广泛使用，具体体现为各种具有法律效力的文书、数据和凭证。但证券和证书的性质并不相同。证书是记载一定法律事实或法律行为的文书，如出生证、死亡证、结婚证、借据、合同书等。其作用是证明该法律事实或法律行为曾经发生，但是，证书并不能直接决定当事人之间的权利义务关系的有无。证书权利之行使，与证书是否持有无关。如结婚证书之灭失，并不能否认婚姻关系之存在。证书本身与实体上的权利义务并无直接的密切联系，权利完全可以离开证书而存在。证券不仅记载并证明一定权利，而且证券本身就代表一定权利。证券与权利存在密切联系。行使证券权利与是否持有证券直接相关。只有依特定的法定程序，才可以不持有证券而行使证券权利。

（二）证券的特征

证券作为证明一定民商权利的文书凭证，具有以下六大基本特征或属性。

1. 财产属性

证券的财产属性是指证券体现了一定的财产权利。比如，股票代表着股权，债券则体现的是债权。历史上，作为证券之一的股票，是借助于西方日益发达的市场经济和社会信用进行资本集聚的产物，并引发了财富大转型。

自近现代社会以来，人类的财富形态由“实物财富”（如土地、房产）转向“权利财富”，人们不满足于对财富形态的直接占有、使用、收益和处分，越来越热衷于对财富的终极支配和控制。由此，证券这一新型财产形态应运而生。持有证券，虽然直接拥有该证券的相关载体的所有权，但是，就其证券权利而言，持券人尽管拥有了控制该证券所代表财产的经济权利，但是，这不是直接控制权，而是间接控制权。

2. 流通属性

证券的流通属性，即证券具有可转让性和变现性。证券的活力就在于证券的流通属性。

在证券中，债券的历史比股票要悠久。随着西方的近现代债权法的进步，民事权利的可交换与证券化进程也登上历史舞台，债权作为一种财产权利可以分成品质相同的若干相等份额，造就出一种“规格一律的商品”。于是，债权债务的第三方让与制度终于成熟了，其本质则是契约的转让制度成熟了。债权债务的转让就可以不再局限于原来有关债权的契约关系，也可以不再局限于契约转让（合同转让）制度的历史禁锢，更可以不局限于转让方和受让方之间按照协议转让，而是在更广的范围内，以更高的频率进行转让，甚至通过公开市场进行交易，从而形成了高度发达的财产转让制度和债券市场。

在现代债法、合同法和证券法语境下，证券可以多次转让交易以谋取股票红利或债券债息以及市场差价，证券通过变现为货币还可以达成规避风险的效果。证券的流通性是证券制度顺利发展的基础。

3. 要式属性

证券的要式属性是指证券所记载的事项通过法律的形式加以规定，如果缺少规定要件，证券就无法律效力。因此，证券是具有严格格式要求的权利凭证，一般又称为“要式证券”。例如，股票和票据，就属于要式证券。

根据法律规定，证券不能采取口头形式或简易书面形式，必须采用严格的书面形式，统一印制，一般包括券样（即证券具体形态）、券面记载内容、证券的印制机构、印制程序等。

知识拓展

证券的形式要件

《公司法》在第五章“股份有限公司的股份发行和转让”中第128条规定，“股票采用纸面形式或者国务院证券监督管理机构规定的其他形式。股票应当载明下列主要事项：(一) 公司名称；(二) 公司成立日期；(三) 股票种类、票面金额及代表的股份数；(四) 股票的编号。股票由法定代表人签名，公司盖章。发起人的股票，应当标明发起人股票字样”。同时，《公司法》在第二章的“有限责任公司的设立和组织机构”中第31条规定，“有限责任公司成立后，应当向股东签发出资证明书。出资证明书应当载明下列事项：(一) 公司名称；(二) 公司成立日期；(三) 公司注册资本；(四) 股东的姓名或者名称、缴纳的出资额和出资日期；(五) 出资证明书的编号和核发日期。出资证明书由公司盖章”。

4. 收益属性

证券的收益属性是指持有证券本身可以获得一定数额的收益，这是投资者转让资本使用权的回报。证券代表的是对一定数额的某种特定资产的所有权或债权，而资产是一种特殊的价值，它要在社会经济运行中不断运动，不断增值，最终形成高于原始投入价值的价值。由于这种资产的所有权或债权属于证券投资者，投资者持有证券也就同时拥有取得这部分资产增值收益的权利，因而证券本身具有收益性。证券持有人的最终目的是获得收益，这是证券持有人投资证券的直接动因。有价证券的收益表现为利息收入、红利收入和买卖证券的差价。收益的多少通常取决于该资产增值数额的多少和证券市场的供求状况。

5. 风险属性

证券的风险属性是指证券持有者面临预期投资收益不能实现，甚至使本金也受到损失的可能。在证券市场上，风险与收益是一对“孪生兄弟”，形影不离。风险越大，往往收益越高，较高的收益可看作对较大风险的一种补偿；因此，收益越大，风险一般也越高。这是由一般证券的时限性和未来经济状况的不确定性所致。

名人名言

炒作就像动物世界的森林法则，专门攻击弱者，这种做法往往能够百发百中。

——乔治·索罗斯

索罗斯的这句炒股的经典名言，折射出了证券市场的残酷性和风险性，特别是对于处于弱势地位的广大公众股民。因此，对投资者权益的保护成了证券法的立法之本，证券法的制度设置必须建立在保护投资者的基础之上。

6. 时间属性

证券的时间属性，也称期限性、时限性或时效性，是涉及某一证券是否需要返还本金，如何支付对价，或如何安排清偿顺序的约定。在一般情况下，这是由资本追逐利润的本质以及证券投资变现时货币的时间价值所规定的。

在资本证券中，普通的债券一般有明确的还本付息期限，以满足不同投资者和筹资者对融资期限以及与此相关的收益率需求。而股票一般没有期限，可视为无期证券。但是，公司可以在公司章程中规定公司的经营年限，由此也间接规定了公司股票的年限。另外，公司一旦遭遇破产清算，其股票自然也要清盘处理。

二、我国证券法规定的证券类型

《证券法》第 2 条规定："在中华人民共和国境内，股票、公司债券和国务院依法认定的其他证券的发行和交易，适用本法；本法未规定的，适用《中华人民共和国公司法》和其他法律、行政法规的规定。政府债券、证券投资基金份额的上市交易，适用本法；其他法律、行政法规另有规定的，适用其规定。证券衍生品种发行、交易的管理办法，由国务院依照本法的原则规定。"

可见，我国证券法中所称的证券是指股票、公司债券、政府债券、投资基金凭证、证券衍生品种和国务院依法认定的其他证券六种合法的类型。

（一）股票

《公司法》第 125 条规定："股份有限公司的资本划分为股份，每一股的金额相等。公司的股份采取股票的形式。股票是公司签发的证明股东所持股份的凭证。"可见，股票是股份有限公司签发的证明股东所持股份的凭证。

股票按照不同的标准也有不同的类型。一般而言，按照票面上是否记载股东名称，股票可以分为"记名股票"与"不记名股票"；按照票面上是否记载金额，股票可以分为"有面额股股票"与"无面额股股票"；按照股东是否对股份有限公司的经营管理享有表决权，股票可以分为"有表决权股股票"与"无表决权股股票"；按照股票所代表的股东权利的差异，股票可以分为"普通股股票"与"优先股股票"。其中，优先股是相对于普通股而言的，主要是指在利润分红及剩余财产分配的权利方面，优先于普通股；优先股股东没有选举及被选举权，一般来说对公司的经营没有参与权，优先股股东不能退股，只能通过优先股的赎回条款被公司赎回，但是能稳定分红的股份。

在我国，按照投资主体的差异，股票可以分为"国家股股票""法人股股票"与"社会公众股股票"；按照交易币种及上市交易场所的差异，我国股票可以分为"A 股""B 股""H 股""N 股"与"S 股"。

知识拓展

“A 股、B 股、H 股、N 股、S 股”分别代表什么股票

“A 股”是以人民币标明其面值，由国内公众投资者以人民币购买并进行交易，在上海或深圳交易所上市的人民币股票；“B 股”是以人民币标明其面值，以外币买卖和交易，在上海或深圳证券交易所上市交易的股票；而“H 股”“N 股”和“S 股”则是以人民币标明其面值，以外币进行买卖和交易，分别在中国香港（Hong Kong）、纽约（New York）和新加坡（Singapore）证券交易所上市交易的股票。

（二）公司债券

《公司法》第 153 条规定：“本法所称公司债券，是指公司依照法定程序发行、约定在一定期限还本付息的有价证券。公司发行公司债券应当符合《中华人民共和国证券法》规定的发行条件。”

根据《公司法》第 153 条、第 160 条规定，公司债券，可以为“记名债券”，也可以为“无记名债券”。记名公司债券，由债券持有人以背书方式或者法律、行政法规规定的其他方式转让；转让后由公司将受让人的姓名或者名称及住所记载于公司债券存根簿。无记名公司债券的转让，由债券持有人将该债券交付给受让人后即发生转让的效力。

根据《公司法》第 161 条、第 162 条规定，上市公司经股东大会决议可以发行“可转换为股票的公司债券”，并在公司债券募集办法中规定具体的转换办法。上市公司发行可转换为股票的公司债券，应当报国务院证券监督管理机构核准。发行可转换为股票的公司债券，应当在债券上标明“可转换公司债券”字样，并在公司债券存根簿上载明可转换公司债券的数额。发行可转换为股票的公司债券的，公司应当按照其转换办法向债券持有人换发股票，但债券持有人对转换股票或者不转换股票有选择权。

想一想

股票和债券有何区别？

（三）政府债券

政府债券是指中央或者地方政府为了筹措财政资金，凭借其信誉按照一定的程序向投资者出具的、承诺到期偿还本息的格式化债权债务凭证。

我国的政府债券一般仅指“中央政府债券”，除了“国库券”外，还包括“国家重点建设债券”“财政债券”以及“特种国债”。

（四）投资基金凭证

投资基金凭证又称基金收益凭证，是指基金发起人为募集投资基金而依法发行的要式有价证券。基金是一种利益共享、风险共担的集合投资方式，即通过发行基金单位，集中投资者的资金，由基金托管人托管，由基金管理人管理和运用资金，从事证券和产业的投资。根据投资领域不同，基金可分为产业基金和证券基金。根据《中华人民共和国证券投资基金管理暂行办法》（以下简称《证券投资基金法》）的规定，证券投资凭证，即基金单位是指基金发起人向不特定的投资者发行的，表示持有人对基金享有资产所有权、收益分配权和其他相关权利，并承担相应义务的凭证。

（五）证券衍生品种

证券衍生品种，也称“衍生证券”，是一切基于基础证券产生的交易品种，是由基础证券派生出来或者说衍生出来的证券。衍生证券也是一种独立的证券，可以单独流通。证券衍生品种，一般包括“权证”“存托凭证”和“期货交易合同”等。

（六）其他认定证券

《证券法》除了明确列举上述证券之外，还加了一个“兜底”规定——国务院依法认定的其他证券。也就是说，一种证券只要经国务院依法认定，就可以列入《证券法》的调整范围。这为金融创新留下了空间。

国务院通常通过以下三种方式认定其他证券：第一，国务院直接制定和发布行政法规认定其他证券；第二，国务院授权机构，如中国人民银行，制定和发布行政法规认定其他证券；第三，国务院授权机构个案认定其他证券。

例如，我国《企业债券管理条例》适用于境内具有法人资格的企业在境内发行企业债券（金融债券和外币债券除外）。《企业债券管理条例》第5条规定，“本条例所称企业债券，是指企业依照法定程序发行、约定在一定期限内还本付息的有价证券”。

三、证券法的概念、调整对象和特征

（一）证券法的概念

广义的证券法是调整证券发行和交易关系以及证券监管关系的法律规范的总称。广义的证券法是一个由不同层次、具有相互交错关系构成的法律体系，主要分为证券基本法、证券规则、与证券法相关的其他法律这三个部分。

（1）证券基本法一般就是指《证券法》，是国家重要的法律之一，是证券交易法律体系的核心，是证券交易管理的基本法律规范。

（2）证券规则是根据证券基本法而制定的行政法规和部门规章，对《证券法》的基本规定进行了具体的补充，具有实用性和可操作性，也是证券管理的重要法律文件。

(3) 与证券法相关的其他法律，包括其他的国家基本法律、其他某些部门的法规和其他法律文件。它们的内容与证券法有密切关系。例如，《刑法》中有关打击证券犯罪的规定；《公司法》中关于设立股份有限公司及发行股票和公司债券的规定；《证券投资基金法》中关于证券投资基金合同与当事人关系、证券投资基金的投资运作以及自律与监管等方面的规定；等等。

狭义的证券法仅仅指国家立法机关制定的证券法律，它主要表现为证券法典或者证券单行法。

（二）证券法的调整对象

证券法调整对象是证券发行和交易以及对证券市场监管所产生的法律关系。具体包括：第一，证券发行法律关系，包括证券发行人与投资者、证券发行人与承销商以及承销商与投资者之间的关系；第二，证券交易法律关系，包括普通投资者买卖证券的交易关系，以及证券收购人在收购上市公司过程中与投资者所形成的关系；第三，相关证券服务关系，主要指证券投资咨询机构与发行人、投资者之间因证券投资咨询所形成的关系，以及证券专业服务机构向证券发行人、上市公司提供专业服务过程中所形成的关系；第四，证券监管关系，包括国家证券监督管理机构依法行使对证券市场监管权利时与被监管人（证券发行人、证券公司、证券投资者、证券服务机构）之间所形成的监管关系，以及证券协会等自律机构依法自律过程中所形成的自律监管关系。

（三）证券法的特征

1. 具有私法公法化的倾向

证券法调整从证券发行和交易到证券监管的一系列过程，反映了证券法兼具民商法和经济法多重属性，由此决定了证券法明显地具有私法公法化的倾向。

2. 具有实体法与程序法相结合的特征

实体法是对法律关系主体权利义务内容进行规范的法律，而程序法是对主体权利实现和义务履行应当遵循的过程和步骤进行规定的法律。证券法不仅规定了实体制度，而且规定了程序制度，具有实体法与程序法相结合的特征。

3. 具有国内法国际化的特点

从证券基本法来看，《证券法》仅仅是国内法，主要规范我国境内的证券市场行为和证券监管行为。但是，随着网络技术、光纤技术、卫星技术的广泛应用，证券市场活动和证券监管活动出现了国际化的发展趋势，证券交易所不仅上市本国证券，而且上市外国证券，投资者不仅投资国内证券而且投资外国证券，证券经营机构不仅经营本国证券还经营外国证券，并在国外建立分支机构和办事处；同时，随着国家一系列证券法规的出台和更新，从制度层面上顺应了这种国际化态势并加以规范和监管，强化国际法律协商和合作。因此，《证券法》虽然主要是国内法，但是，已经开始考虑并初步安排证券市场行为和证券监管行为的国际化背景下的制度规范和法治建设。

四、我国证券立法的基本目的和原则

1998 年 12 月 29 日，第九届全国人民代表大会常务委员会第六次会议通过了《证券法》，1999 年 7 月 1 日，该法实施。这是我国第一部系统的证券法，以法律形式确认了证券市场的地位，奠定了我国证券市场基本的法律框架。后来，《证券法》经历了 2013 年第二次和 2014 年第三次修订。

（一）证券法的立法宗旨

我国证券立法的直接目的是规范证券发行和交易行为，核心目的是保护投资者的合法权益，最终目的则是维护社会经济秩序和社会公共利益、促进社会主义市场经济的发展。为此，《证券法》第 1 条规定，“为了规范证券发行和交易行为，保护投资者的合法权益，维护社会经济秩序和社会公共利益，促进社会主义市场经济的发展，制定本法”。

（二）证券法的基本原则

《证券法》的基本原则是证券法调整证券法律关系的基本准则，集中体现了证券法的法治精神。

1. 公开、公平和公正原则

公开原则是指证券发行人在证券的发行和交易过程中依法披露相关信息，信息披露必须做到真实、全面、及时，并且要使投资者容易获取和理解，公开原则是实现公平、公正原则的基础。

公平原则是指在证券市场上，证券交易活动的当事人法律地位是平等的，不仅发行人与投资者、中小投资者与大投资者的法律地位是平等的，而且投资者与证券经纪商之间的法律地位也是平等的，受法律平等保护。

公正原则是指证券监督管理机构以及其他有关部门在依法履行其职务时，对各参与主体给予公正的待遇。主要体现：①在证券发行和交易中，应制定和遵守公正的规则；②证券监管机关和其他有关部门应公正地适用法律法规，对各参与主体应公正平等地对待，不偏袒任何一方。公正原则是实现公开、公平原则的保障。

2. 自愿有偿和诚实信用原则

自愿有偿是证券活动主体有权按照自己的意愿参与证券活动，按照价值规律的要求进行等价交换。诚实信用是证券活动当事人应当履行自己承担的义务，不得从事证券欺诈活动。

3. 依法进行证券活动原则

《证券法》规定：“证券的发行、交易活动，必须遵守法律、行政法规；禁止欺诈、内幕交易和操纵证券市场的行为。”内幕交易、操纵证券市场和证券欺诈是证券发行和交易活动中危害最严重的行为，《证券法》对这些行为的构成要件和处罚都有明确规定，对违法者必将追究法律责任。

4. 分业经营和分业管理原则

《证券法》规定："证券业和银行业、信托业、保险业分业经营、分业管理。证券公司与银行、信托、保险业务机构分别设立。"证券业、银行业、信托业和保险业有各自业务的定位和行业风险，我国目前还不具备混业经营的条件。证券公司与银行、信托和保险业务机构分别设立，实行分业经营、分业管理，有利于金融业的稳健运行和公开竞争，防止证券业风险在行业间交叉传播。

5. 集中统一监管为主，自律监管为辅原则

根据《证券法》的规定，国务院证券监督管理机构依法对全国证券市场实行集中统一监督管理。在国家对证券发行、交易活动实行集中统一监督管理的前提下，依法设立证券业协会，实行自律性管理。证券市场复杂多变，对证券市场实行集中统一监督管理，有利于规范证券市场行为，有效控制证券市场风险，推动证券市场健康发展。同时，统一监管与证券业协会的自律管理相结合，能够形成证券业的有效监管网络。

第二节 证券发行制度

一、证券发行及证券发行市场

（一）证券发行概述

证券发行是指政府、金融机构、工商企业等发行主体以募集资金为目的依法向投资者出售代表一定权利的资本证券的行为，包括募集、制作、销售、申购和交付在内的一系列证券募集及证券发售行为。

证券发行这一法律行为具有以下特点。

1. 证券发行是以筹集资金为直接目的的交易行为

证券发行是证券发行人为了筹集资金，实现直接融资而常用的交易行为。发行证券时，发行人以其所承诺的证券权利从投资者那里直接获取并筹集到资金。例如，在发行股票的时候，股票发行人向投资者出售股份有限公司的部分财产所有权，制作并交付能够代表一定股东权利的股票，并因此得以从投资者那里换取同等价值的资金。在发行债券时，债券发行人向投资者出售的是一定期限的债权，制作并交付能够代表一定债权人权利的债券，也是因此得以从投资者那里换取同等价值的资金。

2. 证券发行是以确立证券权利义务关系为核心目的的合同行为或合同准备行为

证券发行本质上是指发行人发行资本证券的行为，其核心目的是确立证券权利和义务关系。其中，发行人所承诺的证券权利的关键所在是投资收益请求权，并且分别表现为诸如股票所代表的股东权利、债券所代表的一定期限的债权、基金份额所代表的信托

受益人权利等。

为了实现证券发行的这一核心目的，确立证券权利和义务关系，证券发行人和投资者之间需要平等协商相关证券权利和义务关系的设立、变更及终止事宜，也需要为协商活动准备必要的前提或条件（如招股说明书等要约邀请）。因此，证券发行是以确立证券发行人和投资者之间的证券权利和义务关系为核心目的的合同行为或合同准备行为。

3. 证券发行是以证券交付为完成标志的法律行为

证券发行与书籍等出版物发行不同。后者只要经过出版社印刷和书店销售即可发行，不一定将出版物交付给作者。前者只有在证券销售给认购人之后，即完成交付之后，才算发行完成；发行人仅仅制作成证券的行为不能视为发行行为的完成。

在证券交付完成之前的整个过程中，证券发行行为属于法律行为，其发行主体、发行对象或标的、发行中当事人的权利和义务、发行程度、发行及承销方式等都必须符合法律法规的强制性规定，依法行事，接受并遵守法律的约束和保护，并构成相应的法律效力或法律后果。

（二）证券发行市场概述

1. 证券发行市场的概念

证券市场是指证券发行和交易的场所。其中，“证券发行市场”也称“证券一级市场”，是指证券发行者作为卖方将证券出售给认购人或投资者的市场。因此，新证券的产生和第一次买卖活动出现在证券发行市场。证券发行市场没有一个固定的场所，不存在统一的买卖时间。相对于证券交易市场而言，由于任何证券的发行只有一次，因此证券发行市场的发行量小于证券交易市场上的交易量。在证券发行市场，市场规则主要包括证券发行审核制度、证券发行的要件、证券发行的信息披露制度、证券发行承销及保荐制度。

2. 证券发行市场的主体

证券发行市场的主体一般分为以下三类：证券发行人、证券中介人、证券认购人。

（1）证券发行人。证券发行人又称证券发行主体，是依法申请发行证券的当事人，是证券发行市场中的发售者。证券发行人一般包括股份有限公司、有限责任公司、企业或国有企业、金融机构、政府部门及所属机构、证券投资基金等。

（2）证券中介人。证券中介人是为证券发行提供证券承销等中介服务的当事人。中介人一般由投资银行、证券公司、信托公司、商业银行、律师事务所、会计师事务所、审计师事务所和资产评估机构等担任。

（3）证券认购人。证券认购人又称证券投资人，是依法申购证券的当事人，是证券场中的买方。认购人一般包括个人投资者和机构投资者。

二、证券发行审核制度

为了规范证券发行行为，保护投资者的合法权益，各国对证券发行都实行相应的监督和管理，从市场进口端实施“前端控制”，这就是证券发行的审核制度。在国际上，常用的证券发行审核制度是注册制和核准制。其中，注册制，又称为登记制，是指证券发行申请人将拟公开的信息和资料送交证券监管机构，证券监管机构只对申报文件是否符合法定的信息披露义务进行审查的一种证券发行管理体制，以美国联邦政府的《证券法》为代表。核准制是指证券发行申请人不仅要依法公开一切与证券发行相关的信息，而且还要符合法律法规所规定的实质性条件，由证券监督管理机构决定是否准予其发行的管理体制，以欧洲各国的公司法为代表。

我国证券发行审核制度采用核准制，《证券法》第10条规定："公开发行证券，必须符合法律、行政法规规定的条件，并依法报经国务院证券监督管理机构或者国务院授权的部门核准；未经依法核准，任何单位和个人不得公开发行证券。"

三、证券发行的条件

证券发行的条件包括证券发行的实质要件和证券发行的形式要件，主要表现为设立发行的条件、新股发行的条件、公司债券发行的条件等方面的情形。

（一）设立发行的条件

设立发行就是以成立股份有限公司为目的而采用的股票发行行为。我国《公司法》规定，股份有限公司的设立分为发起设立和募集设立两种。由于发起设立是由发起人认购所有股份，因此设立发行是指募集设立的情形。

《证券法》第12条规定，"设立股份有限公司公开发行股票，应当符合《中华人民共和国公司法》规定的条件和经国务院批准的证券监督管理机构规定的其他条件，向国务院证券监督管理机构报送募股申请和下列文件：（一）公司章程；（二）发起人协议；（三）发起人姓名或者名称，发起人认购的股份数、出资种类及验资证明；（四）招股说明书；（五）代收股款银行的名称及地址；（六）承销机构名称及有关的协议。依照本法规定聘请保荐人的，还应当报送保荐人出具的发行保荐书。法律、行政法规规定设立公司必须报经批准的，还应当提交相应的批准文件"。

（二）新股发行的条件

所谓新股发行，是以增加已经成立的股份有限公司的注册资本为目的而采用的股票发行行为。按照新股发行对象的不同，新股发行可以分为增发和配股两种。增发是指通过向社会公开募集股份而发行新股的方式；配股是指通过向原股东配售股份而发行新股的方式。

1. 新股公开发行的条件

《证券法》第13条第1款规定，"公司公开发行新股，应当符合下列条件：（一）具备健全且运行良好的组织机构；（二）具有持续盈利能力，财务状况良好；（三）最近3年财务会计文件无虚假记载，无其他重大违法行为；（四）经国务院批准的国务院证券监督管理机构规定的其他条件"。

《证券法》第14条规定，"公司公开发行新股，应当向国务院证券监督管理机构报送募股申请和下列文件：（一）公司营业执照；（二）公司章程；（三）股东大会决议；（四）招股说明书；（五）财务会计报告；（六）代收股款银行的名称及地址；（七）承销机构名称及有关的协议。依照本法规定聘请保荐人的，还应当报送保荐人出具的发行保荐书”。

《证券法》第15条规定，“公司对公开发行股票所募集资金，必须按照招股说明书所列资金用途使用。改变招股说明书所列资金用途，必须经股东大会做出决议。擅自改变用途而未做纠正的，或者未经股东大会认可的，不得公开发行新股”。

2. 新股非公开发行的条件

《证券法》第13条第2款规定，“上市公司非公开发行新股，应当符合经国务院批准的国务院证券监督管理机构规定的条件，并报国务院证券监督管理机构核准”。为此，《上市公司证券发行管理办法》设立专门章节规定了上市公司非公开发行股票的条件。

（三）公司债券发行的条件

《证券法》第16条规定，“公开发行公司债券，应当符合下列条件：（一）股份有限公司的净资产不低于人民币3000万元，有限责任公司的净资产不低于人民币6000万元；（二）累计债券余额不超过公司净资产的40%；（三）最近3年平均可分配利润足以支付公司债券一年的利息；（四）筹集的资金投向符合国家产业政策；（五）债券的利率不超过国务院限定的利率水平；（六）国务院规定的其他条件。公开发行公司债券筹集的资金，必须用于核准的用途，不得用于弥补亏损和非生产性支出。上市公司发行可转换为股票的公司债券，除应当符合第一款规定的条件外。还应当符合本法关于公开发行股票的条件，并报国务院证券监督管理机构核准”。

案例 7-1

发行公司债券的法定条件

2018年初，甲股份有限公司为了筹集资金，决定向不特定对象公开发行公司债券，拟发行公司债券总额为5000万元，期限为5年，利率为7%（假设未超过国务院限定的利率水平），其中发放债券所获得的4500万元资金用于项目设备引进，100万元用于办公大楼装修，400万元用于弥补日后可能出现的亏损。据查，当时甲公司总资产达到1亿元人民币，总负债4000万元人民币，而且2014年获利400万元，2015年获利200万元，2016年获利300万元，2017年获利400万元。

问：甲公司是否符合发行公司债券的条件，为什么？

【解析】不符合。因为：①发行公司债券的条件之一是累计债券余额不超过公司净资产的40%，在案例中也就是不得超过（10000−4000）×40%＝2400万元，而甲公司却拟发行5000万元公司债券；②发行公司债券的条件之一是最近3年平均可分配利润足以支付公司债券1年的利息，而甲公司最近3年平均可分配利润为（200+300+400）÷3＝300万元，但其1年要支付的利息为5000×7%＝350万元，显然不够支付利息；③公开发行公司债券筹集的资金，必须用于核准的用途，不得用于弥补亏损和非生产性支出。而本案中将100万元用于办公大楼的装修，400万元用于弥补日后可能出现的亏损，显然不符合公司发行债券的规定。

《证券法》第 17 条规定，“申请公开发行公司债券，应当向国务院授权的部门或者国务院证券监督管理机构报送下列文件：（一）公司营业执照；（二）公司章程；（三）公司债券募集办法；（四）资产评估报告和验资报告；（五）国务院授权的部门或者国务院证券监督管理机构规定的其他文件。依照本法规定聘请保荐人的，还应当报送保荐人出具的发行保荐书”。

《证券法》第 18 条规定，“有下列情形之一的，不得再次公开发行公司债券：（一）前一次公开发行的公司债券尚未募足；（二）对已公开发行的公司债券或者其他债务有违约或者延迟支付本息的事实，仍处于继续状态；（三）违反本法规定，改变公开发行公司债券所募资金的用途”。

四、证券发行的信息披露制度

证券发行的信息披露制度是指证券发行人在发行证券以前，必须依法向证券主管机关报告其拟发行证券的一切信息，包括公开说明书、公司章程及经注册会计师审核的财务报表等文件，并按照规定的方式向社会公众公开发布，以便证券投资者进行投资决策的法律制度。

《证券法》在法律层面上规定了证券发行的信息披露制度，除此之外，还有《股票发行和交易管理暂行条例》（1993）、《首次公开发行股票并上市管理办法》（2015）、《上市公司证券发行管理办法》（2006）、《公司债券发行与交易管理办法》（2015）、《证券投资基金信息披露管理办法》（2004）、《私募投资基金信息披露管理办法》（2016）等法规，对证券发行阶段的信息披露活动作出了一系列详细规定。

《证券法》规定，发行人依法申请核准发行证券所报送的申请文件的格式、报送方式，由依法负责核准的机构或者部门规定。发行人向国务院证券监督管理机构或者国务院授权部门报送的证券发行申请文件，必须真实、准确、完整。为证券发行出具有关文件的证券服务机构和人员，必须严格履行法定职责，保证其所出具文件的真实性、准确性和完整性。《证券法》第 21 条规定，“发行人申请首次公开发行股票的，在提交申请文件后，应当按照国务院证券监督管理机构的规定预先披露有关申请文件”。

《证券法》第 63 条规定，“发行人、上市公司依法披露的信息，必须真实、准确、完整，不得有虚假记载、误导性陈述或者重大遗漏”。这是规定了证券发行信息披露的一般原则。该法第 64 条又规定，“经国务院证券监督管理机构核准依法公开发行股票，或者经国务院授权的部门核准依法公开发行公司债券，应当公告招股说明书、公司债券募集办法。依法公开发行新股或者公司债券的，还应当公告财务会计报告”。第 25 条又规定，“证券发行申请经核准，发行人应当依照法律、行政法规的规定，在证券公开发行前，公告公开发行募集文件，并将该文件置备于指定场所供公众查阅。发行证券的信息依法公开前，任何知情人不得公开或者泄露该信息。发行人不得在公告公开发行募集文件前发行证券”。

五、证券承销

证券承销是证券经营机构代理证券发行人发行证券的行为，包括代销和包销两种方式。

证券代销是指证券公司代发行人发售证券，在承销期结束时，将未售出的证券全部退还给发行人的承销方式。发行人与承销人为委托代理关系，作为代理人的承销人仅负责办理委托事项，即发售证券，其行为的后果当然地归于发行人。代销一般是由投资银行认为该证券的信用等级较低，承销风险大而形成的。

证券包销是指证券公司将发行人的证券按照协议全部购入或者在承销期结束时将售后剩余证券全部自行购入的承销方式。适用于那些资金需求量大、社会知名度低而且缺乏证券发行经验的企业。证券包销又分两种方式：全额包销和定额包销。

第三节 证券交易及上市制度

一、证券交易及其法律规定

证券交易即证券买卖，是证券所有者依照交易规则将证券转让给其他投资者的行为。证券交易的主要形式是证券买卖，除此之外，证券交易还可以采用赠予、继承、并购、设定质押等形式。

知识拓展

证券交易与证券发行的关系

证券交易与证券发行之间存在密切联系。证券交易的前提是证券发行，证券发行为证券交易准备了交易对象；证券交易又为证券发行提供了保证，促进证券发行得以顺利进行。

证券交易必须借助于证券交易场所完成。就证券买卖而言，证券交易一般分为两种形式：一种形式是上市交易，是指证券在证券交易所集中交易挂牌买卖。凡经批准在证券交易所内登记买卖的证券称为上市证券；其证券能在证券交易所上市交易的公司，称为上市公司。另一种形式是上柜交易，是指公开发行但未达上市标准的证券在证券柜台交易市场买卖。无论是上市交易，还是上柜交易，证券交易必须借助于证券交易所或者证券柜台交易市场等证券交易场所实施并完成买卖活动。

证券交易所是典型的有形市场，它有固定的场所、设施、设备和专业人员。例如，国际上著名的纽约证券交易所、伦敦证券交易所和法兰克福证券交易所，中国上海证券交易所和中国深圳证券交易所也属于集中交易场所。

依照协议完成交易的无形交易场所，往往采用分散交易的形式，但一般也要借助证券公司柜台和交易网络才能完成，故也属于广义的有形市场。譬如，美国全美证券商自动报价系统（NASTAQ）以及各国的店头交易场所，我国场外交易场所主要包括原有的STAQ和NET两个交易系统。

因此，依照证券交易市场的组成及存在形式，又可将证券交易市场分为证券交易所市场和场外交易市场。

为确保证券交易的安全与快捷，维护资本市场的稳定与发展，我国颁布和制定了一系列法律法规。《证券法》是调整证券交易的特别法，《公司法》对股份及公债券转让也规定了原则性规则，《合同法》作为调整交易关系的一般法律规范，同样适用对证券交易关系的调整。其他法律、法规如《民法总则》《中国人民银行法》《中华人民共和国保险法》和《刑法》也直接或间接地调整着证券交易关系。证券交易所颁布的自律性规范，也具有法律约束力。囿于篇幅，本书主要介绍《证券法》的相关规定。

（一）证券交易的一般规则

1. 交易的证券标的必须合法

如前所述，证券交易的标的是依法发行并交付的证券。《证券法》第37条规定，“证券交易当事人依法买卖的证券，必须是依法发行并交付的证券。非依法发行的证券，不得买卖”。相应地，《公司法》第142条规定，“一般情况下，公司不得收购本公司股份；而且，公司不得接受本公司的股票作为质押权的标的”。

2. 交易主体必须合法

为了防止出现内幕交易、操纵市场等证券欺诈行为，维护证券市场的秩序，立法对有关内幕人员持有、买卖股票作出限制。证券交易所、证券公司和证券登记结算机构的从业人员、证券监督管理机构的工作人员以及法律、行政法规禁止参与股票交易的其他人员，在任期或者法定限期内，不得直接或者以化名、借他人名义持有、买卖股票，也不得收受他人赠送的股票。任何人在成为前款所列人员时，其原已持有的股票，必须依法转让。《证券法》第45条还规定，“为股票发行出具审计报告、资产评估报告或者法律意见书等文件的证券服务机构和人员，在该股票承销期内和期满后6个月内，不得买卖该种股票。除前款规定外，为上市公司出具审计报告、资产评估报告或者法律意见书等文件的证券服务机构和人员，自接受上市公司委托之日起至上述文件公开后5日内，不得买卖该种股票”。

3. 交易场所必须合法

《证券法》第39条规定，“依法公开发行的股票、公司债券及其他证券，应当在依法设立的证券交易所上市交易或者在国务院批准的其他证券交易场所转让”。作为交易当事人，如果参与集合竞价交易，还必须委托合法成立的证券公司进行。

4. 交易方式必须合法

《证券法》第 40 条规定，“证券在证券交易所上市交易，应当采用公开的集中交易方式或者国务院证券监督管理机构批准的其他方式”。第 41 条规定，“证券交易当事人买卖的证券可以采用纸面形式或者国务院证券监督管理机构规定的其他形式”。

同时，《证券法》第 42 条规定，“证券交易以现货和国务院规定的其他方式进行交易”。其中，“现货交易”指当事人出于买卖证券实物的目的，根据商定的支付方式与交收方式，采取即时或在较短的时间内进行证券实物标的以及实际价款的清算交割的一种交易方式。“其他交易方式”主要是指信用交易或期货交易。

（二）禁止的交易行为

1. 短线交易

短线交易是许多国家法律禁止的证券交易行为之一。在证券交易市场，短线交易是指上市公司的董事、监事、高级管理人员及大股东，在法定期间，对公司上市股票买入后再行卖出或卖出后再行买入，以牟取不正当利益的行为。为此，《证券法》第 47 条规定，“上市公司董事、监事、高级管理人员、持有上市公司股份百分之五以上的股东，将其持有的该公司的股票在买入后 6 个月内卖出，或者在卖出后 6 个月内又买入，由此所得收益归该公司所有，公司董事会应当收回其所得收益。但是，证券公司因包销购入售后剩余股票而持有 5%以上股份的，卖出该股票不受 6 个月时间限制。公司董事会不按照前款规定执行的，股东有权要求董事会在 30 日内执行。公司董事会未在上述期限内执行的，股东有权为了公司的利益以自己的名义直接向人民法院提起诉讼。公司董事会不按照第一款的规定执行的，负有责任的董事依法承担连带责任”。

2. 内幕交易

内幕交易是指内幕信息的知情人员，利用其所知道的内幕信息进行的证券交易行为。根据《证券法》第 76 条的规定，证券交易内幕信息的知情人和非法获取内幕信息的人，在内幕信息公开前，不得买卖该公司的证券，或者泄露该信息，或者建议他人买卖该证券。

内幕信息的知情人员包括：①发行人的董事、监事、高级管理人员；②持有公司5%以上的股份的股东及其董事、监事、高级管理人，公司的实际控制人及其董事、监事、高级管理人员；③发行人控股的公司及其董事、监事、高级管理人员；④由于所任公司职务可以获取公司有关证券交易信息的人员；⑤证券监督管理机构工作人员以及由于法定职责对证券交易进行管理的其他人员；⑥保荐人、承销的证券公司、证券交易所、证券登记结算机构、证券服务机构的有关人员；⑦国务院证券监督管理机构规定的其他人员。

所谓内幕信息是指在证券交易活动中，涉及公司的经营、财务或对公司证券的市场价格有重大影响的尚未公开的信息。其包括以下内容：①临时报告中的重大事件；②公司分配股利或者增资的计划；③公司股权结构的重大变化；④公司债务担保的重大变更；⑤公司营业用主要资产的抵押、出售或者报废一次超过该资产的 30%；⑥公司的董事、监事、高级管理人员的行为可能依法承担重大损害赔偿责任；⑦上市公司收购的有关方案；⑧国务院证券监督管理机构认定的对证券交易价格有显著影响的其他重要信息。

案例 7-2

山东某石油机械股份有限公司内幕交易案

2017年10月，证监会披露山东某石油机械股份有限公司内幕交易案，直指其公司大股东滥用信息优势和控股地位，在上市公司重大亏损内幕信息发布前抛售公司股票，鱼肉市场，情节恶劣。经查，该公司控股股东、董事长、实际控制人张某系截至2016年第三季度末发生重大亏损并持续至2016年全年重大亏损这一内幕信息的知情人，在内幕信息敏感期（2016年10月10日至2017年2月3日）内，张某卖出“山东墨龙”3000万股，避损金额约1625万元；其子张某某卖出“山东墨龙”750万股，避损金额约1434万元。二人的上述行为违反了《证券法》相关规定，严重侵害了中小投资者的合法权益。证监会依法对其处以罚没款总计约1.2亿元。

3. 操纵市场

操纵市场是单位或个人以获取利益或减少损失为目的，利用资金、信息等优势或者滥用职权，影响证券市场价格，制造证券市场假象，诱导或者致使投资者在不了解事实真相的前提下做出证券投资的决定，扰乱证券市场秩序的行为。

禁止任何人以下列手段获取不正当利益或者转嫁风险：①单独或者通过合谋，集中资金优势、持股优势或者利用信息优势联合或者连续买卖，操纵证券交易价格或者证券交易量；②与他人串通，以事先约定的时间、价格和方式相互进行证券交易，影响证券交易价格或者交易量；③在自己实际控制的账户之间进行证券交易，影响证券交易价格或者交易量；④以其他手段操纵证券市场。

案例 7-3

徐某操纵市场案

2016年12月5日，资本市场备受关注的上海泽熙投资管理有限公司法定代表人、总经理徐某案在青岛市中级人民法院开庭审理。据财新网报道，此案另两名主犯均与徐某相识多年。徐某案看起来并不复杂。自2011年起，徐某等三人涉嫌分别与13家上市公司高管合谋，徐某等人在二级市场拉升股价，协助上市公司高管大股东在大宗交易市场高位减持套现，或通过定向增发后高位抛售，双方还约定减持价以及高出底价部分的分成。报道称，徐某等三人累计动用400余亿元资金操纵上述股票股价，获利约几十亿元。上述涉案上市公司的多名高管均被另案处理。

4. 欺诈投资者

欺诈投资者是行为人故意传递虚假信息欺骗或者误导投资者，或者实施其他欺诈行为侵害投资者利益的行为。禁止证券公司及其从业人员从事下列损害客户利益的欺诈行为：①违背客户的委托为其买卖证券；②不在规定时间内向客户提供交易的书面确认文件；③挪用客户所委托买卖的证券或者客户账户上的资金；④未经客户的委托擅自为客户买卖证券，或者假借客户的名义买卖证券；⑤为牟取佣金收入，诱使客户进行不必要的证券买卖；⑥利用传播媒介或者通过其他方式提供、传播虚假或者误导投资者的信息；⑦其他违背客户的真实意志、损害客户利益的行为。

案例 7-4

史上最重欺诈发行罚单

2016 年 7 月 8 日，中国证监会对创业板上市公司某某电气公司涉嫌欺诈发行及信息披露违法违规案正式开出罚单，并启动强制退市程序。这是证监会有史以来针对欺诈发行开出的“最重罚单”，该公司将成为首家因欺诈发行而退市的公司。根据通报，证监会对该公司及其 17 名现任或时任董事、监事、高管及相关人员进行行政处罚，并对该公司实际控制人、董事长、时任总会计师采取终身证券市场禁入措施。证监会向某证券公司和某会计师事务所送达了行政处罚事先告知书，并对某律师事务所展开调查。根据证监会 2014 年 10 月实施的《关于改革完善并严格实施上市公司退市制度的若干意见》的规定，深交所将在证监会对该公司作出行政处罚决定后，启动该公司退市程序。根据相关规定，因欺诈发行暂停上市后不能恢复上市，且创业板没有重新上市的制度安排。某证券公司已出资 5.5 亿元设立先行赔付专项基金。

5. 虚假陈述

虚假陈述是指有关单位和个人对证券发行、交易及相关活动的事实、性质、前景、法律等事项作出不实、严重误导或者含有大量遗漏的任何形式的虚假陈述或者诱导，致使投资者在不了解事实真相的情况下作出证券投资决定。

《证券法》第 78 条规定：“禁止国家工作人员、传播媒介从业人员和有关人员编造、传播虚假信息，扰乱证券市场。禁止证券交易所、证券公司、证券登记结算机构、证券服务机构及其从业人员、证券业协会、证券监督管理机构及其工作人员，在证券交易活动中作出虚假陈述或者信息误导。各种传播媒介传播证券市场信息必须真实、客观，禁止误导。”

二、证券上市及其法律规定

证券上市指已发行的证券在证券交易所公开挂牌交易的行为。证券上市与证券交易有密切的联系，证券上市是证券交易的前提，没有证券的上市，就没有可交易的证券，同时，证券交易是证券上市的目的，证券上市就是为实现证券的流通。

《证券法》第 48 条规定，“申请证券上市交易，应当向证券交易所提出申请，由证券交易所依法审核同意，并由双方签订上市协议。证券交易所根据国务院授权部门的决定安排政府债券上市交易”。

（一）股票上市

股票上市是指已经发行的股票经证券交易所审核以后，在交易所公开挂牌交易的法律行为。凡是在证券交易所内买卖的股票就称为上市股票；相应地，股票的发行人称为上市公司。股票上市，是连接股票发行和股票交易的“桥梁”，应当符合法律法规安排的上市标准。

1. 股票上市的条件

根据《证券法》第50条规定，“股份有限公司申请股票上市，应当符合下列条件：（一）股票经国务院证券监督管理机构核准已公开发行；（二）公司股本总额不少于人民币3000万元；（三）公开发行的股份达到公司股份总数的25%以上；公司股本总额超过人民币4亿元的，公开发行股份的比例为10%以上；（四）公司最近3年无重大违法行为，财务会计报告无虚假记载。证券交易所可以规定高于前款规定的上市条件，并报国务院证券监督管理机构批准”。

2. 股票上市的暂停和终止

上市公司有下列情形之一的，由证券交易所决定暂停其股票上市交易：①公司股本总额、股权分布等发生变化不再具备上市条件；②公司不按照规定公开其财务状况，或者对财务会计报告作虚假记载，可能误导投资者；③公司有重大违法行为；④公司最近3年连续亏损；⑤证券交易所上市规则规定的其他情形。

上市公司有下列情形之一的，由证券交易所决定终止其股票上市交易：①公司股本总额、股权分布等发生变化不再具备上市条件，在证券交易所规定的期限内仍不能达到上市条件；②公司不按照规定公开其财务状况，或者对财务会计报告作虚假记载，且拒绝纠正；③公司最近3年连续亏损，在其后一个年度内未能恢复盈利；④公司解散或者被宣告破产；⑤证券交易所上市规则规定的其他情形。

（二）公司债券上市

1. 公司债券上市的条件

与股票不同，公司债券有一个固定的存续期限，而且发行人必须按照约定的条件还本付息，因此，公司债券上市的条件与股票有所差异。

《证券法》第57条规定，“公司申请公司债券上市交易，应当符合下列条件：（一）公司债券的期限为1年以上；（二）公司债券实际发行额不少于人民币5000万元；（三）公司申请债券上市时仍符合法定的公司债券发行条件”。

2. 公司债券上市的暂停与终止

在公司债券上市交易后，公司有下列情形之一的，由证券交易所决定暂停其公司债券上市交易：①公司有重大违法行为；②公司情况发生重大变化不符合公司债券上市条件；③公司债券所募集资金不按照核准的用途使用；④未按照公司债券募集办法履行义务；⑤公司最近两年连续亏损。若公司有上述第①项、第④项所列情形之一，经查实后果严重的，或者有上述第②③⑤项所列情形之一，在限期内未能消除的，由证券交易所决定终止其公司债券上市交易。公司解散或者被宣告破产的，由证券交易所终止其公司债券上市交易。

三、持续信息公开制度

持续信息公开制度，又称持续信息披露制度，是指上市证券在其上市交易期间，将其经营状况及其他可能影响其市场价格的重大事件或重大信息，按照法定方式真实、准确、完整予以持续公开。

（一）持续信息公开的主要内容

1. 定期报告

上市公司根据有关法规于规定时间编制并公布的反映公司业绩的报告称为定期报告。定期报告包括中期报告和年度报告。

（1）中期报告。中期报告分为前半个会计年度的半年度报告和季度报告。季度报告分为一季度（春季度）报告和三季度（秋季度）报告。《证券法》第65条规定："上市公司和公司债券上市交易的公司，应当在每一会计年度的上半年结束之日起2个月内，向国务院证券监督管理机构和证券交易所报送记载以下内容的中期报告，并予公告：（一）公司财务会计报告和经营情况；（二）涉及公司的重大诉讼事项；（三）已发行的股票、公司债券变动情况；（四）提交股东大会审议的重要事项；（五）国务院证券监督管理机构规定的其他事项"。

（2）年度报告。《证券法》第66条规定："上市公司和公司债券上市交易的公司，应当在每一会计年度结束之日起4个月内，向国务院证券监督管理机构和证券交易所报送记载以下内容的年度报告，并予公告：（一）公司概况；（二）公司财务会计报告和经营情况；（三）董事、监事、高级管理人员简介及其持股情况；（四）已发行的股票、公司债券情况，包括持有公司股份最多的前十名股东的名单和持股数额；（五）公司的实际控制人；（六）国务院证券监督管理机构规定的其他事项"。

2. 临时报告

临时报告是指上市公司按有关法律法规及规则规定，在发生某些可能给上市公司股票的市场价格产生较大影响重大事项时，需向投资者和社会公众披露的信息，主要针对重大事件或重大事项，包括的内容和形式较广。较为常见的有股东大会决议公告、董事会决议公告、监事会决议公告；其他重要信息事项也会由一些中介机构同时发布信息，如回访报告、评估报告和审计报告、律师见证报告，等等。

《证券法》第67条规定："发生可能对上市公司股票交易价格产生较大影响的重大事件，投资者尚未得知时，上市公司应当立即将有关该重大事件的情况向国务院证券监督管理机构和证券交易所报送临时报告，并予公告，说明事件的起因、目前的状态和可能产生的法律后果。下列情况为前款所称重大事件：（一）公司的经营方针和经营范围的重大变化；（二）公司的重大投资行为和重大的购置财产的决定；（三）公司订立重要合同，可能对公司的资产、负债、权益和经营成果产生重要影响；（四）公司发生重大债务和未能清偿到期重大债务的违约情况；（五）公司发生重大亏损或者重大损失；（六）公司生产经营的外部条件发生的重大变化；（七）公司的董事、三分之一以上监事或者经理发生变动；（八）持有公司5%以上股份的股东或者实际控制人，其持有股份或者控制公司的情况发生较大变化；（九）公司减资、合并、分立、解散及申请破产的决定；（十）涉及公司的重大诉讼，股东大会、董事会决议被依法撤销或者宣告无效；（十一）公司涉嫌犯罪被司法机关立案调查，公司董事、监事、高级管理人员涉嫌犯罪被司法机关采取强制措施；（十二）国务院证券监督管理机构规定的其他事项”。

（二）持续信息公开的主要途径

《证券法》第70条规定："依法必须披露的信息，应当在国务院证券监督管理机构指定的媒体发布，同时将其置备于公司住所、证券交易所，供社会公众查阅。"

目前，投资者和社会公众对上市公司信息的获取，主要是通过大众媒体阅读各类临时公告和定期报告。上市公司持续信息公开的平面媒体主要是中国证监会指定的一些专业报刊，如《中国证券报》《上海证券报》《中国改革报》《证券时报》《证券日报》和《证券市场周刊》等证券类报刊。自1999年起，上市公司的定期报告全文在上海证券交易所网站和深圳证券交易所网站发布，上市公司的临时报告也在这两个网站发布。

第四节　证券行业自律及统一监管制度

一、证券交易所

（一）证券交易所的定义

证券交易所是证券市场中最重要的自律组织。一般而言，证券交易所是依据国家有关法律，经政府证券主管机关批准设立的集中进行证券交易的有形市场，构成了证券二级市场的主要组成部分。在证券交易所市场，集合有价证券的买卖者，经过证券经纪人的居间完成股票、公司债券、公债等有价证券的交易活动。

《证券法》第102条规定："证券交易所是为证券集中交易提供场所和设施，组织和监督证券交易，实行自律管理的法人。证券交易所的设立和解散，由国务院决定。"

（二）证券交易所的类型

按照交易所的组织形式，证券交易所分为公司制和会员制两种形式。公司制证券交易所是以营利为目的，提供交易场所和服务人员，以便证券自营商的交易与交割的证券交易所。从股票交易实践可以看出，这种证券交易所要收取发行公司的上市费与证券成交的佣金，其主要收入来自买卖成交额的一定比例。而且，经营这种交易所的人员不能参与证券买卖，从而在一定程度上可以保证交易的公平。

会员制证券交易所是不以营利为目的，由会员自治自律、互相约束，参与经营的会员可以参加股票交易中的股票买卖与交割的交易所。这种交易所的佣金和上市费用较低，从而在一定程度上可以防止上市股票的场外交易。但是，由于经营交易所的会员本身是股票交易的参加者，因而在股票交易中难免出现交易的不公正性。同时，因为参与交易的买卖方只限于证券交易所的会员，新会员的加入一般要经过原会员的一致同意，这就形成了一种事实上的垄断，不利于提高服务质量和降低收费标准。

根据《证券法》第 102 条有关证券交易所的定义，我国的证券交易所采取的是会员制的组织形式，是不以营利为目的，仅为证券的集中和有组织的交易提供场所、设施，并履行国家有关法律、法规、规章、政策规定的职责，实行自律性管理的会员制事业法人。

为此，《证券法》第 105 条又规定，“证券交易所可以自行支配的各项费用收入，应当首先用于保证其证券交易场所和设施的正常运行并逐步改善。实行会员制的证券交易所的财产积累归会员所有，其权益由会员共同享有，在其存续期间，不得将其财产积累分配给会员”。

（三）证券交易所的职能

一般而言，证券交易所具有以下几方面的功能：提供证券交易场所、形成与公告价、集中各类社会资金参与投资、引导投资的合理流向、制定交易规则、维护交易秩序、提供交易信息、降低交易成本、促进股票等证券的流动性，并在必要时构成证券交易所的法定职能。

《证券法》第 113 条、第 114 条、第 115 条、第 118 条、第 121 条分别规定了我国证券交易所的主要职能，具体如下。

（1）证券交易所应当为组织公平的集中交易提供保障，公布证券交易即时行情，并按交易日制作证券市场行情表，予以公布。未经证券交易所许可，任何单位和个人不得发布证券交易即时行情。

（2）因突发性事件而影响证券交易的正常进行时，证券交易所可以采取技术性停牌的措施；因不可抗力的突发性事件或者为维护证券交易的正常秩序，证券交易所可以决定临时停市。证券交易所采取技术性停牌或者决定临时停市，必须及时报告国务院证券监督管理机构。

（3）证券交易所对证券交易实行实时监控，并按照国务院证券监督管理机构的要求，对异常的交易情况提出报告。证券交易所应当对上市公司及相关信息披露义务人披露信息进行监督，督促其依法及时、准确地披露信息。证券交易所根据需要，可以对出现重大异常交易情况的证券账户限制交易，并报国务院证券监督管理机构备案。

（4）证券交易所依照证券法律、行政法规制定上市规则，交易规则，会员管理规则和其他有关规则，并报国务院证券监督管理机构批准。

（5）在证券交易所内从事证券交易的人员，违反证券交易所有关交易规则的，由证券交易所给予纪律处分；对情节严重的，撤销其资格，禁止其入场进行证券交易。

（四）证券交易所的设立和运作

1. 证券交易所的设立

《证券法》第 102 条第 3 款规定，“证券交易所的设立和解散，由国务院决定”。设立证券交易所必须满足以下几个方面的条件。

（1）具有明确的名称。《证券法》第 104 条规定：“证券交易所必须在其名称中标明‘证券交易所’字样。其他任何单位或者个人不得使用证券交易所或者近似的名称。”

（2）制定并报批交易所章程。《证券法》第 103 条规定：“设立证券交易所必须制定章程。证券交易所章程的制定和修订，必须经国务院证券监督管理机构批准。”

（3）确定交易所职能或业务范围。这主要根据《证券法》的有关规定在交易所章程中加以明确。

（4）确立相应的组织机构。《证券法》第 106 条规定，“证券交易所设理事会”；但是《证券法》没有会员大会的相关规定。《上海证券交易所章程》和《深圳证券交易所章程》详细给出了会员大会、理事会、专门委员会等方面的相关规定。

（5）拥有合格的负责人和从业人员。《证券法》第 108 条、第 109 条分别对交易所负责人和从业人员的任职资格做出了限制性规定。第 108 条规定：“有《公司法》第一百四十六条规定的情形或者下列情形之一的，不得担任证券交易所的负责人：（一）因违法行为或者违纪行为被解除职务的证券交易所、证券登记结算机构负责人或者证券公司的董事、监事、高级管理人员，自被解除职务之日起未逾 5 年；（二）因违法行为或者违纪行为被撤销资格的律师、注册会计师或者投资咨询机构、财务顾问、资信评级机构、资产评估机构、验证机构的专业人员，自被撤销资格之日起未逾 5 年。”第 109 条规定：“因违法行为或者违纪行为被开除的证券交易所、证券登记结算机构、证券服务机构、证券公司的从业人员和被开除的国家机关工作人员，不得招聘为证券交易所的从业人员。”

2. 证券交易所的运作

根据《证券法》的相关规定，证券交易所可以自行支配的各项费用收入，应当首先用于保证其证券交易场所和设施的正常运行并逐步改善。实行会员制的证券交易所的财产积累归会员所有，其权益由会员共同享有，在其存续期间，不得将其财产积累分配给会员。

证券交易所应当从其收取的交易费用和会员费、席位费中提取一定比例的金额设立风险基金。风险基金由证券交易所理事会管理。证券交易所应当将收存的风险基金存入开户银行专门账户，不得擅自使用。

二、证券业协会

（一）证券业协会的定义

《证券法》第 8 条规定：“在国家对证券发行、交易活动实行集中统一监督管理的前提，依法设立证券业协会，实行自律性管理。”第 174 条第 1 款又规定：“证券业协会是证券业的自律性组织，是社会团体法人。”中国证券业协会于1991年8月28日成立，总部设在北京。

（二）证券业协会的职责

依据《证券法》规定的职责。我国证券市场相对较为单一，证券业协会在自律功能的发挥上尚有缺陷。基于证券市场的特殊性，《证券法》第176条以列举方式，将其主要职责归纳如下：“（一）教育和组织会员遵守证券法律、行政法规；（二）依法维护会员的合法权益，向证券监督管理机构反映会员的建议和要求；（三）收集整理证券信息，为会员提供服务；（四）制定会员应遵守的规则，组织会员单位从业人员的业务培训，开展会员间的业务交流；（五）对会员之间、会员与客户之间发生的证券业务纠纷进行调解；（六）组织会员就证券业的发展、运作及有关内容进行研究；（七）监督、检查会员行为，对违反法律、行政法规或者协会章程的，按照规定给予纪律处分；（八）证券业协会章程规定的其他职责。”

（三）证券业协会的组织机构

根据《证券法》第174条第3款规定，“证券业协会的权力机构为全体会员组成的会员大会”。第177条又规定，“证券业协会设理事会。理事会成员依章程的规定由选举产生”。因此，证券业协会必须设立会员大会及理事会。其中，会员大会由全体会员组成，是证券业协会的权力机构，依照协会章程决定协会重大事宜；理事会是证券业协会的常设性机构，其成员依章程选举产生，负责管理协会的日常业务及活动。

三、证券业监管

（一）证券监管机构的定义

证券监管机构是指依法设置的对证券发行与交易实施监督管理的机构。

《证券法》第7条规定：“国务院证券监督管理机构依法对全国证券市场实行集中统一监督管理。国务院证券监督管理机构根据需要可以设立派出机构，按照授权履行监督管理职责。”第178条进一步规定，“国务院证券监督管理机构依法对证券市场实行监督管理，维护证券市场秩序，保障其合法运行。”因此，国务院证券监督管理机构是对全国证券市场进行集中统一监督管理活动的法定机构。

根据我国目前的监管体制，国务院证券监督管理机构即为中国证监会。国务院证券监督管理机构根据需要可以设立派出机构（地方证监局），按照授权履行监督管理职责；其在依法履行职责，进行监督检查或者调查时，有关部门应当予以配合。同时，国务院证券监督管理机构应当与国务院其他金融监督管理机构建立监督管理信息共享机制。

（二）证券监管机构的职责

《证券法》第179条第1款规定：“国务院证券监督管理机构在对证券市场实施监督管理中履行下列职责：（一）依法制定有关证券市场监督管理的规章、规则，并依法行使审批或者核准权；（二）依法对证券的发行、上市、交易、登记、存管、结算，进行监督管理；（三）依法对证券发行人、上市公司、证券公司、证券投资基金管理公司、证券服务机构、证券交易所、证券登记结算机构的证券业务活动，进行监督管理；（四）依法制定从事证券业务人员的资格标准和行为准则，并监督实施；（五）依法监督检查证券发行、上市和交易的信息公开情况；（六）依法对证券业协会的活动进行指导和监督；（七）依法对违反证券市场监督管理法律、行政法规的行为进行查处；（八）法律、行政法规规定的其他职责。”

（三）证券监管机构的执法措施

证券监管机构的执法措施主要有以下几种：现场检查、调查取证、询问当事人、查阅复制有关资料、封存有关文件资料、查询有关账户、冻结或者查封有关账户、限制被调查事件当事人的证券买卖、禁入证券市场、移送司法机关，等等。

为了保证证券监管机构顺利履行法定职责，《证券法》第180条规定：“国务院证券监督管理机构依法履行职责，有权采取下列措施：（一）对证券发行人、上市公司、证券公司、证券投资基金管理公司、证券服务机构、证券交易所、证券登记结算机构进行现场检查；（二）进入涉嫌违法行为发生场所调查取证；（三）询问当事人和与被调查事件有关的单位和个人，要求其对与被调查事件有关的事项作出说明；（四）查阅、复制与被调查事件有关的财产权登记、通信记录等资料；（五）查阅、复制当事人和与被调查事件有关的单位与个人的证券交易记录、登记过户记录、财务会计资料及其他相关文件和资料；对可能被转移、隐匿或者毁损的文件和资料，可以予以封存；（六）查询当事人和与被调查事件有关单位与个人的资金账户、证券账户和银行账户；对有证据证明可能转移或者隐匿违法资金、证券等涉案财产或者隐匿、伪造、毁损重要证据的，经国务院证券监督管理机构主要负责人批准，可以冻结或者查封；（七）在调查操纵证券市场、内幕交易等重大证券违法行为时，经国务院证券监督管理机构主要负责人批准，可以限制被调查事件当事人的证券买卖，但限制的期限不得超过15个交易日；案情复杂的，可以延长15个交易日。”

国务院证券监督管理机构在依法履行上述职责、进行监督检查或者调查时，其监督检查、调查的人员不得少于2人，并应当出示合法证件和监督检查、调查通知书。监督检查、调查的人员少于2人或者未出示合法证件和监督检查、调查通知书的，被检查、调查的单位有权拒绝。

本章小结

本章主要介绍了我国证券法的基本内容，包括证券和证券法的基本概念、证券市场主体的种类和含义、证券发行的定义和条件、证券承销的含义和种类、证券上市和交易、证券市场的禁止行为的法律制度。

复习思考题

1. 《证券法》调整的证券范围包括哪些？
2. 试述《证券法》的基本原则。
3. 简述欺诈客户的行为方式。
4. 公司债券发行的条件和程序是什么？
5. 什么是内幕交易？如何规避和防范证券内幕交易？

第八章

证券投资基金法律制度

学习目的

通过本章的学习，旨在使学生了解证券投资基金的概念、分类以及证券投资基金法的概念和范围，掌握证券投资基金的运作和基本法律制度，以及我国的证券投资基金监管制度。

核心概念

投资基金　证券投资基金　公募证券投资基金　私募证券投资基金　基金管理人　基金托管人　基金设立　基金募集　基金监管

案例导入

2010年9月6日下午，因涉嫌“老鼠仓”交易，景顺长城、长城基金三名基金经理涂某和刘某被行政处罚，韩某则成为首名被移送公安机关追究刑事责任的基金经理。韩某自2009年1月6日任长城久富证券投资基金经理至其违法行为被发现期间，利用任职优势与他人共同操作其亲属开立的证券账户，先于或者同步于韩某管理的久富基金多次买入、卖出相同个股，获利数额较大，涉及27万元，情节严重。根据《中华人民共和国刑法修正案（七）》，韩某的上述行为涉嫌《刑法》第108条规定的利用未公开信息交易罪。证监会以及将韩某涉嫌犯罪的证据材料移送公安机关追究刑事责任，并将待刑事处罚后再做出取消从业资格及市场进入的决定。

案例导学

证券投资基金法是专业性较强的法律制度。为了提高证券投资基金投资者维护自身合法权益的意识和能力，有必要普及证券投资基金法的基本知识，规范证券投资者的投资行为，自觉抵制违法犯罪行为的发生。

第一节 证券投资基金法概述

一、证券投资基金的概念、性质和特征

（一）证券投资基金的概念

证券投资基金是一种利益共存、风险共担的集合证券投资方式，即通过发行基金单位，集中投资者的资金，由基金托管人托管，由基金管理人管理和运用资金，从事股票、债券等金融工具投资，并将投资收益按基金投资者的投资比例进行分配的一种间接投资方式。

投资基金最早在英国出现，传入美国后发展很快，现在全世界大部分国家都有证券投资基金这一投资工具。在英国证券投资基金称为“单位信托投资基金”，美国称为“共同基金”，日本则称为“证券投资信托基金”。

（二）证券投资基金的性质

根据证券投资基金的含义，我们可以看出其性质体现在以下几个方面：

1. 证券投资基金是一种集合投资制度

证券投资基金是一种积少成多的整体组合投资方式，从广大的投资者那里筹集巨额资金，组建投资管理公司进行专业化管理和经营。在这种制度下，资金的运作受到多重监督。

2. 证券投资基金是一种信托投资方式

证券投资基金与一般金融信托关系一样，主要有委托人、受托人、受益人三个关系人，其中受托人与委托人之间订有信托契约。但证券投资基金作为金融信托业务的一种形式，又有自己的特点。如从事有价证券投资主要当事人中还有一个不可缺少的托管机构，其不能与受托人（基金管理公司）由同一机构担任，而且基金托管人一般是法人；基金管理人并不对每个投资者的资金都分别加以运用，而是将其集合起来，形成一笔巨额资金再加以运作。

3. 证券投资基金是一种金融中介机构

证券投资基金存在于投资者与投资对象之间，起着把投资者的资金转换成金融资产，通过专门机构在金融市场上再投资，从而使货币资产得到增值的作用。证券投资基金的管理者对投资者所投入的资金负有经营、管理的职责，而且必须按照合同的要求确定资金投向，保证投资者的资金安全和收益最大化。

4. 证券投资基金是一种证券投资工具

证券投资基金发行的凭证即基金券与股票、债券一起构成有价证券的三大品种。投

资者通过购买基金券完成投资行为，并凭之分享证券投资基金的投资收益，承担证券投资基金的投资风险。

（三）证券投资基金的特征

基金作为一种现代化的投资工具，主要具有以下特征：

1. 专业理财

证券投资基金由专业管理人员组成的基金管理公司管理和运作，基金管理人经过专门训练，具有丰富的证券投资经验，善于收集、分析证券市场中的各类证券信息，能够对金融市场的价格变动趋势做出正确预测，最大限度地避免投资决策失误，提高投资效益。

2. 间接受益

证券投资基金是一种间接的投资方式，投资者通过购买基金间接投资于证券市场。投资者与上市公司没有直接关系，不参与公司事务决策和经营管理。证券投资基金由专业管理人员运作，投资者间接受益。

3. 组合投资

证券投资基金可以最广泛地吸收社会闲散资金，形成雄厚资金实力。参与证券投资时，资本越雄厚，优势越明显，享有大额投资在降低成本上的相对优势，从而获得规模效益的好处。

4. 分散风险

基金可以凭借雄厚资金，在法律规定投资范围内分散投资于多种证券，借助于资金庞大和投资者众多，使每个投资者面临的投资风险变小，达到分散投资风险的目的，从而有效保护投资者的利益，保证证券投资基金资产的安全。

二、证券投资基金的类型

证券投资基金可按照不同的标准进行分类。

按设立方式可将证券投资基金分为契约型基金和公司型基金。

（1）契约型基金。

契约型基金又称单位信托基金，是指把投资者、管理人、托管人三者作为基金的当事人，通过签订基金契约的形式，发行受益凭证而设立的一种基金。契约型基金起源于英国，后在我国香港地区、新加坡、印度尼西亚等国家和地区十分流行。

契约型基金是基于契约原理而组织起来的代理投资行为，没有基金章程，也没有董事会，而是通过基金契约来规范三方当事人的行为。基金管理人负责基金的管理操作。基金托管人作为基金资产的名义上的持有人，负责基金资产的保管和处置，对基金管理人的运作实行监督。

（2）公司型基金。

公司型基金是按照公司法以公司形态组成的一种基金。该基金公司以发行股份的方式募集资金，一般投资者则为认购基金而购买该公司的股份，也就成为该公司的股东，凭其持有的股份依法享有投资收益。这种基金要设立董事会，重大事项由董事会讨论决定。

契约型基金和公司型基金在法律依据、组织形态以及有关当事人扮演的角色上是不同的。但对投资者来说，投资于公司型基金和契约型基金并无多大区别，它们的投资方式都是把投资者的资金集中起来，按照基金设立时所规定的投资目标和策略，将基金资产分散投资于众多的金融产品上，获取收益后再分配给投资者。

从世界基金业的发展趋势来看，公司型基金除了比契约型基金多了一个基金公司组织的形式外，其他各方面都与契约型基金有趋同化的倾向。

按能否赎回可将证券投资基金分为封闭式基金和开放式基金。

（1）封闭式基金。

封闭式基金是指基金的发起人在设立基金时，限定了基金单位的发行总额，筹集到这个总额后，基金即宣告成立，并进行封闭，在一定时期内不再接受新的投资。其又称固定型投资基金。基金单位的流通采取在证券交易所上市的办法，投资者日后买卖基金单位都必须通过证券经纪商在二级市场上进行竞价交易。

（2）开放式基金。

开放式基金是指基金管理公司在设立基金时，发行基金单位的总份额不固定，可视投资者的需求追加发行。投资者也可根据市场状况和各自的投资决策，或者要求发行机构按现期净资产值扣除手续费后赎回股份或受益凭证，或者再买入股份或受益凭证，持基金单位份额。

知识拓展

封闭式基金与开放式基金的区别

封闭式基金和开放式基金的本质区别在于“开放”与否，即基金规模是否可以改变。封闭式基金事先确定发行总额，在封闭期内基金单位总数不变；开放式基金发行总额不固定，基金单位总数随时增减。除此之外，还有以下区别：

（1）期限不同。封闭式基金通常有固定的封闭期，通常在5年以上，一般为10年或15年，经受益人大会通过并经主管机关同意可以适当延长期限。而开放式基金没有固定期限，投资者可随时向基金管理人赎回基金单位。

（2）发行规模限制不同。封闭式基金在招募说明书中列明其基金规模，在封闭期限内未经法定程序认可不能再增加发行。开放式基金没有发行规模限制，投资者可随时提出认购或赎回申请，基金规模就随之增加或减少。

（3）基金单位交易方式不同。封闭式基金的基金单位在封闭期限内不能赎回，持有人只能寻求在证券交易场所出售给第三者。开放式基金的投资者则可以在首次发行结束一段时间（多为3个月）后，随时向基金管理人或中介机构提出购买或赎回申请，买卖方式灵活，除极少数开放式基金在交易所名义上市外，通常不上市交易。

（4）基金单位的交易价格计算标准不同。封闭式基金与开放式基金的基金单位除了首次发行价都是按面值加一定百分比的购买费计算外，以后的交易计价方式不同。

封闭式基金的买卖价格受市场供求关系的影响，常出现溢价或折价现象，并不必然反映基金的净资产值。开放式基金的交易价格则取决于基金每单位净资产值的大小，其申购价一般是基金单位资产值加一定的购买费，赎回价是基金单位净资产值减去一定的赎回费，不直接受市场供求关系影响。

从发达国家金融市场来看，开放式基金已成为世界投资基金的主流。世界基金发展史从某种意义上说就是从封闭式基金走向开放式基金的历史。

按投资标的可将证券投资基金分为债券基金、股票基金、货币市场基金和指数基金。

（1）债券基金。

债券基金是指以债券为主要投资对象的证券投资基金。由于债券的年利率固定，因而这类基金的风险较低，适合稳健型投资者。

通常债券基金收益会受货币市场利率的影响，当市场利率下调时，其收益就会上升；反之，若市场利率上调，则基金收益率下降。除此以外，汇率也会影响基金的收益，管理人在购买非本国货币的债券时，往往还在外汇市场上做套期保值。

（2）股票基金。

股票基金是指以股票为主要投资对象的证券投资基金。股票基金的投资目标侧重于追求资本利得和长期资本增值。基金管理人拟订投资组合，将资金投放到一个或几个国家，甚至是全球的股票市场，以达到分散投资、降低风险的目的。

投资者之所以选择股票基金，原因在于可以有不同的风险类型供选择，而且可以克服股票市场普遍存在的区域性投资限制的弱点。此外还具有变现性强、流动性强等优点。由于聚集了巨额资金，几只甚至一只基金就可以引发股市动荡，所以各国政府对股票基金的监管都十分严格，不同程度地规定了基金购买某一家上市公司的股票总额不得超过基金资产净值的一定比例，防止基金过度投机和操纵股市。

（3）货币市场基金。

货币市场基金是指以货币市场为投资对象的一种基金，其投资工具期限在1年内，包括银行短期存款、国库券、公司债券、银行承兑票据及商业票据等。通常，货币基金的收益会随着市场利率的下跌而降低，与债券基金正好相反。货币市场基金通常被认为是无风险或低风险的投资。

（4）指数基金。

为了使投资者能获取与市场平均收益相接近的投资回报，产生了一种功能上近似或等于所编制的某种证券市场价格指数的基金就是指数基金。其特点：它的投资组合等同于市场价格指数的权数比例，收益随着当期的价格指数上下波动。当价格指数上升时基金收益增加，反之收益减少。基金因始终保持当期的市场平均收益水平，因而收益不会太高，也不会太低。

知识拓展

细数指数基金的优势

作为20世纪70年代以来出现的新的基金品种，指数基金具有以下优势：费用低廉，指数基金的管理费较低，尤其交易费用较低；风险较小，由于指数基金的投资非常分散，可以完全消除投资组合的非系统风险，而且可以避免由于基金持股集中带来的流动性风险；以机构投资者为主的市场中，指数基金可获得市场平均收益率，可以为股票投资者提供更好的投资回报；指数基金可以作为避险套利的工具，对于投资者尤其是机构投资者来说，指数基金是他们避险套利的重要工具。指数基金由于其收益率的稳定性和投资的分散性，特别适用于社保基金等数额较大、风险承受能力较低的资金投资。

《证券投资基金法》按照发行方式将基金分为公开募集基金和非公开募集基金。公开募集基金，包括向不特定对象募集资金、向特定对象募集资金累计超过200人，以及法律、行政法规规定的其他情形，通过公开募集方式设立的基金的基金份额持有人按其所持基金份额享受收益和承担风险。公开募集基金，应当经国务院证券监督管理机构注册登记。未经注册，不得公开或者变相公开募集基金。而非公开募集基金应当向合格投资者募集，合格投资者累计不得超过200人，其运作较为灵活，法律规制较为宽松。通过非公开募集方式设立的基金的收益分配和风险承担由基金合同约定。这里所称合格投资者，是指达到规定资产规模或者收入水平，并且具备相应的风险识别能力和风险承担能力、其基金份额认购金额不低于规定限额的单位和个人。

想一想

公募证券投资基金和私募证券投资基金有何区别？

三、证券投资基金法立法及适用范围

证券投资基金法是调整证券基金管理人、基金托管人与基金份额持有人在基金发行、管理和运作过程中产生的经济关系的法律规范的总称。我国的证券投资基金起步于1991年，以1997年11月14日国务院证券委员会发布的《证券投资基金管理暂行办法》为标志，进入规范化发展阶段。2003年10月28日，《证券投资基金法》颁布。其后，与之配套的《证券投资基金销售管理办法》《证券投资基金运作管理办法》《证券投资基金管理公司管理办法》《证券投资基金托管业务管理办法》等规范性文件相继颁布。2012年12月28日，全国人大常务委员会对《证券投资基金法》进行修订，2015年4月

24 日，全国人大常务委员会对该法进行修正。证券投资基金立法日益完善。

《证券投资基金法》第 2 条规定："在中华人民共和国境内，通过公开发售基金份额募集证券投资基金，由基金管理人管理，基金托管人托管，为基金份额持有人的利益，进行证券投资活动，适用本法；本法未规定的，适用《中华人民共和国信托法》《中华人民共和国证券法》和其他有关法律、行政法规的规定。"

第二节 基金管理人

一、基金管理人的概念和特征

基金管理人是指发行基金份额募集证券投资基金，并按照法律、行政法规的规定和基金合同的约定，为基金份额持有人的利益，采取资产组合方式对基金财产进行管理、运用的机构。在证券投资基金法律关系中，基金管理人处于中心地位，具有以下特征：①基金管理人是证券投资基金的募集人。根据《证券投资基金法》的规定，基金管理人依照本法发售基金份额，募集证券投资基金。其他机构或者个人不得从事证券投资基金的募集活动。②基金管理人是基金财产的管理人。根据《证券投资基金法》的有关规定，基金管理人运用基金财产，进行证券投资，是基金财产的管理人。但是，基金管理人只是负责投资决策，下达投资指令，并不负责基金财产的保管和投资运作的结算。根据上述规定，基金管理人由依法设立的基金管理公司或合伙企业担任，公开募集基金的基金管理人，由基金管理公司或者经国务院证券监督管理机构按照规定核准的其他机构担任。下面主要介绍公募基金的基金管理人。

二、基金管理公司的设立

根据规定，设立基金管理公司应当符合下列条件：

其一，有符合《证券投资基金法》和《公司法》规定的章程。公司章程是记载公司组织规范及行为准则的法律文件。根据《证券投资基金法》和《公司法》的规定，基金管理公司为有限责任公司的，其章程应当载明下列事项：①公司名称和住所；②公司经营范围；③公司注册资本；④股东的姓名或者名称；⑤股东的权利和义务；⑥股东的出资方式和出资额；⑦股东转让出资的条件；⑧公司的机构及其产生办法、职权、议事规则；⑨公司的法定代表人；⑩公司的解散事由与清算办法；⑪股东认为需要规定的其他事项。

基金管理公司为股份有限公司的，其章程应当载明下列事项：①公司名称和住所；②公司经营范围；③公司设立方式；④公司股份总数、每股金额和注册资本；⑤发起人的姓名或者名称、认购的股份数；⑥股东的权利和义务；⑦董事会的组成、职权、任期和议事规则；⑧公司法定代表人；⑨监事会的组成、职权、任期和议事规则；⑩公司利润分配办法；⑪公司的解散事由与清算办法；⑫公司的通知和公告办法；⑬股东大会认为需要规定的其他事项。

同时，基金管理公司与普通公司不同，《证券投资基金法》对其人员、机构、内部稽核监控和风险控制制度以及行为规范有特殊要求，基金管理公司的章程不得与这些要求相违背，其中的一些要求应当体现在公司的章程中。

其二，注册资本不低于1亿元人民币，且必须为实缴货币资本。基金管理业务属于特殊行业，应当对基金管理公司的注册资本有严格要求，以保证基金管理公司维持较好的财务状况，保护投资人的利益。

其三，主要股东具有从事证券经营、证券投资咨询、信托资产管理或者其他金融资产管理的较好的经营业绩和良好的社会信誉，最近3年没有违法记录。

其四，取得基金从业资格的人员达到法定人数。基金管理业务人员的专业知识、经验、信誉对基金运作是否规范，业绩是否优良有着十分密切的关系。因此，应当要求基金管理公司在设立时就要有一定数量的取得基金从业资格的人员。具体人数依照行政法规或者国务院证券监督管理机构的规定。

其五，董事、监事、高级管理人员具备相应的任职条件。根据《证券投资基金法》第15条的规定，有下列情形之一的，不得担任公开募集基金的基金管理人的董事、监事、高级管理人员和其他从业人员：①因犯有贪污贿赂、渎职、侵犯财产罪或者破坏社会主义市场经济秩序罪，被判处刑罚的；②对所任职的公司、企业因经营不善破产清算或者因违法被吊销营业执照负有个人责任的董事、监事、厂长、高级管理人员，自该公司、企业破产清算终结或者被吊销营业执照之日起未逾5年的；③个人所负债务数额较大，到期未清偿的；④因违法行为被开除的基金管理人、基金托管人、证券交易所、证券公司、证券登记结算机构、期货交易所、期货公司及其他机构的从业人员和国家机关工作人员；⑤因违法行为被吊销执业证书或者被取消资格的律师、注册会计师和资产评估机构、验证机构的从业人员、投资咨询从业人员；⑥法律、行政法规规定不得从事基金业务的其他人员。同时，根据《证券投资基金法》第16条的规定，公开募集基金的基金管理人的董事、监事和高级管理人员，应当熟悉证券投资方面的法律、行政法规，具有3年以上与其所任职务相关的工作经历；高级管理人员还应当具备基金从业资格。

其六，有符合要求的营业场所、安全防范设施和与基金管理业务有关的其他设施。基金管理公司开展业务，必须有与其业务相适应的营业场所，同时，由于基金管理业务属于金融业务，需要有完善的安全防范设施，以保证业务及财产安全。

其七，有完善的内部制度和风险控制制度。基金管理公司设立时应当制定有关机构设置、人员配置、业务程序规范、风险管理与控制等方面的完备的制度，以加强内部稽核监控和风险控制。

其八，法律、行政法规规定的和经国务院批准的国务院证券监督管理机构规定的其他条件。除本条规定的条件外，《证券投资基金法》的其他条款对基金管理公司的有些要求在基金管理公司设立时也适用。比如，根据《证券投资基金法》第36条的规定，基金托管人与基金管理人不得相互出资或者持有股份，因此基金托管人不得成为基金管理人的股东。此外，其他有关法律、行政法规及经国务院批准的国务院证券监督管理机构可能对基金管理公司的设立条件做出补充或者细化规定，这些条件在基金管理公司设立时也应当具备。

三、基金管理人的职责

基金管理人应当依法履行下列职责：根据《证券投资基金法》第 20 条的规定，公开募集基金的基金管理人应当履行下列职责：①依法募集资金，办理基金份额的发售和登记事宜；②办理基金备案手续；③对所管理的不同基金财产分别管理、分别记账，进行证券投资；④按照基金合同的约定确定基金收益分配方案，及时向基金份额持有人分配收益；⑤进行基金会计核算并编制基金财务会计报告；⑥编制中期和年度基金报告；⑦计算并公告基金资产净值，确定基金份额申购、赎回价格；⑧办理与基金财产管理业务活动有关的信息披露事项；⑨按照规定召集基金份额持有人大会；⑩保存基金财产管理业务活动的记录、账册、报表和其他相关资料；⑪以基金管理人名义，代表基金份额持有人利益行使诉讼权利或者实施其他法律行为；⑫国务院证券监督管理机构规定的其他职责。

案例 8-1

基层投资人知情权与监管信息的强制公开

根据媒体公开报道，深圳市证监局在例行检查宝某基金公司过程中，发现基金管理人存在诸多运作不规范的行为，于是，监管机关向其下达了《关于宝某基金管理有限公司现场检查的反馈意见函》，而按照基金契约，基金持有人有权取得与宝某基金公司有关文件资料的复印件。但基金公司却以，“上级对下级的检查是不公开信息”为由，拒绝了北京盲人投资者戴某的请求。于是，戴某为了维护自己的合法权益，三度前往北京顺义区人民法院，向基金管理人索赔。

2010 年 4 月，戴某以证券投资基金交易纠纷为案由，要求宝某基金公司提供深圳证监局意见函复印件为诉求，提起诉讼并被立案。受诉讼管辖地限制，案件已移交至深圳市福田区法院。

曾经有依《公司法》提起股东知情权诉讼、依《证券法》提起股民知情权诉讼的，而依《基金法》提起基金投资人知情权诉讼，尚属首次。毫无疑问，基金投资人对基金管理人、基金托管人的运作享有知情权，在基金运作过程中，涉及敏感的商业机密如持仓、融资、交易等细节等是不可随意泄露的，但到事后，则没有封锁的必要，监管部门现场检查的结果，并非商业机密，不存在保密而不能公开的问题。

四、基金管理人的禁止行为

公开募集基金的基金管理人及其董事、监事、高级管理人员和其他从业人员不得有下列行为：①将其固有财产或者他人财产混同于基金财产从事证券投资；②不公平地对待其管理的不同基金财产；③利用基金财产为基金份额持有人以外的第三人谋取利益；④向基金份额持有人违规承诺收益或者承担损失；⑤依照法律、行政法规有关规定，由国务院证券监督管理机构规定禁止的其他行为。

五、基金管理人职责终止

根据《证券投资基金法》的规定，在下列情形下基金管理人职责终止：①被依法取消基金管理资格；②被基金份额持有人大会解任；③依法解散、被依法撤销或者被依法宣告破产；④基金合同约定的其他情形。

第三节 基金托管人

一、基金托管人的资格

基金托管人与基金管理人是共同受托人，其主要职责是托管基金财产，包括保管基金财产，办理结算、支付业务等。基金财产主要是现金、存款以及股票、债券等金融资产，而且数额巨大，应当由具有安全保管金融资产的资本基础、专业能力和技术、管理设施，并具有良好的结算支付系统的金融机构担任基金托管人。商业银行是金融体系的核心，是社会的信用中介，本身是存款机构，并承担着社会的支付和结算功能。依照现行《商业银行法》的规定，设立商业银行应当有严格的资格条件，如注册资本最低限额为10亿元人民币，有具备任职专业知识和业务工作经验的董事长、总经理和其他高级管理人员，有健全的组织机构和管理制度，有符合要求的营业场所、安全防范设施等。因此，商业银行资本雄厚，专业管理力量强大，技术设施和内部风险控制制度健全，同时还具有完善的结算系统和支付系统。可以说，商业银行具有有效履行基金托管职责的便利条件和可靠条件，由商业银行担任基金托管人，有利于保证基金财产的安全。法律将基金托管人的范围限定为商业银行，是符合我国证券投资基金市场发展实际需要的。依照规定，除依法设立并取得基金托管资格的商业银行外，其他机构不得担任基金托管人。

二、基金托管人的条件

申请取得基金托管资格，应当具备下列条件，并经国务院证券监督管理机构和国务院银行业监督管理机构核准：净资产和风险控制指标符合有关规定；设有专门的基金托管部门；取得基金从业资格的专职人员达到法定人数；有安全保管基金财产的条件；有安全高效的清算、交割系统；有符合要求的营业场所、安全防范设施和与基金托管业务有关的其他设施；有完善的内部稽核监控制度和风险控制制度；法律、行政法规规定的和经国务院批准的国务院证券监督管理机构、国务院银行业监督管理机构规定的其他条件。

三、基金托管人的职责

根据《证券投资基金法》的规定，基金托管人应当履行下列职责：安全保管基金财产；按照规定开设基金财产的资金账户和证券账户；对所托管的不同基金财产分别设置账户，确保基金财产的完整与独立；保存基金托管业务活动的记录、账册、报表和其他相关资料；按照基金合同的约定，根据基金管理人的投资指令，及时办理清算、交割事宜；办理与基金托管业务活动有关的信息披露事项；对基金财务会计报告、中期和年度基金报告出具意见；复核、审查基金管理人计算的基金资产净值和基金份额申购、赎回价格；按照规定召集基金份额持有人大会；按照规定监督基金管理人的投资运作；国务院证券监督管理机构规定的其他职责。

四、基金托管人行为禁止

根据《证券投资基金法》的规定，基金托管人不得从事下列行为：将其固有财产或者他人财产混同于基金财产从事证券投资；不公平地对待其管理的不同基金财产；利用基金财产或者职务之便为基金份额持有人以外的人牟取利益；向基金份额持有人违规承诺收益或者承担损失；侵占、挪用基金财产；泄露因职务便利获取的未公开信息、利用该信息从事或者明示、暗示他人从事相关的交易活动；玩忽职守，不按照规定履行职责；法律、行政法规和国务院证券监督管理机构规定禁止的其他行为。

五、基金托管人职责终止

根据《证券投资基金法》规定，在下列情形下基金托管人职责终止：被依法取消基金托管资格；被基金份额持有人大会解任；依法解散、被依法撤销或者被依法宣告破产；基金合同约定的其他情形。

案例8-2 杭州银行发力公募基金托管，助推整体托管规模突破1800亿元

2015年3月24日，杭州银行公募基金托管的首只产品——易方达裕如灵活配置混合型证券投资基金（代码：001136）正式上线。该只基金首募规模高达36.94亿元。杭州银行资产托管规模在开展业务的第一年即跃升至1800亿元人民币。2014年3月17日，经中国证监会和中国银监会核准，杭州银行正式获得证券投资基金托管资格。杭州银行从国内托管行引进具有5年以上托管从业经验的专家组成了核心团队，采用嬴时胜最新3.5版本业务系统，打造先进的托管业务流程，为客户提供专业化业务解决方案。在不到一年时间，已有14家商业银行、20家基金公司及子公司、14家信托公司、9家证券公司及70家以上私募基金的托管产品成功上线，业务涵盖了银行理财产品、公募基金、基金公司特定客户资产、信托计划、证券公司定向资产、私募投资基金、期货公司资产管理、客户资金托管等主流托管品种。

第四节 基金份额的募集、交易、申购、赎回和登记

一、基金份额的募集

（一）基金份额的募集程序

公开募集基金，应当经国务院证券监督管理机构注册登记。未经注册，不得公开或者变相公开募集基金。

注册公开募集基金，由拟任基金管理人向国务院证券监督管理机构提交下列文件：①申请报告；②基金合同草案；③基金托管协议草案；④招募说明书草案；⑤律师事务所出具的法律意见书；⑥国务院证券监督管理机构规定提交的其他文件。

（二）公开募集基金合同内容

公开募集基金合同应当包括下列内容：①募集基金的目的和基金名称；②基金管理人、基金托管人的名称和住所；③基金运作方式；④封闭式基金的基金份额总额和基金合同期限，或者开放式基金的最低募集份额总额；⑤确定基金份额发售日期、价格和费用的原则；⑥基金份额持有人、基金管理人和基金托管人的权利、义务；⑦基金份额持有人大会召集、议事及表决的程序和规则；⑧基金份额发售、交易、申购、赎回的程序、时间、地点、费用计算方式以及给付赎回款项的时间和方式；⑨基金收益分配原则、执行方式；⑩作为基金管理人、基金托管人报酬的管理费、托管费的提取、支付方式与比例；⑪与基金财产管理、运用有关的其他费用的提取、支付方式；⑫基金财产的投资方向和投资限制；⑬基金资产净值的计算方法和公告方式；⑭基金募集未达到法定要求的处理方式；⑮基金合同解除和终止的事由、程序以及基金财产清算方式；⑯争议解决方式；⑰当事人约定的其他事项。

（三）公开募集基金的基金招募说明书

公开募集基金的基金招募说明书应当包括下列内容：①基金募集申请的准予注册文件名称和注册日期；②基金管理人、基金托管人的基本情况；③基金合同和基金托管协议的内容摘要；④基金份额的发售日期、价格、费用和期限；⑤基金份额的发售方式、发售机构及登记机构名称；⑥出具法律意见书的律师事务所和审计基金财产的会计事务所的名称和住所；⑦基金管理人、基金托管人报酬及其他有关费用的提取、支付方式与比例；⑧风险警示内容；⑨国务院证券监督管理机构规定的其他内容。

二、基金份额的交易

基金份额经基金管理人申请，国务院证券监督管理机构核准，可以在证券交易所上市交易。国务院证券监督管理机构可以授权证券交易所依照法定条件和程序核准基金份额上市交易。申请基金份额上市交易，基金管理人应当向证券交易所提出申请，证券交易所依法审核同意的，双方应当签订上市协议。

（一）基金份额上市交易条件

基金份额上市交易须满足下列条件：①基金的募集符合《证券投资基金法》规定；②基金合同期限为 5 年以上；③基金募集金额不低于 2 亿元人民币；④基金份额持有人不少于 1000 人；⑤基金份额上市交易规则规定的其他条件。

（二）基金份额上市交易的终止

基金份额上市交易后，有下列情形之一的，由证券交易所终止其上市交易，并报国务院证券监督管理机构备案：①不再具备《证券投资基金法》第 63 条规定的上市交易条件；②基金合同期限届满；③基金份额持有人大会决定提前终止上市交易；④基金合同约定的或者基金份额上市交易规则规定的终止上市交易的其他情形。

三、基金份额的申购、赎回和登记

（一）基金份额的申购与赎回

基金份额的申购或者赎回，专指开放式基金的基金份额的申购或者赎回。基金份额申购，是指投资人按照基金份额申购价格，申请购买基金管理人管理的开放式基金的基金份额。基金份额赎回，是指基金份额持有人按照基金份额赎回价格，要求基金管理人购回其所持有的开放式基金的基金份额。

（二）基金份额的登记

基金份额的登记，是指基金份额登记机构为投资人办理因基金份额的认购、申购、赎回以及其他情形，而导致的基金份额持有人和基金份额持有人所持基金份额数额变更的登记，以及因基金分红而导致的基金份额持有人权益变更的登记事宜。为了使基金管理人专注于基金财产的投资运作业务，扩大基金份额的发售数量，方便投资者办理基金份额登记事宜，基金管理人除自行办理基金份额登记业务外，也可以委托商业银行、登记结算公司等机构，利用其业务网络办理基金份额登记业务。基金管理人委托他人代为办理基金份额登记事宜的，应当与该机构签订委托代理协议，并经国务院证券监督管理机构审查认定。接受基金管理人的委托，代为办理基金份额登记业务的机构的主要职责：建立并管理投资人基金份额账户；负责基金份额的登记；基金交易确认；代理发放红利；建立并保管基金份额持有人名册；登记代理协议规定的其他职责。

第五节 公开募集基金的投资及信息披露制度

一、公开募集基金的投资

基金管理人运用基金财产进行证券投资，应当采用资产组合的方式。资产组合的具体方式和投资比例，依照《证券投资基金法》和国务院证券监督管理机构的规定在基金合同中约定。

根据《证券投资基金法》第 73 条、第 74 条的规定，基金财产应当用于下列投资：①上市交易股票、债券；②国务院证券监督管理机构规定的其他证券及其衍生品种。

基金财产不得用于下列投资或者活动：①承销证券；②违反规定向他人贷款或者提供担保；③从事承担无限责任的投资；④买卖其他基金份额，但是国务院证券监督管理机构另有规定的除外；⑤向基金管理人、基金托管人出资；⑥从事内幕交易、操纵证券交易价格及其他不正当的证券交易活动；⑦法律、行政法规和国务院证券监督管理机构规定禁止的其他活动。

二、公开募集基金的信息披露制度

为加强对证券投资基金信息披露的管理，保护基金投资人的合法权益和社会公共利益，法律明确规定基金管理人、基金托管人和其他基金信息披露义务人应当依法披露基金信息，并保证所披露信息的真实性、准确性和完整性，这是基金信息披露义务人必须遵守的法律规范。

基金信息披露义务人应当依法公开披露的基金信息，根据《证券投资基金法》第 77 条的规定，主要包括：①基金招募说明书、基金合同、基金托管协议；②基金募集情况；③基金份额上市交易公告书；④基金资产净值、基金份额净值；⑤基金份额申购、赎回价格；⑥基金财产的资产组合季度报告、财务会计报告及中期和年度基金报告；⑦临时报告；⑧基金份额持有人大会决议；⑨基金管理人、基金托管人的专门基金托管部门的重大人事变动；⑩涉及基金管理人、基金财产、基金托管业务的诉讼；⑪国务院证券监督管理机构规定应予披露的其他信息。

根据《证券投资基金法》第 75 条规定，要求基金信息披露义务人保证所披露的基金信息应当是真实、准确和完整的。所谓真实性，是指基金信息的内容必须反映实际情况，不得弄虚作假；所谓准确性，是指基金信息应当按照规定的格式制作，对有关情况所作的陈述和提供的数据应当符合实际情况，不得有误导性陈述；所谓完整性，是指基金信息披露的各项文件应当齐全，符合法定要求，内容应当完整，不得有遗漏。

基金信息披露义务人应当确保应予披露的基金信息在国务院证券监督管理机构规定时间内披露，并保证投资人能够按照基金合同约定的时间和方式查阅或者复制公开披露的信息资料。对公开披露的基金信息出具审计报告或者法律意见书的会计师事务所、律师事务所，应当保证其所出具文件内容的真实性、准确性和完整性。

公开披露基金信息，不得有下列行为：①虚假记载、误导性陈述或者重大遗漏；②对证券投资业绩进行预测；③违规承诺收益或者承担损失；④诋毁其他基金管理人、基金托管人或者基金份额发售机构；⑤依照法律、行政法规有关规定，由国务院证券监督管理机构规定禁止的其他行为。

第六节 证券投资基金的监督管理与法律责任

一、证券投资基金的监督管理

（一）政府监管

根据《证券投资基金法》总则的规定，国务院证券监督管理机构依法对证券投资基金活动实施监督管理。国务院证券监督管理机构的监督管理是基金监督管理体系的核心。国务院证券监督管理机构的监督管理包括对基金管理公司、基金托管人和证券投资基金设立申请的审批核准以及对已设立基金管理公司、基金托管人和证券投资基金的日常监督管理。

国务院证券监督管理机构依法履行下列职责：依法制定有关证券投资基金活动监督管理的规章、规则，并依法行使审批或者核准权；办理基金备案；对基金管理人、基金托管人及其他机构从事证券投资基金活动进行监督管理，对违法行为进行查处，并予以公告；制定基金从业人员的资格标准和行为准则，并监督实施；监督检查基金信息的披露情况；指导和监督基金同业协会的活动；法律、行政法规规定的其他职责。

国务院证券监督管理机构依法履行职责，有权采取下列措施：①对基金管理人、基金托管人、基金服务机构进行现场检查，并要求其报送有关的业务资料；②进入涉嫌违法行为发生场所调查取证；③询问当事人和与被调查事件有关的单位和个人，要求其对与被调查事件有关的事项作出说明；④查阅、复制与被调查事件有关的财产权登记、通信记录等资料；⑤查阅、复制当事人和与被调查事件有关的单位和个人的证券交易记录、登记过户记录、财务会计资料及其他相关文件和资料；对可能被转移、隐匿或者毁损的文件和资料，可以予以封存；⑥查询当事人和与被调查事件有关的单位和个人的资金账户、证券账户和银行账户；对有证据证明已经或者可能转移或者隐匿违法资金、证券等涉案财产或者隐匿、伪造、毁损重要证据的，经国务院证券监督管理机构主要负责人批准，可以冻结或者查封；⑦在调查操纵证券市场、内幕交易等重大证券违法行为时，经国务院证券监督管理机构主要负责人批准，可以限制被调查事件当事人的证券买卖，但限制的期限不得超过 15 个交易日；案情复杂的，可以延长 15 个交易日。

（二）自律管理

行业自律是市场机制作用的重要表现形式，是政府监督管理的有效补充。在我国，中国证券业协会和证券交易所发挥了重要的自律监管作用。

1. 证券业协会的自律管理

《证券投资基金法》第 10 条规定，基金管理人、基金托管人和基金服务机构，应当依照本法成立证券投资基金行业协会（以下简称基金行业协会），实行行业自律，协调行业关系，提供行业服务，促进行业发展。

证券投资基金行业协会是证券投资基金行业的自律性组织，是社会团体法人。基金管理人、基金托管人应当加入基金行业协会，基金服务机构可以加入基金行业协会。

根据法律规定，基金行业协会的职责如下：教育和组织会员遵守有关证券投资的法律、行政法规，维护投资人合法权益；依法维护会员的合法权益，反映会员的建议和要求；制定和实施行业自律规则，监督、检查会员及其从业人员的执业行为，对违反自律规则和协会章程的，按照规定给予纪律处分；制定行业执业标准和业务规范，组织基金从业人员的从业考试、资质管理和业务培训；提供会员服务，组织行业交流，推动行业创新，开展行业宣传和投资人教育活动；对会员之间、会员与客户之间发生的基金业务纠纷进行调解；依法办理非公开募集基金的登记、备案；协会章程规定的其他职责。

2. 证券交易所的监督管理

证券交易所对基金上市的监督管理主要体现在证券交易所制定详细的交易规则，对基金上市进行规范。证券交易所通过制定基金上市规则，为投资人买卖基金提供高效的交易市场，有利于对基金交易行为进行规范管理。

此外，证券交易所对基金投资行为的监督管理包括两方面：一是对投资者买卖证券投资基金交易的合法性、合规性进行监督管理；二是对证券投资基金在证券市场的投资行为进行监控和管理。证券交易所应当在每月终了后 7 个工作日内向国务院证券监督管理机构报送证券投资基金交易行为月度监控报告。当单一基金或者基金管理公司的不同证券投资基金出现异常交易时，证券交易所可视情况进行处理，包括电话提示、书面警告和公开谴责等，对异常交易程度和性质认定有争议的，书面报告国务院证券监督管理机构。

二、法律责任

（一）基金管理人、基金托管人及其有关人员的法律责任

其一，基金管理人的董事、监事、高级管理人员和其他从业人员，基金托管人的专门基金托管部门的高级管理人员和其他从业人员，未按照《证券投资基金法》第 18 条第 1 款规定申报的，责令改正，处 3 万元以上 10 万元以下罚款。

基金管理人、基金托管人违反《证券投资基金法》第 18 条第 2 款规定的，责令改正，处 10 万元以上 100 万元以下罚款；对直接负责的主管人员和其他直接责任人员给予

警告，暂停或者撤销基金从业资格，并处3万元以上30万元以下罚款。

其二，基金管理人的董事、监事、高级管理人员和其他从业人员，基金托管人的专门基金托管部门的高级管理人员和其他从业人员违反《证券投资基金法》第19条规定的，责令改正，没收违法所得，并处违法所得1倍以上5倍以下罚款；没有违法所得或者违法所得不足100万元的，并处10万元以上100万元以下罚款；情节严重的，撤销基金从业资格。

其三，基金管理人、基金托管人违反本法规定，未对基金财产实行分别管理或者分账保管的，责令改正，处5万元以上50万元以下罚款；对直接负责的主管人员和其他直接责任人员给予警告，暂停或者撤销基金从业资格，并处3万元以上30万元以下罚款。

其四，基金管理人、基金托管人及其董事、监事、高级管理人员和其他从业人员有《证券投资基金法》第21条所列行为之一的，责令改正，没收违法所得，并处违法所得1倍以上5倍以下罚款；没有违法所得或者违法所得不足100万元的，并处10万元以上100万元以下罚款；基金管理人、基金托管人有上述行为的，还应当对其直接负责的主管人员和其他直接责任人员给予警告，暂停或者撤销基金从业资格，并处3万元以上30万元以下罚款。

基金管理人、基金托管人及其董事、监事、高级管理人员和其他从业人员侵占、挪用基金财产而取得的财产和收益，归入基金财产。但是，法律、行政法规另有规定的，依照其规定。

案例 8-3 从业人员及其亲属共同实施“老鼠仓”被刑事追责

本案是证监会依法移送、司法机关刑事判决认定“老鼠仓”共同犯罪的典型案例，也是我国首例“零口供”的“老鼠仓”案。2009年3月至2011年8月，时任华夏基金债券交易员王某多次登录公司交易管理部查询账号，知悉华夏基金股票类基金产品投资信息后，伙同其亲属利用获取的未公开信息进行证券交易，涉及股票375只，累计交易金额8.78亿余元，非法获利1774万元。2018年3月重庆市第一中级人民法院一审判决认定王某及两名亲属构成利用未公开信息交易共同犯罪，犯案人员均获刑3年半到6年半不等，合计罚没3573万元。本案的查处表明，基金从业人员“老鼠仓”严重破坏行业发展的诚信基础，侵害投资者权益，证监会对此保持执法高压态势。

其五，基金管理人的股东、实际控制人违反《证券投资基金法》第24条规定的，责令改正，没收违法所得，并处违法所得1倍以上5倍以下罚款；没有违法所得或者违法所得不足100万元的，并处10万元以上100万元以下罚款；对直接负责的主管人员和其他直接责任人员给予警告，暂停或者撤销基金、证券从业资格，并处3万元以上30万元以下罚款。

其六，基金管理人、基金托管人违反《证券投资基金法》规定，相互出资或者持有股份的，责令改正，可以处 10 万元以下罚款。

其七，基金管理人、基金托管人有《证券投资基金法》第 74 条第 1 款第 1 项至第 5 项和第 7 项所列行为之一，或者违反《证券投资基金法》第 74 条第 2 款规定的，责令改正，处 10 万元以上 100 万元以下罚款；直接负责的主管人员和其他直接责任人员给予警告，暂停或者撤销基金从业资格，并处 3 万元以上 30 万元以下罚款。

基金管理人、基金托管人有前款行为，运用基金财产而取得的财产和收益，归入基金财产。但是，法律、行政法规另有规定的，依照其规定。

其八，基金管理人、基金托管人有《证券投资基金法》第 74 条第 1 款第 6 项规定行为的，除依照《中华人民共和国证券法》的有关规定处罚外，对直接负责的主管人员和其他直接责任人员暂停或者撤销基金从业资格。

其九，基金管理人或者基金托管人不按照规定召集基金份额持有人大会的，责令改正，处 5 万元以下罚款；对直接负责的主管人员和其他直接责任人员给予警告，暂停或者撤销基金从业资格。

其十，基金管理人、基金托管人在履行各自职责的过程中，违反法律规定或者基金合同约定，给基金财产或者基金份额持有人造成损害的，应当分别对各自的行为依法承担赔偿责任；因共同行为给基金财产或者基金份额持有人造成损害的，应当承担连带赔偿责任。

（二）基金服务机构的法律责任

其一，基金销售机构未向投资人充分揭示投资风险并误导其购买与其风险承担能力不相当的基金产品的，处 10 万元以上 30 万元以下罚款；情节严重的，责令其停止基金服务业务。对直接负责的主管人员和其他直接责任人员给予警告，撤销基金从业资格，并处 3 万元以上 10 万元以下罚款。

其二，基金销售支付机构未按照规定划付基金销售结算资金的，处 10 万元以上 30 万元以下罚款；情节严重的，责令其停止基金服务业务。对直接负责的主管人员和其他直接责任人员给予警告，撤销基金从业资格，并处 3 万元以上 10 万元以下罚款。

其三，挪用基金销售结算资金或者基金份额的，责令改正，没收违法所得，并处违法所得 1 倍以上 5 倍以下罚款；没有违法所得或者违法所得不足 100 万元的，并处 10 万元以上 100 万元以下罚款。对直接负责的主管人员和其他直接责任人员给予警告，并处 3 万元以上 30 万元以下罚款。

其四，基金份额登记机构未妥善保存或者备份基金份额登记数据的，责令改正，给予警告，并处 10 万元以上 30 万元以下罚款；情节严重的，责令其停止基金服务业务。对直接负责的主管人员和其他直接责任人员给予警告，撤销基金从业资格，并处 3 万元以上 10 万元以下罚款。

基金份额登记机构隐匿、伪造、篡改、毁损基金份额登记数据的，责令改正，处 10 万元以上 100 万元以下罚款，并责令其停止基金服务业务。对直接负责的主管人员和其他直接责任人员给予警告，撤销基金从业资格，并处 3 万元以上 30 万元以下罚款。

其五，基金投资顾问机构、基金评价机构及其从业人员违反本法规定开展投资顾问、基金评价服务的，处 10 万元以上 30 万元以下罚款；情节严重的，责令其停止基金服务业务。对直接负责的主管人员和其他直接责任人员给予警告，撤销基金从业资格，并处 3 万元以上 10 万元以下罚款。

其六，信息技术系统服务机构未按照规定向国务院证券监督管理机构提供相关信息技术系统资料，或者提供的信息技术系统资料虚假、有重大遗漏的，责令改正，处 3 万元以上 10 万元以下罚款。对直接负责的主管人员和其他直接责任人员给予警告，并处 1 万元以上 3 万元以下罚款。

其七，会计师事务所、律师事务所未勤勉尽责，所出具的文件有虚假记载、误导性陈述或者重大遗漏的，责令改正，没收业务收入，暂停或者撤销相关业务许可，并处业务收入 1 倍以上 5 倍以下罚款。对直接负责的主管人员和其他直接责任人员给予警告，并处 3 万元以上 10 元以下罚款。

其八，基金服务机构未建立应急等风险管理制度和灾难备份系统，或者泄露与基金份额持有人、基金投资运作相关的非公开信息的，处 10 万元以上 30 万元以下罚款；情节严重的，责令其停止基金服务业务。对直接负责的主管人员和其他直接责任人员给予警告，撤销基金从业资格，并处 3 万元以上 10 万元以下罚款。

（三）证券监督管理机构工作人员的法律责任

证券监督管理机构工作人员玩忽职守、滥用职权、徇私舞弊或者利用职务上的便利索取或者收受他人财物的，依法给予行政处分。

（四）其他人员的法律责任

其一，违反《证券投资基金法》的规定，未经批准擅自设立基金管理公司或者未经核准从事公开募集基金管理业务的，由证券监督管理机构予以取缔或者责令改正，没收违法所得，并处违法所得 1 倍以上 5 倍以下罚款；没有违法所得或者违法所得不足 100 万元的，并处 10 万元以上 100 万元以下罚款。对直接负责的主管人员和其他直接责任人员给予警告，并处 3 万元以上 30 万元以下罚款。

基金管理公司违反《证券投资基金法》规定，擅自变更持有 5%以上股权的股东、实际控制人或者其他重大事项的，责令改正，没收违法所得，并处违法所得 1 倍以上 5 倍以下罚款；没有违法所得或者违法所得不足 50 万元的，并处 5 万元以上 50 万元以下罚款。对直接负责的主管人员给予警告，并处 3 万元以上 10 万元以下罚款。

其二，未经核准，擅自从事基金托管业务的，责令停止，没收违法所得，并处违法所得 1 倍以上 5 倍以下罚款；没有违法所得或者违法所得不足 100 万元的，并处 10 万元以上 100 万元以下罚款；对直接负责的主管人员和其他直接责任人员给予警告，并处 3 万元以上 30 万元以下罚款。

其三，违反《证券投资基金法》规定，擅自公开或者变相公开募集基金的，责令停止，返还所募资金和加计的银行同期存款利息，没收违法所得，并处所募资金金额 1%以上 5%以下罚款。对直接负责的主管人员和其他直接责任人员给予警告，并处 5 万元以上 50 万元以下罚款。

其四，违反《证券投资基金法》第 60 条规定，动用募集的资金的，责令返还，没收违法所得，并处违法所得 1 倍以上 5 倍以下罚款；没有违法所得或者违法所得不足 50

万元的，并处5万元以上50万元以下罚款；对直接负责的主管人员和其他直接责任人员给予警告，并处3万元以上30万元以下罚款。

其五，基金信息披露义务人不依法披露基金信息或者披露的信息有虚假记载、误导性陈述或者重大遗漏的，责令改正，没收违法所得，并处10万元以上100万元以下罚款；对直接负责的主管人员和其他直接责任人员给予警告，暂停或者撤销基金从业资格，并处3万元以上30万元以下罚款。

其六，违反《证券投资基金法》规定，未经登记，使用"基金"或者"基金管理"字样或者近似名称进行证券投资活动的，没收违法所得，并处违法所得1倍以上5倍以下罚款；没有违法所得或者违法所得不足100万元的，并处10万元以上100万元以下罚款。对直接负责的主管人员和其他直接责任人员给予警告，并处3万元以上30万元以下罚款。

其七，违反《证券投资基金法》规定，非公开募集基金募集完毕，基金管理人未备案的，处3万元以上30万元以下罚款。对直接负责的主管人员和其他直接责任人员给予警告，并处3万元以上10万元以下款。

其八，违反《证券投资基金法》规定，向合格投资者之外的单位或者个人非公开募集资金或者转让基金份额的，没收违法所得，并处违法所得1倍以上5倍以下罚款；没有违法所得或者违法所得不足100万元的，并处10万元以上100万元以下罚款。对直接负责的主管人员和其直接责任人员给予警告，并处3万元以上30万元以下罚款。

其九，违反《证券投资基金法》规定，擅自从事公开募集基金的基金服务业务的，责令改正，没收违法所得，并处违法所得1倍以上5倍以下罚款；没有违法所得或者违法所得不足30万元的，并处10万元以上30万元以下罚款。对直接负责的主管人员和其他直接责任人员给予警告，并处3万元以上10万元以下罚款。

其十，违反《证券投资基金法》规定，给基金财产、基金份额持有人或者投资人造成损害的，依法承担赔偿责任。

其十一，拒绝、阻碍证券监督管理机构及其工作人员依法行使监督检查、调查职权未使用暴力、威胁方法的，依法给予治安管理处罚。

其十二，违反法律、行政法规或者国务院证券监督管理机构的有关规定，情节严重的，国务院证券监督管理机构可以对有关责任人员采取证券市场禁入的措施。

本章小结

本章主要介绍了证券投资基金的含义、性质和特点，证券投资基金的种类，证券投资基金主体制度，证券投资基金的公开募集、运作和信息披露制度以及监管制度。

复习思考题

1. 什么是证券投资基金？其特点有哪些？
2. 简述证券投资基金的主要类型。
3. 证券投资基金的主体有哪些？其权利义务各是什么？
4. 简述证券投资基金上市交易的条件。
5. 证券投资基金信息披露的内容有哪些？其禁止行为包括哪些？
6. 简述证券投资基金监督管理制度的主要内容。

第九章

信托法律制度

学习目的

信托是一种特殊的财产管理制度和法律行为，同时又是一种金融制度，信托与银行、保险、证券一起构成了现代金融体系。当代信托行业最早伴随改革开放萌生，弥补了我国传统单一的银行信用的不足，利用社会闲置资金引进外资，拓展投资渠道，为我国经济的发展发挥了积极作用。本章旨在使学生掌握信托的概念、信托财产性质、信托主体关系，帮助学生进一步熟悉和了解我国信托法律制度的内容，体会信托在我国较快发展的现实意义。

核心概念

信托　信托法　自益信托　公益信托　委托人　受托人　受益人　信托财产　信托公司

案例导入

某建筑公司和某房地产公司共同为某服装公司建设某工程，因工程费发生纠纷，遂根据仲裁条款进行仲裁，仲裁庭裁决由服装公司支付给两家公司300万元，采用支票付款方式。两家公司将该支票交付给某信托公司，委托其管理支票项下的资金。一年后，信托公司停止营业并被依法宣告破产。某建筑公司和某房地产公司获悉，根据“信托协议”要求信托公司的清算人支付其管理的资金。信托公司清算人以“支票项下的资金已经与公司的其他资金混合”为由，拒绝其优先受偿的要求，只同意将上述两家公司作为一般债权人参加破产财产分配。两家公司遂提起诉讼，要求优先受偿。

【判决】在支票款项信托案中，法院审理认为，信托法律关系不同于物权关系，也不同于债权关系，而是一种特殊的财产权利义务关系。信托财产独立于委托人的固有财产，也独立于受托人和受益人的固有财产，它既不能作为受托人的固有财产来看待，也不能作为普通债权来看待。因此，在受托人破产时，不能将信托财产作为破产财产，而应归还给其权利人。据此判决，应按照信托财产独立性原则，在公司财产中优先偿还建筑公司和房地产公司的信托财产，并加算相关收益，同时扣除信托报酬。

案例导学

信托关系是一种特殊的法律关系，产生于英美法系，是传统物权、债权等大陆法系理论难以解释的财产关系。但是，目前多数大陆法系国家都有“信托法”，这也从另一个角度说明传统大陆法系的财产理论已经不能适应时代发展的需要。按照世界各国相关法律的规定，信托经营机构是信托公司或信托银行。信托经营机构属于金融机构，信托经营业务属于金融业务。同时，信托关系在证券融通和保险融通中也都有应用，必须将信托融通行为法安排在存贷融通行为法之后学习，才符合金融法的逻辑顺序。

第一节 信托与信托法概述

一、信托的概念与特征

（一）信托的概念

信托作为一种为他人利益而管理和处分财产的制度，起始于英国，是英美法系中最具特色的内容，其最突出的特点即所有权与利益的分离。基于历史文化和法系本身的差异，大陆法系国家在移植信托法制时表现出了一定的灵活性，对英美信托制度的一些概念进行了改造，使之与大陆法系的传统概念体系和语境相适应，并促使信托这一舶来制度与本国法制相融合。

知识拓展

两大法系中的“信托”

在英美法系中，关于信托的内涵理解体现出来的特点是承认“双重所有权”。基于信托受托人取得信托财产普通法上的所有权，可以对信托财产进行管理和处分；而受益人则享有对信托财产平衡法上的所有权，有权取得信托财产的收益。因为大陆法系与英美法系的所有权制度存在差别，故大陆法系国家对于信托的理解有别于英美法系。大陆法系国家严格奉行财产权上“一物一权”的绝对主义原则，对信托采纳了物权效果和债权效果相区分的定义，即委托人和受托人之间进行财产权的转移或为其他处分，使信托财产的物权归属于受托人，同时受托人为一定目的管理或处分信托财产，使受益人对信托财产具有了债权的效果。

我国信托法对于信托的定义基本上沿用了大陆法系的定义方式，尽可能多地囊括进信托的基本特征，并不与相关的财产法律制度相冲突。《中华人民共和国信托法》（以下简称《信托法》）第2条规定："本法所称信托，是指委托人基于对受托人的信任，将其财产权委托给受托人，由受托人按委托人的意愿以自己的名义，为受益人的利益或者特定目的进行管理或者处分的行为。"

（二）信托的法律特征

1. 信托是一种涉及三方当事人的法律关系

在信托法律关系中，主要的信托当事人包括委托人、受托人和受益人。委托人是指有处分财产权利并将自己的财产委托给其他人管理处分，导致信托关系设立的人；受托人是指受让委托人财产权的转移或为其他处分，并按照委托人的委托管理处分信托财产的人；受益人则是指因受托人对信托财产的管理处分行为而享受信托利益的人。在自益信托中，委托人是为了自己的利益而设的信托，故委托人和受益人合一。

2. 信托是围绕一定财产而发生的法律关系

信托中的特定财产是指委托人转移或设定财产权、与受托人自有财产相分离的、由受托人依信托宗旨而进行管理或处分的财产，是信托当事人之间发生关系的基础。只要是可以用金钱衡量的物和财产权利均可设立信托，即信托财产既包括有形财产，也包括无形财产；相反，在不具有经济价值、不可用金钱衡量的非财产上则不可设立信托。

3. 信托是一种以信任为基础的法律关系

信托的本质是受托人接受委托人的信赖，忠实地为受益人的利益管理和处分信托财产。没有委托人对受托人的信赖，也就没有信托。相应地，受托人对委托人负有信任责任和义务。这些义务包括"善良管理人的注意义务""忠实义务""直接管理义务""不得从信托财产中获益的义务"等。

4. 信托是信托财产所有权与信托利益相分离的一种法律关系

信托财产上的所有权性质向来是民法尤其是大陆法系的民法关注的重点。按照传统物权理论，所有权是对于财产的绝对支配权，对于财产的管理处分和收益是不可分离的。但在信托关系中，受托人享有对信托财产的管理、处分甚至是占有权，这些都是所有权的核心权能，但是受托人因行使这些权能所得利益却归属于受益人。从受益人角度来讲，其享有信托财产的利益却不享有对财产的管理处分权。严格来说，受托人和受益人谁也不是信托财产的完全所有人。而在英美法系，受托人是普通法上所有人，受益人是衡平法上的所有人，或者说受托人是信托财产名义上的所有人，受益人是信托财产的利益所有人，也就是说，在信托财产上存在双重所有权。不管如何解释，处分权和受益权相分离是信托的一个重要特征，也是其生命力的源泉。

知识拓展

信托与相关制度的区别

为了理解信托的概念和特征，有必要将其与民法上相关制度作一比较，这有助于深刻理解信托的本质。

1. 信托和代理

代理是代理人以被代理人名义，在代理授权范围内，与第三人进行的，确立被代理人和第三人之间的法律关系的法律行为。代理与信托主要有以下几点区别。

(1) 主体的名义不同。在信托中，受托人以自己的名义对外从事活动，自己对财产处分行为负责；而在代理中，代理人以本人的名义对外从事活动，代理行为责任归属于被代理人。

(2) 行为的权限不同。受托人享有为实施信托行为所必需的权限，除信托文件和法律限制以外无需特别授权；而代理人的行为权限受到被代理人授权的严格限制，而且被代理人管理和监督着代理人。

(3) 所有权的权能关系不同。在信托中，受托人享有法律上的、形式上的所有权，受益人享有受益权，所有权的权能互相分离；在代理中，所涉及财产的所有权权能不发生分离。

(4) 权利实施的期限不同。信托通常是长期性的，而代理的期限长短由代理的事务性质决定，可以是一次性的，也可以是持续性的。

2. 信托与行纪

行纪是大陆法系国家民法中的一项制度，是指行纪人接受他方委托，以自己的名义为委托人办理购、销等事务并收取报酬的营业。行纪与信托有以下几点区别。

(1) 权限范围不同。行纪人所进行的主要是代客买卖，而信托人进行的事务内容则比较广泛，可以是买卖，也可以是其他管理、投资等处分。

(2) 财产范围不同。行纪所设计的财产主要是动产，不动产一般不适用行纪，而信托的财产则没有此限制。

(3) 行使权利的性质不同。行纪人在开展行纪业务时并不享有财产法律上的所有权，但信托中的受托人则享有对信托财产法律上的所有权。

(4) 所取得的利益归属不同。信托财产处分的利益归属于受益人，而行纪行为的利益则归属于委托人。

二、信托的分类与历史沿革

(一) 信托的分类

信托适用范围极广，可以从不同角度，根据不同标准对信托进行分类。

1. 民事信托和商事信托

按照信托的目的划分，可分为民事信托和商事信托。

凡是以民法为依据建立的信托称为民事信托，即民事信托是属于民法范围内的信托。商事信托是民事信托的对称，是以商法为依据建立的信托，属于商法范围内的信托业务。

2. 资金信托和财产信托

按照信托的标的划分，可分为资金信托和财产信托。

资金信托又称为“金钱信托”，是指委托人基于对信托投资公司的信任，将自己合法拥有的资金委托给信托投资公司，由信托投资公司按委托人的意愿以自己的名义，为受益人的利益或特定目的管理、运用和处分资金的行为。

财产信托是指委托人将自己的动产、不动产（房产、地产）以及知识产权等非货币形式的财产、财产权，委托给信托投资公司，按照约定的条件和目的进行管理或者处分的行为。

3. 自益信托、他益信托和宣示信托

按照委托人与受托人的关系划分，信托可分为自益信托、他益信托和宣示信托。

委托人以自己为唯一受益人而设立的信托是自益信托。自益信托的委托人和受益人是同一人。自益信托只能是私益信托。

凡委托人要求设定的信托，其目的是为第三者的收益，则为他益信托。被指定的第三者可以表示同意也可以拒绝接受，有时亦可采取默认方式，因其并无明确的同意或拒绝的示意根据。

宣示信托又称宣言信托，是指财产所有人以宣布自己为该项财产受托人的方式而设定的信托。该项财产一经宣告受托就成为信托财产，财产并不转移但须与原有其他财产分别进行保管。这种信托只有在他益信托，以委托人以外的他人为受益人的场合始能成立。

4. 私益信托和公益信托

按照受益对象划分，信托可分为私益信托和公益信托。区别私益信托和公益信托的另一个主要标准是信托目的。

委托人为自己、亲属、朋友或者其他特定个人的利益而设立的信托是私益信托。私益信托可以是自益信托，也可以是他益信托。私益信托是信托业务中的主要部分，信托投资公司通过运用信托手段为受益人谋取信托收益。

委托人为了不特定的社会公众的利益或者社会公众利益而设立的信托是公益信托。公益信托只能是他益信托。设立公益信托不得有确定的受益人，只能以社会公众或者一定范围内的社会公众作为受益人，并且必须得到税务机关或者公益事业管理机构的批准或者许可。

知识拓展

我国立法中的公益信托

公益信托是为了实现社会公益目的而设定的信托，在英美法系中，公益信托又称为慈善信托。我国鼓励发展公益信托，《信托法》第60条规定了公益信托的具体的范围：救济贫困；救助灾民；扶助残疾人；发展教育、科技、文化、艺术、体育事业；发展医疗卫生事业；发展环境保护事业，维护生态环境；发展其他社会公益事业。公益信托的设立和确定其受托人，应当经有关公益事业的管理机构批准。同时，出于同样考虑，为了保证公益信托的正常运转，有利于信托目的的实现，受托人未经公益事业管理机构批准，不得辞任。为了加强对公益信托的监督，保证公益信托目的的实现，《信托法》规定在公益信托中应当设置信托监察。

5. 任意信托、推定信托和法定信托

以信托关系建立的法律依据为标准，信托可分为任意信托、推定信托和法定信托。

任意信托指依据信托当事人（委托人、受托人、受益人）的意思成立信托关系，并明确约定在有关信托文件（契约或遗嘱）之中，即这种信托的成立完全以各方当事人的自由意思表示为依据，不受外力干预，故又称“自由信托”，又因其意思表示约定在文件上，亦称为“明示信托”。

凡信托关系的成立，并没有订立明确的契约或遗嘱等，而是由法院根据信托关系人的来往书信或其他有关文件记载研究推定三方当事人确曾有建立信托关系的意思，继而明确真正的信托关系的信托称为推定信托。

法定信托是指依法律的规定来推测当事人的意思所发生的一种信托。即由司法机关确定其法律上信托的效力。

（二）信托的历史沿革

信托是社会经济发展到一定阶段的产物。一般认为，英国是信托业的发源地。信托业最初由英国创始的时候，是由个人来承办的，而且不以营利为目的。当时，英国信托的受托者主要由教会牧师、学校教师和银行经理等社会上信誉较好、地位较高的人来充当。委托者不给受托者报酬，故称为“民事信托”。这种依靠个人关系而进行的信托，经常发生受托人贪污或先于委托人死亡等情况，往往导致财产损失和纠纷。为此，英国政府于1883年颁布了“受托者条例”，于1896年又颁布了《官选受托者条例》，于1907年进一步公布了“官营受托法规”规定，于1908年成立了官营受托局，使信托业具有了法人资格，并开始收取信托报酬。根据1925年公布的“法人受托者条例”，由法人办理的以营利为目的的营业信托也正式开始了。

现代意义的信托一般认为，充分发展于美国，并在日本达到创新。最初的美国信托业务是从受托执行遗嘱和管理财产等民事性质的任务开始的。随着美国经济的迅速发展，美国的信托业就开展了由公司经营的、以营利为目的的商事性业务。原先个人承办的民事信托，不能适应经济发展的要求，以营利为目的的信托公司和银行信托部等法人组织在美国应运而生。信托从个人承办演进为由法人承办并做商事性经营，在美国比英国还早。1822 年，美国的"农民火灾保险及借款公司"开始兼营以动产和不动产为对象的信托业务。后来，为了适应业务发展的需要，该公司于 1836 年更名为"农民放款信托投资公司"。这是美国的第一家信托公司。在日本，除了大银行设立的"信托部"外，还有许多专业信托公司。受托经营的财产种类，扩大到金钱、有价证券等各种动产和土地、房屋等不动产，还包括金钱债权和土地租借权等有关权益。受托的业务对象，从对财产物资的经营管理扩大到对人的监护和赡养，以及包罗万象的咨询、调查等方面。

中国的信托业始于 20 世纪初的上海。1921 年 8 月，在上海成立了第一家专业信托投资机构——中国通商信托公司，1935 年在上海成立了中央信托总局。新中国成立至 1979 年以前，金融信托因为在高度集中的计划经济管理体制下不可能得到发展。党的十一届三中全会后，随着国民经济的调整和实行改革措施，我国出现了多种经济并存、多层次的经济结构和多种流通渠道，财政分权，企业扩权，国民收入的分配比例发生了变化，这对资金的运作方式和供求关系产生了重大影响。经济体制的变革需要多样性的信用体制的形成，金融信托作为一种重要的信用形式开始发展。1979 年 10 月，中国银行成立了信托投资咨询部，10 月 5 日成立了中国国际信托投资公司，1980 年后，各地的信托投资公司纷纷成立。在中国信托业发展过程中，随着市场经济的不断深化，全行业先后经历了五次清理整顿。我国信托制度真正建立的标志应当是 2001 年 4 月《信托法》的颁布实施。该法对于促进我国的经济发展、繁荣市场经济发挥了巨大的作用。

三、信托法的概念

信托法是调整信托关系的法律规范的总称。信托关系是指委托人、受托人和受益人相互之间围绕特定财产权的转移、财产的管理或处分，以及受益而发生的权利义务关系。信托法有广义和狭义之分，狭义的信托法是指国家立法机关制定的信托法律，如《信托法》；广义的信托法除狭义的信托法律之外，还包括其他国家机关，如行政机关制定的信托行政法规和规章，司法机关有关信托的司法解释，等等。如我国的《信托公司管理办法》《信托公司净资本管理办法》《信托公司集合资金信托计划管理办法》《信托公司私人股权投资信托业务管理办法》《信托公司受托境外理财业务管理暂行办法》等。

由于我国《信托法》颁布实施时间不长，目前我国信托法尚不完善。从内容上看，在指导思想、概念定义、制度安排等方面还需要更积极的创新；从形式上看，除《信托法》之外，相关信托组织和机构的法律依据主要体现为部门规章，效力偏低，有赖于有关相配套法规、规章的制定和提升效力层次。这样才能真正发挥法律对于信托市场的培育、保护、创新的功能和作用。

第二节 信托法的基本原则

信托法的基本原则是指贯穿于信托法的各种法律规范，尤其是狭义的信托法之中、对信托立法和执法起指导作用的基本精神，是信托法区别于其他财产管理法的根本特征。

一、信托目的合法性原则

信托目的是信托成立的基本要素。信托目的合法性是指通过信托的设定与实施，当事人所欲追求的目标效果必须合法。信托目的合法性原则是信托法基本原则中首要的原则。现代各国信托法普遍确立了信托目的合法性原则，不允许当事人为规避法律和违法性目的而设立信托，否则信托无效。我国信托法也同样将信托目的合法性原则作为一项基本原则。

二、信托财产独立性原则

信托财产处于信托关系的核心，没有独立可辨识的信托财产，便无信托。信托财产独立性是指信托一旦有效设立，信托财产即与委托人、受托人及受益人的固有财产相分离，而成为一项独立运作的财产，仅服从于信托目的。

三、信托财产管理权与受益权相分离原则

信托关系的本质是“受人之托，代人理财”。受托人享有对信托财产进行管理的权利，但受益人却有享受信托利益的权利，这就是信托财产管理权与受益权相分离的原则。信托财产管理权与受益权相分离、信托财产权利主体与利益主体相分离，是信托制度最根本的特征，是信托制度与其他制度相区别的根本所在。

四、受托人的有限责任原则

受托人的有限责任是指受托人因信托行为而产生的给付责任，仅以财产为限承担有限清偿的责任。受托人的有限责任原则是我国《信托法》的又一基本原则，此原则源于信托财产独立性。

《信托法》中关于受托人的有限责任原则既体现在受托人与受益人的内部关系中，也体现在受托人与第三人的外部关系中。

五、信托公示原则

所谓信托公示，是指信托关系当事人或有关主管机关将某项财产已设立信托的事

实，通过法定方式告知公众，以让公众知晓。信托公示原则体现了对信托关系当事人以外的第三人利益的保护。

六、信托承继性原则

信托是一种具有长期性和稳定性的财产转移与管理制度，这突出表现在信托的承继性效力。所谓信托承继性，是指信托一经有效设立，在有效期内不因受托人和受益人的变更而受影响，也不因原定目的已实现或不能实现而影响公益信托的存续。

第三节 信托基本法律制度

一、信托的设立

（一）信托设立的要件

按照《信托法》的规定设立信托的条件。设立信托应当具备以下条件。

1. 要有合法的信托目的

这是设立信托所必须具备的条件，其实质要求：第一，要有信托目的；第二，信托目的必须具有合法性。信托是为了一定的目的而委托他人管理财产，所以设立信托必须是有其目的的。而且信托目的必须是合法的，也就是要具有合法性，这个限定是强制性的，任何信托都不得有例外，法律信托目的合法性也就是要求在法律允许的范围内确定信托目的，不能有违反法律的非法的信托目的。

2. 信托财产应当明确合法

设立信托，必须有确定的信托财产，并且该信托财产属于委托人合法所有的财产或者合法的财产权利。

3. 信托文件应当采用书面形式

《信托法》第 8 条规定，设立信托，应当采取书面形式。书面形式包括信托合同、遗嘱或者法律、行政法规规定的其他书面文件等。采取信托合同形式设立信托的，信托合同签订时，信托成立。采取其他书面形式设立信托的，受托人承诺信托时，信托成立。

书面的信托文件应当载明下列事项：信托目的；委托人、受托人的姓名或者名称、住所；受益人或者受益人范围；信托财产的范围、种类及状况；受益人取得信托利益的形式、方法。除前款所列事项外，可以载明信托期限、信托财产的管理方法、受托人的报酬、新受托人的选任方式、信托终止事由等事项。

4. 设立信托要依法办理信托登记

设立信托的财产依照有关法律、行政法规的规定应当办理登记手续的，应当依法办理信托登记；未办理登记的应当补办，不补办的信托不产生效力。

（二）无效信托及其法律后果

1. 无效信托的法定事由

信托的设立行为受法律强制性规范的约束，如果信托的设立行为违反信托法的规定和其他法律、行政法规的规定，该信托不具有法律效力，视为自始无效。

根据《信托法》第11条的规定，有下列情形之一的，信托无效：①信托目的违反法律、行政法规或者损害社会公共利益；②信托财产不能确定；③委托人以非法财产或者本法规定不得设立信托的财产设立信托；④专以诉讼或者讨债为目的的设立信托；⑤受益人或者受益人范围不能确定；⑥法律、行政法规规定的其他情形。

2. 信托无效的法律后果

《信托法》对于信托无效的法律后果并无明确规定，而信托行为作为一种法律行为，其无效的法律后果能够适用民法有关无效的民事行为的规则予以处理，原则上应恢复到信托设立前的状态，如果委托人已经将委托财产转移给受托人，受托人应将该财产转回给委托人。而对信托无效具有过错的人，对于对方当事人因此受到的损失承担赔偿损失等相应的法律责任。

二、信托的变更、解除和终止

（一）信托的变更

1. 信托要素的变更

信托要素的变更实际上是指信托目的的变更。信托关系是以信托财产为中心而存续的法律关系，信托关系当事人发生变更，信托关系的内容并不发生变更。信托财产与所有信托当事人是受到信托目的的拘束，信托目的发生了变更，即使信托当事人不变更，信托关系也发生了变更。但是，变更后的目的与从前的信托目的明显不同时，无论目的是否实现，都应当作为原信托终止、新信托成立来处理。

2. 信托当事人的变更

信托当事人的变更包括委托人、受托人和受益人的变更。

（1）委托人的变更权。信托依法设立后，委托人没有法律规定或者信托文件规定作为依据，不得变更信托。《信托法》第51条规定："设立信托后，有下列情形之一的，委托人可以变更受益人或者处分受益人的信托受益权：受益人对委托人有重大侵权行为；受益人对其他共同受益人有重大侵权行为；经受益人同意；信托文件规定的其他情形。"

（2）受托人的变更权。受托人一般没有变更信托的权利，但是如果委托人在信托文件中授予了，或者法律规定了受托人变更信托的权利，受托人便可以在授权范围内变更信托。受托人在行使此项权利时，应当出于信托目的，并尽到善良管理人的注意义务，而不得滥用变更权；否则，将承担由此造成信托财产损失或者受益人利益损失的法律责任。

（3）受益人的变更权。原则上讲，受益人享有变更信托的权利，因为受益人是信托利益的拥有者，受益人有权为了自己的利益而要求变更信托。

（二）信托的解除

信托的解除是指信托当事人根据法律规定或者信托文件的约定行使解除权，以消灭信托效力的行为。《信托法》第 50 条规定："委托人是唯一受益人的，委托人或者其继承人可以解除信托。信托文件另有规定的，从其规定。"另外，《信托法》第 53 条还规定了委托人行使解除权的情形，包括：①受益人对委托人有重大侵权行为；②经受益人同意；③信托文件规定的其他情形。

（三）信托的终止

1. 信托终止的事由

信托的终止是指信托关系由存在变为不再存在。《信托法》规定了信托终止的事由如下：①信托文件规定的终止事由发生；②信托的存续违反信托目的；③信托目的已经实现或者不能实现；④信托当事人协商同意；⑤信托被撤销；⑥信托被解除。

信托不因委托人或受托人的死亡、丧失民事行为能力、依法解散、被依法撤销或者被宣告破产而终止，也不因受托人的辞任而终止。但法律另有规定除外。

2. 信托终止的法律后果

出现了信托终止的情形，存在于信托关系中的委托人、受托人、受益人所享有的、无论是信托文件规定的还是信托法规定的一切权利义务，均归于消灭。但是，此前还应当确定信托财产的归属和进行信托事务的清算。

（1）信托财产的归属。信托法中规定了两种归属途径。第一种是信托终止的，信托财产归属于信托文件规定的人。第二种是信托终止而信托文件对信托财产的归属未作规定的，则按下列顺序确定归属：第一顺序为受益人或者其继承人；第二顺序为委托人或者其继承人。信托财产归属确定之后，在信托财产转移给权利归属人的过程当中，信托视为存续，权利归属人视为受益人。信托终止后，人民法院依据信托法的规定对原信托财产进行强制执行的，以权利归属人为被执行人。

（2）信托事务的清算。《信托法》第 58 条规定："信托终止的，受托人应当作出处理信托事务的清算报告。受益人或者信托财产的权利归属人对清算报告无异议的，受托人就清算报告所列事项解除责任。但受托人有不正当行为的除外。"

信托终止后，受托人依照信托法规定行使请求给付报酬、从信托财产中获得补偿的权利时，可以留置信托财产或者对信托财产的权利归属人提出请求。

案例 9-1

信托当事人的变动与信托效力

2015 年甲将 10 万元人民币委托给 A 信托公司，为其正在上小学六年级的儿子乙设立大学教育经费信托。2018 年，A 信托公司由于连续两年年检不合格，被中国人民银行依法撤销。后B信托公司受甲之托继续管理教育经费信托事务。2019年甲的儿子在一起交通事故中意外死亡。

问：①A信托公司被撤销，信托是否终止？②甲的儿子死亡是否影响信托的效力？

【解析】①A信托公司被撤销后信托并不终止。《信托法》规定：受托人被依法撤销或被宣告破产，受托人职责终止，其清算人应当妥善保管信托财产，协助新受托人接管信托事务。可见，信托不因受托人被依法撤销或被宣告破产而终止。结合本案内容，在A信托公司被撤销后，A信托公司的信托职责终止，但信托并不终止。

②甲的儿子死亡不会影响信托的效力。原则上信托受益权具有继承性、可转让性。因此甲的儿子死亡后信托因继承而导致受益人变更，但不会影响信托的效力。

三、信托当事人

信托当事人是指信托法律关系的主体，包括委托人、受托人和受益人。这些当事人在信托法律关系中都具有独立的资格和相应的法定权利、义务。

（一）信托委托人

信托委托人是指将信托财产委托他人管理和处分的人。信托委托人通过信托行为把自己的财产作为信托财产转移给受托人，并委托为自己或为自己指定的其他人的利益对信托财产进行管理和处分，并以此设立信托关系。

1. 信托委托人的资格

《信托法》对于信托委托人有严格的资格要求。

（1）委托人必须具有信托行为的能力。自然人作为委托人必须具有完全民事行为能力，即达到法定年龄，并且精神状态正常。法人或者依法成立的其他组织须以登记名称实施信托行为，法人的分支机构在没有取得授权的情况之下，不得以法人的名义作为信托委托人。

（2）委托人必须是信托财产的权利人。信托财产不仅名义上属于委托人，而且必须在法律上也属于委托人。国有企业作为委托人时，对拟要信托的财产必须满足国有资产管理的要求。

2. 信托委托人的权利

根据《信托法》的规定，委托人的主要权利如下：

（1）有关情况了解权。《信托法》第20条规定："委托人有权了解其信托财产的管理运用、处分及收支情况，并有权要求受托人作出说明。委托人有权查阅、抄录或者复制与其信托财产有关的信托账目以及处理信托事务的其他文件。"

（2）管理方法变更权。《信托法》第21条规定："因设立信托时未能预见的特别事由，致使信托财产的管理方法不利于实现信托目的或者不符合受益人的利益时，委托人有权要求受托人调整该信托财产的管理方法。”

（3）撤销处分请求权。《信托法》第22条规定：“受托人违反信托目的处分信托财产或者因违背管理职责、处理信托事务不当致使信托财产受到损失的，委托人有权申请人民法院撤销该处分行为，并有权要求受托人恢复信托财产的原状或者予以赔偿；该信托财产的受让人明知是违反信托目的而接受该财产的，应当予以返还或者予以赔偿。委托人所享有的申请权，自其知道或者应当知道撤销原因之日起1年内不行使的，归于消灭。”

（4）受托人解任权。《信托法》第23条规定：“受托人违反信托目的处分信托财产或者管理运用、处分信托财产有重大过失的，委托人有权依照信托文件的规定解任受托人，或者申请人民法院解任受托人。”

3. 信托委托人的义务

信托法一方面要求委托人提供信托财产，另一方面又排除了委托人管理和处分信托财产的权利，因此委托人的义务并不体现在执行信托上，信托法也未直接规定委托人的义务内容。根据信托设立的基本要求，委托人应该承担的主要义务可以归纳如下：

（1）确保信托财产转移给受托人。将信托财产转移给受托人，这是委托人作为信托关系设定人的最大义务。委托人只有将信托财产转移给受托人，使受托人成为信托财产名义上的所有人，才能对信托财产实施有效的管理与处分。

（2）作为信托关系人应履行的义务。委托人在信托成立后，即成为信托关系利害关系人，由此应承担相应义务。

委托人不得随意干预受托人管理和处分信托财产，但是，如果委托人在设定信托时，在信托文件中保留了干预的权利，那么委托人可以在相应的权限内实施干预权。

向受托人支付报酬的义务。信托可以是有偿的，也可以是无偿的，但如果属于有偿信托，那么委托人有义务向受托人支付酬金。

补偿或赔偿受托人的义务。当委托人是唯一受益人时，如果信托不利于受益人而解除信托，由此给受托人造成的有关损失，委托人有赔偿的义务；如果因受托人在正当处理信托事务时使自己遭受了损失，委托人负有补偿的义务。

（二）信托受托人

信托受托人是指在信托关系中接受委托人的委托，或者按照国家机关的规定，以自己名义为受益人的利益或其他特定目的，对信托财产进行管理、运用或处分的人。

1. 信托受托人的资格

按照我国法律规定，受托人应当具有成为财产权主体的一般资格，即应当具有完全民事行为能力。

受托人可以是自然人，也可以是法人。受托人为自然人的，受托人为履行职责，应当有管理、处分信托财产的能力，即受托能力。因此，具有完全民事行为能力的自然人才能为受托人。受托人为法人时，该法人应当具备依法设立并且可以在核准登记的范围内从事管理、处分信托财产活动的资格。具体资格要求将在本章第四节阐述。

2. 信托受托人的权利

根据《信托法》的规定，受托人的主要权利如下：

（1）信托财产的管理和处分权。受托人对信托财产的管理和处分权来源于信托文件的规定、法律的直接规定和信托目的要求，主要体现在以下几个方面。

其一，出售权。受托人可以出售的信托财产：信托文件明确规定可以出售的财产；为了实现信托目的，出售必要或适当的信托财产。如果信托文件明文禁止出售或者显示出必须采取指定方式保存的信托财产，受托人则不能出售。

其二，出租权。受托人可以以合理的价格或条件，在适当的时间内出租信托财产，除非信托文件另有规定。

其三，担保或者借贷权。在一般情况下，受托人不得就信托财产设定抵押或者质押等担保，但是，如果信托文件授予其设定抵押或者质押的，受托人可以在信托财产上设定抵押或质押。同样，在一般情况下，受托人不得以信托财产为信用贷款，但信托文件授予其贷款权利的，受托人可以就信托资金进行信用贷款。

（2）费用和损失的补偿请求权与优先受偿权。受托人在管理和处分信托财产，处理信托事务时需要有相应的费用支出，还会对第三人发生债务。《信托法》第37条规定："受托人因处理信托事务所支出的费用、第三人所负债务，以信托财产承担。受托人以其固有财产先行支付的，对信托财产享有优先受偿的权利。"信托财产与其他财产分别管理、分别计账，受托人发生这些费用和债务，就在单独管理和单独立账的信托财产中予以支付。

（3）报酬请求权。《信托法》第35条规定："受托人有权依照信托文件的约定取得报酬。信托文件未作事先约定的，经信托当事人协商同意，可以作出补充约定；未作事先约定和补充约定的，不得收取报酬。约定的报酬经信托当事人协商同意，可以增减其数额。"

（4）辞任权。辞任权是指受托人辞去受托人职务的权利。辞任是受托人的权利，但因受托人的职责所致，其行为关系到受益人、委托人的财产物质利益，因此受托人辞任的，须经委托人和受益人的同意；并且考虑到前后两个受托人职责的衔接的必要，在新的受托人选出前，原受托仍应履行管理信托事务的职责，也就是受托人的职责。但法律对公益信托的受托人另有规定的，从其规定。

3. 信托受托人的义务

基于受托人在信托关系中的核心地位，信托目的的实现、受益人利益的保障以至于经济秩序的维护都有赖于信托受托人义务的确定和履行。对此，《信托法》规定了受托人的义务。主要包括以下内容：

（1）诚实和善良管理义务。这是要求受托人应当为受益人的最大利益处理信托事务。《信托法》第25条规定："受托人应当遵守信托文件的规定，为受益人的最大利益处理信托事务。受托人管理信托财产，必须恪尽职守，履行诚实、信用、谨慎、有效管理的义务。"这一义务要求受托人在处理信托事务时，要从职业要求出发，尽自己最大的注意和最高的谨慎，坚守诚实信用原则，谋求信托财产的稳健经营和收益最大化。

（2）忠实于受益人的利益，不谋取私利的义务。这是要求受托人不能将自己的利益置于与受益人利益可能相冲突的地位，忠实于受益人的利益。《信托法》第26条规定："受托人除依照本法规定取得报酬外，不得利用信托财产为自己谋取利益。受托人如果违反该义务，利用信托财产为自己谋取利益的，所得利益归入信托财产。"第27条规定："受托人不得将信托财产转为其固有财产。受托人将信托财产转为其固有财产的，必须恢复该信托财产的原状；造成信托财产损失的，应当承担赔偿责任。”第 28 条规定：“受托人不得将其固有财产与信托财产进行交易或者将不同委托人的信托财产进行相互交易，但信托文件另有规定或者经委托人或者受益人同意，并以公平的市场价格进行交易的除外。受托人违反前述规定，造成信托财产损失的，应当承担赔偿责任。”

（3）对信托财产分别管理的义务。出于信托财产独立性的要求，《信托法》规定，受托人必须将信托财产与其固有财产分别管理、分别记账，并将不同委托人的信托财产分别管理、分别记账。将信托财产与固有财产及不同委托人的信托财产分别管理、分别记账的最主要目的，是明确受托人的责任，使其真正履行为受益人最大利益管理和处分信托财产的义务。

（4）亲自处理信托事务的义务。信托是建立在委托人对受托人资质、能力、人品、见识、工作业绩等较为个性化的特质了解的基础上。对此《信托法》第 30 条规定，受托人应当自己处理信托事务，但信托文件另有规定或者有不得已事由的，可以委托他人代为处理。受托人依法将信托事务委托他人代理的，应当对他人处理信托事务的行为承担责任。

（5）报告和保密义务。受托人接受委托，代人理财，基于信任关系处理信托财产和信托事务，受信托法和信托文件的约束。《信托法》第 33 条规定：“受托人必须保存处理信托事务的完整记录。受托人应当每年定期将信托财产的管理运用、处分及收支情况，报告给委托人和受益人。受托人对委托人、受益人以及处理信托事务的情况和资料负有依法保密的义务。”

（6）向受益人支付信托利益的义务。受托人应承担向受益人支付信托利益，这是信托与其他财产管理方式不同的地方，也是信托的本质所在。《信托法》第 34 条规定：“受托人以信托财产为限向受益人承担支付信托利益的义务。”

案例 9-2 信托公司的法定义务

A 信托公司与 B 公司签订信托合同并约定：A 公司负责将 B 公司的自有闲余资金 6000 万元用于信托投资，期限 5 年。信托资金运营中发生如下事项：①A 公司将 B 公司的信托资金存放在自己的资金账户上进行管理，未单独立账；②信托后第四年，A 公司因业务繁忙，委托 C 信托公司管理营运 B 公司信托资金中的 1000 万元，后者因管理不善，造成了 500 万元的损失。B 公司认为 A 公司的信托行为不合法，应承担给其造成的 500 万元损失。

【解析】根据本案情况，A 公司存在以下违法情形：①未对 B 公司信托财产单独立账不合法。依法信托财产应与受托人固有财产相区别，不得归入受托人的固有财产或者成为固有财产的一部分。②A 公司转委托 C 公司的行为不合法。信托事务一般需由受托人亲自处理，只有在信托文件另有规定或有不得已事由时，受托人才可委托他人代为处理。本案中，双方的信托文件未作此项约定，事务繁忙也不属于不得已事由，故 A 公司转委托不合法，应承担 500 万元损失的赔偿责任。

（三）信托受益人

1. 信托受益人的资格

信托受益人是指在信托法律关系中享有信托权的人。受益人并不需要通过承诺或者为一定的法律行为才能取得信托受益权，且受益人是信托法律关系中纯享利益之人。因此法律一般对于受益人没有资格限制，受益人与委托人和受托人不同，不论是自然人还是法人或者其他依法成立的组织，不论有无行为能力的人，均可以作为信托法律关系中的受益人。

在信托法律关系中，受益人通常为委托人指定的第三人，委托人也可以设立自益信托，指定自己为唯一受益人，将其财产权委托给受托人，由受托人为自己的利益管理和处分信托财产，也可以指定自己与其他受益人为共同受益人，由受托人为自己和其他受益人的利益管理和处分信托财产。《信托法》第 45 条规定："共同受益人按照信托文件的规定享受信托利益。信托文件对信托利益的分配比例或者分配方法未作规定的，各受益人按照均等的比例享受信托利益。"委托人还可以指定受托人为共同受益人之一，由其管理和处分信托财产。但是，委托人不得指定受托人为某一信托的唯一受益人，受托人是某一信托的唯一受益人时，信托财产的管理、处分又和信托受益权归于同一人，信托就失去了其设立和存在的意义。因此，根据《信托法》第 43 条的规定，受托人可以是共同受益人之一，但不得是同一信托的唯一受益人。

2. 信托受益人的权利

根据《信托法》的规定，信托受益人的主要权利如下：

（1）受益权。即受益人依照信托文件享有信托利益的权利。《信托法》第 44 条规定："受益人自信托生效之日起享有信托受益权。信托文件另有规定的，从其规定。"一般来说，信托受益权包括：在信托存续期间，享受信托财产收益的权利；在信托终止时获得信托财产本金的权利；为保护其利益及信托财产而监督受托人管理、处分信托财产的权利等。

（2）信托受益权的放弃权。信托受益权是一种财产权，受益人原则上可以自由放弃。《信托法》第 46 条规定："受益人可以放弃信托受益权。全体受益人放弃信托受益权的，信托终止；部分受益人放弃信托受益权的，被放弃的信托受益权按法定顺序确定归属。"

（3）信托权的转让和继承权。《信托法》第 48 条规定，受益人的信托受益权可以依法转让和继承，但信托文件有限制性规定的除外。因信托是委托人为受益人的利益或者特定目的将其财产委托受托人管理和处分的制度。因此，信托受益权的行使亦应不违背信托目的。

（4）受益权的债务清偿权。受益权为私法上的权利，而且不属于人权的范畴，原则上受益人可自由处分。因此，当受益人不能清偿到期债务时，可以用信托受益权予以清偿。对此，《信托法》第 47 条规定："受益人不能清偿到期债务的，其信托受益权可以用于清偿债务，但法律、行政法规以及信托文件有限制性规定的除外。"

（5）受益人的监督权。受益人除享有上述权利外，还享有为保护其利益及信托财产而监督受托人管理、处分信托财产的权利。根据《信托法》的规定，受益人的监督权主要包括：有权了解其信托财产的管理运用、处分及收支情况，并有权要求受托人作出说明；有权查阅、抄录或者复制与其信托财产有关的信托账目以及处理信托事务的其他文件；因设立信托时未能预见的特别事由，致使信托财产的管理方法不利于实现信托目的或者不符合受益人的利益时，有权要求受托人调整该信托财产的管理方法；受托人违反信托目的处分信托财产或者因违背管理职责、处理信托事务不当致使信托财产受到损失的，有权申请人民法院撤销该处分行为，并有权要求受托人恢复信托财产的原状或者予以赔偿；受托人违反信托目的处分信托财产或者管理运用、处分信托财产有重大过失的，有权依照信托文件的规定解任受托人，或者申请人民法院解任受托人。

信托关系中受益人的受益权因委托人的指定或法律的规定而产生，并不需要受益人为此而履行相对应的义务。

四、信托财产

信托财产是指委托人通过信托行为，转移给受托人并由受托人按照一定的信托目的管理或处理的财产，也叫信托标的物。

（一）信托财产的范围

确定信托财产的范围，应以信托文件作为直接依据。有些国家信托法将信托文件作为法院确认信托财产范围的基本证据。如美国《信托法》。依据信托文件确定的信托财产是信托法律关系成立时信托人转移给受托人的财产，即原始信托财产，但在信托法律关系存续期间，受托人因对信托财产进行管理或处分或因其他情形而取得的财产，也属于信托财产的范围。根据《信托法》第 14 条的规定，信托财产具体包括如下内容：

（1）受托人因管理信托财产而取得的财产。有效管理信托财产是受托人的法定义务，经有效管理，一般会产生一定的收益，并且这种收益表现为一定形态的财产。

（2）受托人因处分信托财产而取得的财产。处分信托财产的方式可以是出售、投资、互易等，该处分信托财产的行为，必然使受托人取得其他财产，如价金、实物等，因处分信托财产而取得的财产自然应当属于信托财产。

（3）受托人因其他情形取得的财产。其他情形：委托人依据信托文件或与受托人协商一致，追加的财产；受托人因信托财产的灭失毁损而取得的财产，如信托财产的灭失毁损后取得的保险金；受托人在管理、处分信托财产期间，因法律法规的修改、税收减免、汇率变化、利率调整、政府补贴、赠与、奖励、权利人放弃权利等，而取得的收益。

（4）由委托人增加的财产。在信托运行过程中，委托人根据信托契约中的专门授权，可以自行决定将自己的其他财产追加投入到信托运行过程中，由此而增加的财产，在性质上属于信托财产。此外，即使在信托契约中没有专门授权，委托人在信托运行过程中，只要与受托人协商一致，也可以将自己的其他财产追加投入到信托运行过程中。由于追加财产系经委托人与受托人协商一致，因此，追加的财产也属于信托财产。

（二）信托财产的特征

信托是一种为他人利益而转移财产并加以管理的制度。信托财产作为其载体，具有下列特征。

1. 转让性

信托的成立，以信托财产由委托人转移给受托人为前提条件。因此，信托财产的首要特征是转让性，即信托财产必须是为委托人独立支配的可以转让的财产。信托财产的转让性，首先，要求信托财产在信托行为成立时必须客观存在。如果在设立信托时，信托财产尚不存在或仅于委托人希望或期待可取得的财产，则该信托无法设立。其次，要求信托财产在设立信托时必须属于委托人所有。如果信托财产在设立信托时虽然客观存在，但不属于委托人所有，则因委托人对该财产不享有处分权而无权将其转移给受托人，信托无法成立。最后，信托财产的转让性要求法律、行政法规禁止流通的财产，不得作为信托财产。法律、行政法规限制流通的财产，依法经有关主管部门批准后，可以作为信托财产。

2. 物上代位性

物上代位性是指任何信托财产在信托终了前，不论其物质形态如何变换，均属于信托财产。信托财产的物上代位性不仅使信托财产基于信托目的而在内部结合为一个整体，不因物质形态的变化而丧失信托财产的性质，而且使信托财产在物质形态变化过程中，不因价值量的增加或减少而改变其性质。

想一想

信托财产的物上代位性与担保物权的物上代位性有何区别和联系？

3. 独立性

信托财产最根本的特征在于其独立性。信托一旦有效设立，信托财产即从委托人、受托人和受益人的自有财产中分离出来而成为一项独立的财产。

（1）信托财产独立于委托人的其他财产。就委托人而言，其一旦将财产交付信托，即从法律上失去对该财产的所有权，从而使信托财产完全独立于委托人的自有财产，由受托人管理和处分。对此，《信托法》第 15 条规定：“信托财产与委托人未设立信托的其他财产相区别。”设立信托后，委托人死亡或者依法解散、被依法撤销、被宣告破产时，委托人是唯一受益人的，信托终止，信托财产作为其遗产或者清算财产；委托人不是唯一受益人的，信托存续，信托财产不作为其遗产或者清算财产；但作为共同受益人的委托人死亡或者依法解散、被依法撤销、被宣告破产时，其信托受益权作为其遗产或者清算财产。

（2）信托财产独立于受托人的自有财产。就受托人而言，其虽因信托而取得信托财产的所有权，但由于他并不能享有因行使信托财产所有权而带来的信托利益，故其所承受的各种信托财产必须独立于其自有财产。如果受托人接受不同委托人的委托，其承受不同委托人的信托财产也应各自保持相对独立。对此，《信托法》第16条规定："信托财产与属于受托人所有的财产（以下简称固有财产）相区别，不得归入受托人的固有财产或者成为固有财产的一部分。受托人死亡或者依法解散、被依法撤销、被宣告破产而终止，信托财产不属于其遗产或者清算财产。"

（3）排除委托人和受托人、受益人的债权人对信托财产的强制执行。除了因为信托财产在信托前已产生的权利或在信托事务处理中发生的权利以外，信托财产不得被扣押、不得强制执行或进行拍卖。根据《信托法》第17条规定，除因下列情形之一外，对信托财产不得强制执行：①设立信托前债权人已对该信托财产享有优先受偿的权利，并依法行使该权利的；②受托人处理信托事务所产生债务，债权人要求清偿该债务的；③信托财产本身应担负的税款；④法律规定的其他情形。另外，第47条规定："受益人不能清偿到期债务的，其信托受益权可以用于清偿债务，但法律、行政法规以及信托文件有限制性规定的除外。"

（4）信托财产在损益方面具有独立性。信托财产的独立性意味着受托人因处理信托事务所产生的损益原则上都属于信托财产本身，这样就必然要求信托财产的债权和不属于信托财产的债务不能相互抵销。对此，《信托法》第18条规定："受托人管理运用、处分信托财产所产生的债权，不得与其固有财产产生的债务相抵销。受托人管理运用、处分不同委托人的信托财产所产生的债权债务，不得相互抵销。"这也就是说，只有属于信托财产的债权与处理信托事务所产生的债务才能抵销。

第四节 信托组织法律制度

一、信托公司概念

在我国，信托公司是根据《公司法》和《信托公司管理办法》的规定设立的，主要经营信托业务的金融机构。作为信托受托人，除了是以法人组织的形式出现，并以获取报酬为目的外，信托公司开展信托业务与个人受托人并无区别，其功能仍然是受人之托，代人理财。因此从性质上说，信托公司是一种财产管理机构，以受托人身份承诺信托和处理信托事务，履行信托财产管理的职能；但是，信托公司又是一种金融机构，通过对信托资金的运用，融通了资金，从而发挥着金融机构的功能，属于金融机构的重要组成部分。我国以立法形式确立了信托业与银行业、证券业、保险业独立存在、分业管理的体制。

二、信托公司的设立、变更和终止

（一）信托公司的设立

对于具有金融机构性质的信托公司，各国信托法对其设立一般都采取许可设立的方式，经信托主管机关批准后信托公司才能登记注册，开展信托业务。《信托公司管理办法》第7条规定："设立信托公司应当经中国银行业监督管理委员会批准，并领取金融许可证。除法律法规另有规定的以外，任何单位和个人未经中国银行业监督管理委员会批准，不得在其名称中使用'信托公司'字样，亦不得经营信托业务。设立信托公司，应当采取有限责任公司或者股份有限公司的形式。"

根据《信托公司管理办法》第8条规定，设立信托公司，应当具备下列条件：①有符合《公司法》和中国银行业监督管理委员会规定的公司章程；②有具备中国银行业监督管理委员会规定的入股资格的股东；③具有法定的最低限额的注册资本，《信托公司管理办法》规定，信托公司注册资本最低限额为3亿元人民币或等值的可自由兑换货币，注册资本为实缴货币资本；④有具备中国银行业监督管理委员会规定任职资格的董事、高级管理人员和与其业务相适应的信托从业人员；⑤具有健全的组织机构、信托业务操作规程和风险控制制度；⑥有符合要求的营业场所、安全防范措施和与业务有关的其他设施；⑦中国银行业监督管理委员会规定的其他条件。

中国银行业监督管理委员会依照法律法规和审慎监管原则对信托公司的设立申请进行审查，作出批准或者不予批准的决定；不予批准的，应说明理由。

（二）信托公司的变更和终止

1. 信托公司的变更

信托公司依法成立后，如有下列情形之一的，应当经中国银行业监督管理委员会批准：①变更名称；②变更注册资本；③变更公司住所；④改变组织形式；⑤调整业务范围；⑥更换董事或高级管理人员；⑦变更股东或者调整股权结构，但持有上市公司流通股份未达到公司总股份5%的除外；⑧修改公司章程；⑨合并或者分立；⑩中国银行业监督管理委员会规定的其他情形。

2. 信托公司的终止

（1）因解散而终止。信托公司出现分立、合并或者公司章程规定的解散事由，申请解散的，经中国银行业监督管理委员会批准后解散，并依法组织清算组进行清算。

（2）因破产而终止。信托公司不能清偿到期债务，且资产不足以清偿债务或明显缺乏清偿能力的，经中国银行业监督管理委员会同意后，可向人民法院提出破产申请。

（3）因被撤销而终止。信托公司有违法经营、经营管理不善等情形，不予撤销将严重危害金融秩序、损害公众利益的，由中国银行业监督管理委员会依法予以撤销。

信托公司终止时，其管理信托事务的职责同时终止。清算组应当妥善保管信托财产，作出处理信托事务的报告，并向新受托人办理信托财产的移交。信托文件另有约定的，从其约定。

三、信托公司的业务经营范围与经营规则

（一）信托公司的业务经营范围

信托公司作为依法设立的主要经营信托业务的金融机构，其业务范围应由法律、法

规所限定。

根据《信托公司管理办法》第 16 条规定，我国信托公司能够经营下列部分或者全部本外币业务：①资金信托；②动产信托；③不动产信托；④有价证券信托；⑤其他财产或财产权信托；⑥作为投资基金或者基金管理公司的发起人从事投资基金业务；⑦经营企业资产的重组、购并及项目融资、公司理财、财务顾问等业务；⑧受托经营国务院有关部门批准的证券承销业务；⑨办理居间、咨询、资信调查等业务；⑩代保管及保管箱业务；⑪法律法规规定或中国银行业监督管理委员会批准的其他业务。

此外，信托公司可以根据《信托法》等法律、法规的有关规定开展公益信托活动，还可以根据市场需要，按照信托目的、信托财产的种类或者对信托财产管理方式的不同设置信托业务品种。

信托公司的主要业务为信托业务，但作为金融机构，在法律规定的范围之内，也可开展固有业务。《信托公司管理办法》第 20 条规定："信托公司固有业务项下可以开展存放同业、拆放同业、贷款、租赁、投资等业务。投资业务限定为金融类公司股权投资、金融产品投资和自用固定资产投资。信托公司不得以固有财产进行实业投资，但中国银行业监督管理委员会另有规定的除外。"另外，该法第 21 条规定："除中国银行业监督管理委员会另有规定之外，信托公司不得开展除同业拆入业务以外的其他负债业务，且同业拆入余额不得超过其净资产的 20%。"

《信托公司管理办法》还规定，信托公司可以开展对外担保业务，但对外担保余额不得超过其净资产的 50%。信托公司开展固有业务，不得有向关联方融出资金或转移财产、向关联方提供担保、以股东持有的本公司股权作为质押进行融资等行为。这些规定，是为了防止信托公司的固有财产减少，避免因其过错使信托财产经营受损而无力赔偿的情况发生。

案例 9-3

信托公司的业务经营范围影响信托合同的效力

2019 年 5 月 12 日，A 公司与 B 信托公司签订了一份《信托存款合同》。合同约定 A 公司将 300 万元存入 B 信托公司账户，存款期限为 2 年，2019 年 5 月 13 日至 2021 年 5 月 13 日，存款年利率为 12%，利息每年支付一次，B 信托公司应保证存款方按期用款并按期支付利息。随后，A 公司支付给 B 信托公司 300 万元，同时 B 信托公司向 A 公司出具了 300 万元的大额存单。

问：A 公司与 B 信托公司签订的《信托存款合同》是否有效？

【解析】A 公司与 B 信托公司签订的《信托存款合同》无效。信托公司的经营范围不是信托公司自己能够随意确定的，而应当由国家法律法规规定。《信托公司管理办法》明确规定了信托公司的经营范围。A 公司与 B 信托公司签订的《信托存款合同》超出了《信托公司管理办法》规定的业务范围，所以应属无效。

（二）信托公司的经营规则

为保障委托人和受益人的利益得以充分实现，维护正常的信托市场秩序，各国信托业法都规定了信托公司应遵循的经营规则。我国《信托公司管理办法》专章规定了信托公司的经营规则。

1. 谨慎投资者规则

即信托公司必须履行像“任何一个谨慎人”管理处分自己的财产那样管理和处分信托财产。对此，《信托公司管理办法》第24条规定：“信托公司管理运用或者处分信托财产，必须恪尽职守，履行诚实、信用、谨慎、有效管理的义务，维护受益人的最大利益。”第26条规定：“信托公司应当亲自处理信托事务。信托文件另有约定或有不得已事由时，可委托他人代为处理，但信托公司应尽足够的监督义务，并对他人处理信托事务的行为承担责任。”第28条规定：“信托公司应当妥善保存处理信托事务的完整记录，定期向委托人、受益人报告信托财产及其管理运用、处分及收支的情况。”

2. 利益冲突防范规则

即信托公司不得从信托财产中获益，不得使自己处于与受益人利益相冲突的地位。《信托公司管理办法》第25条规定：“信托公司在处理信托事务时应当避免利益冲突，在无法避免时，应向委托人、受益人予以充分的信息披露，或拒绝从事该项业务。”

3. 保密规则

为了防止因信托行为致使委托人和所有人的隐私和商业秘密受侵犯，《信托公司管理办法》第27条规定：“信托公司对委托人、受益人以及所处理信托事务的情况和资料负有依法保密的义务，但法律法规另有规定或者信托文件另有约定的除外。”违反了此规则，信托公司应当依法承担相应的责任。

4. 分别记账、分别管理规则

为了保障受益人的利益，避免信托财产与受托人的固有财产以及其他信托财产混同，《信托公司管理办法》第29条规定：“信托公司应当将信托财产与其固有财产分别管理、分别记账，并将不同委托人的信托财产分别管理、分别记账。”第30条规定：“信托公司应当依法建账，对信托业务与非信托业务分别核算，并对每项信托业务单独核算。”

5. 风险准备金规则

为了防止信托公司因违反信托文件和法律规定造成信托财产损失而无法赔偿，《信托公司管理办法》第49条规定：“信托公司每年应当从税后利润中提取5%作为信托赔偿准备金，但该赔偿准备金累计总额达到公司注册资本的20%时，可不再提取。信托公司的赔偿准备金应存放于经营稳健、具有一定实力的境内商业银行，或者用于购买国债等低风险、高流动性证券品种。”

6. 禁止行为规则

除了履行命令性规则之外，信托公司开展业务活动，还应当遵守禁止性的行为规则。对于信托公司的固有业务，《信托公司管理办法》第33条、第34条规定的禁止性行为包括：①向关联方融出资金或转移财产；②为关联方提供担保；③以股东持有的本公司股权作为质押进行融资；④利用受托人地位谋取不当利益；⑤将信托财产挪用于非信托目的的用途；⑥承诺信托财产不受损失或者保证最低收益；⑦以信托财产提供担保；⑧法律、法规和中国银行业监督管理委员会禁止的其他行为。

第五节　信托业监督管理

加强对信托业的监管是各国信托业法的一项重要内容。信托业监管是一个全局性的问题，既包括外部监管，又包括内部监管，因而信托业的监管不仅包括政府监管，还包括信托公司自我约束和行业自律。《信托公司管理办法》专章规定了信托公司的监管问题。

一、信托公司的自我约束和行业自律

1. 信托公司治理机制的监管

信托公司的组织形式为有限责任公司或股份有限公司，应当按照《公司法》的规定建立完善的公司治理结构。因此，信托公司应当建立以股东（大）会、董事会、监事会、高级管理层等为主体的组织架构，明确各自的职责划分，保证相互之间独立运行、有效制衡，形成科学高效的决策、激励与约束机制。

2. 信托公司的风险控制机制的监管

信托公司应当按照职责分离的原则设立相应的工作岗位，保证公司对风险能够进行事前防范、事中控制、事后监督和纠正，形成健全的内部约束机制和监督机制。

3. 信托公司内控机制的监管

信托公司应当按规定制定本公司的信托业务及其他业务规则，建立、健全本公司的各项业务管理制度和内部控制制度，并报中国银行业监督管理委员会备案。

4. 信托公司财务机制的监管

信托公司应当按照国家有关规定建立、健全本公司的财务会计制度，真实记录并全面反映其业务活动和财务状况。公司年度财务会计报表应当经具有良好资质的中介机构审计。必要时，信托公司在监管机构的要求下，提供由具有良好资质的中介机构出具的相关审计报告。

5. 行业自律

信托公司可以加入中国信托业协会，实行行业自律。行业协会有两大职能，一是协调会员之间的关系，二是监督会员的业务行为。中国信托业协会开展活动，应当接受中国银行业监督管理委员会的指导和监督。

二、政府监管

在我国，中国银行业监督管理委员会为信托业的监管部门，具体实施以下监督职责。

1. 对信托从业人员的管理监督

为保证信托业的健康发展，必须建立从业人员的管理制度。根据《信托公司管理办法》的规定，对信托从业人员的管理监督包括：①实行信托业务资格管理制度。中国银行业监督管理委员会对符合条件的信托公司的信托从业人员，颁发信托从业人员资格证书；未取得信托从业人员资格证书的，不得经办信托业务。②对信托公司的董事、高级管理人员实行任职资格审查制度。未经中国银行业监督管理委员会任职资格审查或者审查不合格的，不得任职。信托公司对拟离任的董事、高级管理人员，应当进行离任审计，并将审计结果报中国银行业监督管理委员会备案。信托公司的法定代表人变更时，在新的法定代表人经中国银行业监督管理委员会核准任职资格前，原法定代表人不得离任。③实行违法查处制度。信托公司的董事、高级管理人员和信托从业人员违反法律、行政法规或中国银行业监督管理委员会有关规定的，中国银行业监督管理委员会有权取消其任职资格或者从业资格。

2. 对信托公司的经营行为的管理监督

中国银行业监督管理委员会有权定期或不定期地对信托公司的经营活动进行检查，具体包括：①监督管理谈话。根据履行职责的需要，可以与信托公司董事、高级管理人员进行监督管理谈话，要求信托公司董事、高级管理人员就信托公司的业务活动和风险管理的重大事项作出说明。②行政处罚。信托公司违反审慎经营规则的，中国银行业监督管理委员会责令限期改正；逾期未改正的，或者其行为严重危及信托公司的稳健运行、损害受益人合法权益的，可以区别情形，根据《中华人民共和国银行业监督管理法》等法律、法规的规定，采取罚款、暂停业务、限制股东权利等监管措施。③信用危机的处置。信托公司已经或者可能发生信用危机，严重影响受益人合法权益的，中国银行业监督管理委员会可以依法对该信托公司实行接管或者督促机构重组。④申请材料不实的处置。中国银行业监督管理委员会在批准信托公司设立、变更、终止后，发现原申请材料有隐瞒、虚假的情形，可以责令补正或者撤销批准。

案例 9–4

某信托公司被福建银监局处罚，罚款50万元

福建银监局对某国际信托有限公司发出（2016）2号行政处罚决定书。根据该文书显示，该信托有限公司证券投资信托业务分类填报错误；信托项目资金来源填报错误。2016年6月3日，福建银监局依据《信托公司管理办法》第47条第2款、《中华人民共和国银行业监督管理法》第46条第3项的规定，对其进行处罚，罚款人民币50万元。

本章小结

本章介绍了信托的概念、特征与分类；信托法基本原则和基本法律规定；信托公司的相关法律制度及信托业监管法律制度。

复习思考题

1. 简述信托的概念和特征。
2. 简述金融信托法律关系的内容。

第十章

融资租赁法律制度

学习目的

融资租赁作为一种较信贷更为便利的融资方式，为现代金融体系注入了新鲜“血液”，但融资租赁在我国尚未完全成熟。通过本章的学习，旨在使学生掌握融资租赁的概念、特征、种类和功能，了解我国关于融资租赁合同的法律规定，以及对金融租赁公司的监管，进而进一步理解融资租赁制度在市场经济条件下的作用以及必要性。

核心概念

融资租赁　融资租赁公司　融资租赁合同　售后回租

案例导入

2018年初，A公司为进行技术改造，需更新一条自动化生产流水线。B金融租赁公司可以提供A公司所需要的生产线。根据A公司的具体要求，B公司的设备是从C公司购进。B公司以融资租赁方式将设备租赁给A公司，融资租赁价款为1700万元，租期8年，租赁期满设备转让给A公司，转让价款为15万元（残值），如图10-1所示。

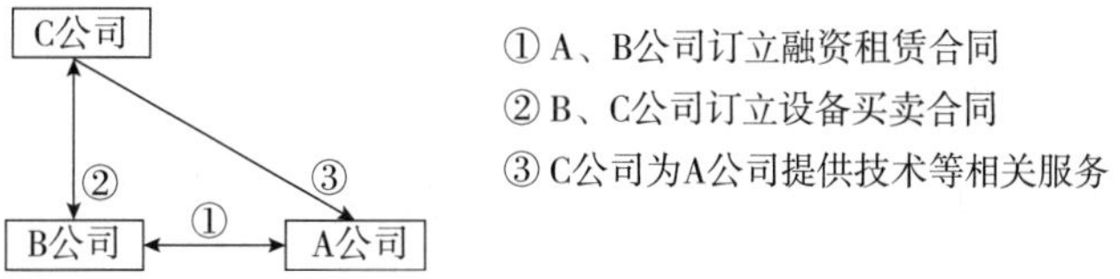

C公司
B公司
A公司
①
②
③
① A、B公司订立融资租赁合同
② B、C公司订立设备买卖合同
③ C公司为A公司提供技术等相关服务

图10-1

案例导学

融资租赁作为一种特殊的筹资方式，是一种以租赁为外在手段、借以实现融资目的的金融工具和融资手段，它可以给出租人和承租人双方带来利益。对承租人来说，不仅避免了因短期资金集中支付而给企业资金周转造成冲击，以及经营不当时所要承担的风险，而且承租企业支付的租金可以从成本中扣除，具有抵税效应。对出租人来说，通过获得租金收入，实现了资本的增值。20 世纪 50 年代初，融资租赁交易在美国诞生，迄今仅有 60 多年的时间。在这不长的时间里，融资租赁在国外、国际资本市场上取得与银行信贷、证券投资并驾齐驱、三足鼎立的地位。因此，如何识别融资租赁，即如何认定一项交易就是融资租赁而不是其他交易形态，就显得至关重要。

第一节　融资租赁概述

一、融资租赁概述

（一）融资租赁的概念

融资租赁属于金融学和民商法学上的一项重要制度，是市场经济发展到一定程度的产物，其最初产生于“二战”后的美国，战后美国的许多企业在大批设备需要更新时，资金需求较大，商业银行无法及时按照信贷流程办理贷款，满足其需求，融资租赁应运而生。

而在商法学上融资租赁则是一种社会关系。它是指出租人依据承租人对出卖人、租赁物的选择，向出卖人购买租赁物后出租给承租人使用，承租人支付租金，并且实质上出租人将与租赁物所有权有关的全部风险和报酬移转给承租人，但是，租赁物的所有权最终可能从出租人转移给承租人，也可能不转移给承租人的一种租赁。当然从不同的法律法规及不同的行业规则的规定来看，融资租赁也有不同的概念，本书在此不再一一赘述。

（二）融资租赁的特征

1. 融资租赁的主要目的在于实现由承租人获取对租赁物的使用权或所有权

出租人提供融资服务，向出卖人购买承租人所需的指定的租赁物，之后按照约定期间的到来，在承租人付清所有租金时，由承租人取得租赁物的所有权或使用权。因此，融资租赁是为缺乏资金而又准备扩大规模的中小企业提供了一条较银行信贷更为便捷的融资途径。

2. 融资租赁关系由三方当事人构成

融资租赁不同于一般的租赁合同，租赁合同只存在两方当事人即出租人和承租人；

而融资租赁则有三方当事人，即出租人、承租人和出卖人。

3. 融资租赁中，出租人具有法定性和营利性

具有一定的法定性，是指出租人一般须为法律、法规规定的依法批准设立的金融租赁公司方可开展融资租赁业务。同时，融资租赁的出租人通过与承租人签订融资租赁合同开展融资租赁业务，由出租人按照承租人的指示，购买设备，承租人分期缴纳租金，该笔租金相当于租赁物分期的本金和出租人融资及其费用的成本（相当于利息），一般要高于分期的租金，在承租人分期租金付清前，出租人为租赁物的所有权人。因此，出租人开展融资租赁主要以营利为目的。

（三）融资租赁的功能

融资租赁的功能表现在以下几个方面。

1. 融资与投资是融资租赁的基本功能

融资租赁从其本质上看是以融通资金为目的的，它是为解决企业资金不足的问题而产生的。融资的便利必然会带来投资的扩大，一方面表现在承租企业可以通过融资租赁增加设备投资；另一方面也说明社会资金可以顺利地进入投资领域，社会资产得到了有效的配置。这两项功能使融资租赁在投融资领域具备了其他融资形式所没有的特殊作用，成为推动租赁业发展的基本因素。

2. 产品促销功能

由于每一笔融资租赁业务都与设备紧紧地捆绑在一起，出租人将设备出租的同时也实现了设备的销售和使用。融资租赁可以用“以租代销”的形式，为生产企业提供金融服务。一是可避免生产企业存货太多，导致流通环节的不畅通，有利于社会总资金的加速周转和国家整体效益的提高；二是可扩大产品销路，加强产品在国内外市场上的竞争能力。

3. 资产管理功能

资产管理功能建立在不断创新的租赁业务的基础上。融资租赁公司是服务承租企业的第三方的资产管理机构。企业通过融资租赁交易取得设备的使用权，可以实现表外融资，改善生产要素的投入结构，把宝贵的自有资金和信贷资金用于自己的核心竞争力方面。

二、融资租赁与相近制度的比较

（一）融资租赁与金融信贷

金融信贷，又称为银行信贷，指银行通过对企业的信用进行审查，向企业提供贷款，按法律规定的利率幅度收取利息，由企业按照约定的用途对该笔贷款进行使用的经济制度。融资租赁在提供资金和收取利息方面与银行信贷有相同之处，但二者却有着质的区别。

1. 法律关系不同

融资租赁一般是通过签订融资租赁合同和买卖合同来实现；而金融信贷一般是通过

贷款人与债权人签订的借款合同来实现。二者之间法律关系的类型完全不同。

2. 当事人不同

银行信贷的当事人为商业银行和对资金需求的企业。银行信贷的贷款方一般为依法成立的商业银行，而借款方为有资金需求的其他企业；融资租赁的当事人一般为三方，即出租人、承租人和出卖人。

3. 标的不同

银行信贷的标的为不特定的货币。而融资租赁的标的则为特定化了的机器设备及出租人所获取的租金。

想一想

融资租赁合同与分期付款买卖合同的区别是什么？

（二）融资租赁与租赁

在金融学上，租赁又被称为经营租赁。租赁是最常见的一种移转占有使用租赁物权利，而获取租金的方式。在我国合同法中，租赁合同作为有名合同，成为我国民法制度中以及合同制度中比较重要的内容之一。融资租赁和租赁都具有将租赁物的使用权交付承租人使用，出租人定期收取租金的特点。但二者毕竟又有着重大区别。

1. 法律性质不同

融资租赁合同是融合了买卖合同和租赁合同，但不等用于买卖合同和租赁合同的简单相加，因此存在三方当事人，即出卖人、出租人、承租人。租赁合同只存在两方当事人，即出租人和承租人；且租赁合同只存在“出租人将租赁物交付承租人使用，承租人按约定期限交付租金”一种法律关系。

2. 经济性质不同

融资租赁从金融学上而言，属于金融行业，在金融业中属于银行业的分支，与银行信贷处于并列的地位。租赁属于一般的商业领域，与买卖、加工承揽属于同种经济性质。

3. 期限和标的物不同

融资租赁的租赁期限一般较长，法律没有明文禁止最长期限；而租赁的期限较短，合同法明文规定，租赁期限最长不得超过 20 年。融资租赁的标的物一般为动产性资产，而租赁的标的物既可以为动产也可以为不动产，如房屋、土地使用权等。

4. 租赁期满后租赁物的处理方式不同

租赁期满后，融资租赁合同可以按约定，或者由承租人和出租人协商确定租赁物的所有权归属；但租赁合同中，期限届满后，出租人有权收回租赁物，因此不存在租赁物所有权归属的问题。

案例 10-1

关于融资租赁合同的认定

自然人甲与汽运乙公司签订汽车融资租赁合同约定：乙公司为甲融资购买丙厂生产的东风牌某型号汽车一辆并租赁给甲；租期为2年；租金总额为318000元；租赁期间，租赁汽车的所有权归乙公司所有。甲在上述合同附表《汽车融资租赁租金给付表》上签字，但该附表内容为空白。在上述合同签订后次日，甲与乙公司签订一份融资租赁借款合同。合同第1条约定：购车户向本公司借款318000元。用该车作担保。第2条约定：借款期限为22个月内本息如数还清。分期每个月不得少于15000元，如有特殊情况可向后月推迟，月息定为1分5厘。第4条约定：借款未按时归还，8000元保证金作罚金不予退回，未归还欠款自购车之日起按月息1分5厘计收。合同上注明车号：赣CK73 ** 。同日，甲向乙公司出具了一份借条，借条上载明“今借到乙汽车融资租赁318000元，月息1分，限22个月内还清。如未按期还清，按月息1分5厘计息。”并注明车号：赣CK73 ** /赣C01 ** 挂（该车在签订合同之前所有人即为乙公司）。当日甲支付160600元作为预付购车款。后甲陆续支付多笔款项。

【解析】根据《合同法》第237条、第243条，融资租赁合同是出租人根据承租人对出卖人、租赁物的选择，向出卖人购买租赁物，提供给承租人使用，承租人支付租金的合同。融资租赁合同的租金，除当事人另有约定的以外，应当根据购买租赁物的大部分或者全部成本以及出租人的合理利润确定。在本案中，甲与乙公司虽然就赣CK73 ** 车签订了汽车融资租赁合同，并约定租金总金额为318000元。但随后甲又与乙公司签订了一份借款合同，约定甲向乙公司借款318000元购车，并约定了利息、分期付款期限及分期付款金额。赣CK73 ** /赣C01 ** 挂车在签订合同之前所有人即为乙公司，甲在签订合同之前亦首付了160600元，所以双方实际并不构成融资租赁法律关系，而应为分期付款保留所有权的买卖关系。在这一案例中，融资租赁合同并非双方当事人的真实意思表示，而代表双方真实法律关系的是借款合同。当然借款合同所反映的也并非是真实的借款关系，而是以借款合同作为表现形式的支付货款债务关系。

第二节 融资租赁合同法律制度

一、融资租赁法概述

形式意义上的融资租赁法，是指以“融资租赁法”命名的制定法。制定形式意义上的融资租赁法的国家或地区是极少的。目前只有塞尔维亚、塞舌尔、俄罗斯、哈萨克斯坦、乌兹别克斯坦等几个国家制定了“融资租赁法”。实质意义上的融资租赁法是指一切调整融资租赁的法律规范的总称。我国尚未制定一部形式意义上的融资租赁法，但存在实质意义上的融资租赁法。我国在融资租赁方面适用的法律、法规、规范性文件、司法解释和行业准则主要有《合同法》《企业会计准则——基本准则》《企业会计准则第21号——租赁》《融资租赁企业监督管理办法》《金融租赁公司管理办法》、《国家外汇管理局跨境担保外汇管理规定》以及《最高人民法院关于审理融资租赁合同纠纷案件适用法律问题的解释》等。

二、融资租赁合同的特征

融资租赁合同作为一种特殊的租赁合同，与其他类型的合同存在明显不同。一般认为，融资租赁合同具有以下特点。

（一）融资租赁合同是有名合同

《合同法》第十四章以专章形式对融资租赁合同进行了规定，因此融资租赁属于有名合同。与合同法所确认的其他典型合同相比较，融资租赁合同有自己独立的基本特征，因此不能简单地归入到其他类型的合同之中。

（二）融资租赁合同是要式合同、诺成合同

要式合同指必须依据法律规定的或者当事人要求的形式而成立的合同。《合同法》第238条第2款规定："融资租赁合同应当采用书面形式。"由于融资租赁交易涉及多方当事人，法律关系通常较为复杂，履行周期较长，因此，为预防和顺利解决纠纷，《合同法》规定了融资租赁合同应以书面形式签订。诺成合同指仅以当事人意思表示一致为成立要件的合同。《合同法》第32条规定："当事人采用合同书形式订立合同的，自双方当事人签字或者盖章时合同成立。"即在双方签订合同时即成立并生效，而不是以承租人占有租赁物为成立要件。

知识拓展

融资租赁合同的"书面形式"

《合同法》第11条规定："书面形式是指合同书、信件和数据电文（包括电报、电传、传真、电子数据交换和电子邮件）等可以有形地表现所载内容的形式"，结合该条规定及实践经验，融资租赁合同的书面形式主要有三种：第一，融资租赁合同书，即载有融资租赁合同内容的文书。当事人将合意的内容以文字形式记录在一起，并以条文形式进行整理，形成融资租赁合同书。第二，信件，当事人通过信件的形式对融资租赁事项进行协商并达成一致的，也构成书面形式的融资租赁合同。第三，数据电文。随着科技发展，传输信息的方式越来越多，数据电文指经由电子手或类似手段生成、储存或者传递的信息，比如电子邮件、电报、传真等。

（三）融资租赁合同是双务、有偿合同

双务合同指双方当事人相互享有权利、承担义务的合同；有偿合同指一方当事人取得权利以支付相应对价为前提的合同。在融资租赁合同中，出租人和承租人互负对待给付义务。出租人的义务是依据承租人的指示购买其所需租赁物并向承租人交付，而承租人的义务是支付租金。与此相对应，出租人的权利是收受租金，而承租人的权利是使用租赁物。由此可见，在融资租赁中出租人和承租人在履行合同过程中取得相应利益时都要付出相应的对价。

（四）融资租赁标的物的特殊性

融资租赁标的物与一般租赁的租赁物相比，其特殊性主要体现在两个方面：一是标的物由承租人选择；二是标的物的范围具有限定性。在融资租赁交易中，出租人主要是充当向承租人融资的角色，在签订合同前并没有承租人所需的租赁物，而是在签订合同后根据承租人的选择去购买租赁物。也正因为如此，使得租赁物具有强烈的特定性，出租人难以转租给他人，因而对承租人的合同解除权需要加以严格限制。

（五）融资租赁租金的特殊性

在一般租赁合同中，租金的性质为占有、使用租赁物的对价。即租金仅包含承租人对租赁物占有、使用的价值，而不包含租赁物本身的价值。融资租赁合同中承租人向出租人支付的租金被视为是融资的代价。其组成部分较为复杂，主要包括以下几个部分：租赁物自身的价值；占有、使用租赁物的对价；融资成本；合理利润及其他可能存在费用。因此，融资租赁合同中的租金往往高于普通租赁中的租金，有自身的特殊性。

三、融资租赁合同的内容

在实践中，由于租赁形式的不同，融资租赁合同的内容往往也不同。《合同法》对融资租赁合同的内容作了明确规定，融资租赁合同的内容包括租赁物名称、数量、规格、技术性能、检验方法、租赁期限、租金构成及其支付期限和方式、币种、租赁期间届满租赁物的归属等条款。根据这一规定以及《合同法》的相关规定，从内容上看，金融租赁合同有一般性条款和特殊性条款。

（一）融资租赁合同的主要条款

融资租赁合同的主要条款包括以下几项。

1. 合同当事人和合同标的物

融资租赁合同首先应明确双方当事人即出租人和承租人的名称、地址、法定代表人等基本情况。

融资租赁合同的标的物是承租人要求出租人购买的设备，是合同当事人双方权利和义务指向的对象。因此，融资租赁合同应就租赁标的物的名称、质量、数量、规格、型号、技术性能、检验方法等作出明确约定。由于融资租赁合同的特殊性，租赁合同的标

的物必须是有形的资产，像专利、商标这些无形资产不能作为融资租赁合同的标的物。另外，那些只能使用一次的消费物也不能作为融资租赁合同的标的物。

2. 履行期限、地点和方式

履行期限是当事人双方分别向对方当事人交付标的物、支付价款的时间界限。融资租赁合同的履行期限主要是合同中约定的租赁物的租赁期限和租金支付的时间。租赁期限一般根据租赁物的经济寿命、使用及利用设备所产生的效益，由双方当事人商定。由于融资租赁合同的一个很重要的特征就是合同不可中途撤销，因此，在合同中应当明确规定租赁的起止日期和租金的支付时间。租赁的起租日期一般为租赁物的交付之日。

履行地点是当事人双方在合同中约定的履行合同义务的地点。它一般包括交货地点、提货地点、付款地点等，均应在合同中明确规定。

履行方式即完成合同义务的方法。如标的物的交付方法、租金的支付方法等。履行的方法一般在合同中均有规定，涉及的主要内容有：货物的交付方法、运输方法、货物的检验方法、结算支付方法等。

3. 租金

租金是融资租赁合同的主要内容之一。租赁合同应对租金做出明确规定，它包括租金总额、租金构成、租金支付方式、支付地点和次数、租金支付期限、每期租金额、租金计算方法、租金币种等。

4. 租赁物的归属

租赁期间届满，承租人对租赁物一般有三种选择，即留购、续租或退租。

（1）留购。承租人支付一定的名义货价（往往就是租赁物的残值）后获得租赁物的所有权。这种方法对出租人和承租人均有利，故融资租赁合同期间届满后，对租赁物的处理一般多采用这种方式。

（2）续租。在租赁合同期间届满前的合理时间内，承租人应通知出租人，就租赁物的继续租用进行协商，确定续租期限、租金等内容，在融资租赁合同期间届满时签订续租合同。

（3）退租。租赁合同期满，承租人负责将租赁物按出租人要求的运输方式运至出租人指定的地点，由此而产生的一切支出，如包装、运输、途中保险等费用均由承租人承担。

在留购情况下，承租人取得租赁物的所有权。在续租和退租情况下，租赁物仍归出租人所有。具体采取哪种方式，则可以通过当事人之间的约定来确定。出租人和承租人对租赁物的归属没有约定或者约定不明确的，可以协议补充；不能达成补充协议的，按照合同有关条款或者交易习惯确定。但依上述方法仍不能确定的，租赁物的所有权则依然归出租人享有。

5. 违约或争议的处理

出租人、承租人以及供货人应事先就履行合同中出现的违约或争议，协商确定解决方法和途径，并在合同中明确规定。在租赁合同履行期间，出租人、承租人、供货人之间发生合同争议时，有以下四种解决方法：①协商解决；②调解解决；③仲裁解决；④诉讼解决。

（二）融资租赁合同的特殊性条款

1. 租赁物交付条款

融资租赁合同一般都规定由供货方向承租人交付租赁物。融资租赁不是纯粹的传统民事租赁关系，它是以租赁合同的法律形式达到实现融资的经济实质的目的，兼具租赁和融资双重性质。因此，融资租赁合同并不要求出租人直接向承租人履行交付义务，而是由供货方直接向承租人交付租赁物。

2. 对出租人免责和对承租人保障的条款

融资租赁合同中一般明文规定出租人对租赁物的质量、性能和适用与否不承担任何责任。因为在融资租赁合同中，租赁物的种类、性能、规格、型号、商标等，以及供货方均是由承租人根据自己的知识经验选定，出租人根据承租人的要求购买的，且租赁物由供货方直接交给承租人并由其验收。承租人应具备对租赁物的鉴别、检验的知识与经验，因此，出租人对租赁物的质量、性能和适用与否不承担任何责任。

为了保障承租人的利益，在合同中明确规定了出租人的免责条款后，还应规定对供货方就租赁物的索赔权由出租人转让给承租人，索赔发生的费用由承租人承担，获得的赔偿金也归承租人。但只要出租人无过错，无论索赔的结果如何，承租人均应无条件按照合同规定向出租人缴纳租金。

当然，出租人免责并非意味着出租人在任何情况下都不承担责任，有下列情形之一的，当租赁物质量、数量等存在问题，在对供货方索赔不成或不足时，出租人应承担赔偿责任：①出租人根据租赁合同的约定完全是利用自己的技能和判断为承租人选择供货人或租赁物的；②出租人为承租人指定供货人或租赁物的，但出租人只是向承租人介绍、推荐而由承租人自己作出选择决定的情形不在其内；③出租人擅自变更承租人已选定的供货人或租赁物的。

3. 不得中途解约条款

融资租赁合同中一般都有类似“除合同约定条款外，未经对方同意，任何一方不得中途变更或解除合同”的规定，即禁止中途解约条款。融资租赁合同一经生效，承租人就不能单方面提出解除合同。承租人发生租赁物灭失或毁损，不得中途解约并需继续缴纳租金。

需要指出的是，某些特殊的情况是可以中途解约的：①出租人和承租人经协商同意解除，但不能损害供货人的利益；②出租人或者承租人发生解散、撤销、破产等情况；③出租人、承租人、供货人之一严重违反合同约定，致合同实际已无法履行；④合同履行过程中发生不可抗力；⑤出现合同中约定解除的情况；⑥法律、法规规定的允许解除的情形。

4. 对第三人的责任条款

为防止合同履行过程中涉及出租人、承租人以外的第三人权益，合同中应规定：①出租人应在租赁期内排除第三人对租赁财产权益的异议，以确保承租人对租赁物的使用权不受干扰；②因承租人的自身过错或无效行为给第三人造成损失的，承租人应承担赔偿责任。

知识拓展

融资租赁合同的必备条款和非必备条款

融资租赁合同的必备条款是指依据合同的性质和当事人的特别约定所必须具备的条款，换言之，缺乏这些条款将影响合同的成立。合同的必备条款主要包括两种：一是根据合同的性质所必备的条款。例如内容的条款。二是根据当事人的特别约定所具备的条款。非必备条款是指依据合同的性质，在合同中不是必须具备的条款。换言之，即使合同不具备这些条款，也不影响合同的成立。例如，融资租赁合同中有关履行期限和数量、质量等条款。在缺少这些条款的情况下，当事人完全可以根据《合同法》第61条和第62条的规定来填补合同的漏洞。

非必备条款和必备条款的区别，主要表现在以下两个方面：第一，是否影响合同的成立。在合同中，必备条款决定合同的成立。合同中没有约定必备条款，而法律又没有补充条款，则合同不能成立。合同中没有约定非必备条款的，当事人可以继续协商，不影响合同的成立。第二，能否通过合同解释规则来填补合同漏洞。在非必备条款缺乏的情况下，可以通过合同解释规则进行解释，必备条款则不然。

四、融资租赁合同当事人的权利和义务

金融租赁关系可以包括许多种类，这主要取决于它的具体业务模式，如融资性租赁、衡平性租赁和服务性租赁等。但无论采取何种业务模式，它的基本主体包括承租人、出卖人和出租人，它的主体关系主要是指他们各自的权利义务。

（一）承租人的权利义务

承租人是指以交付租金为条件，取得租赁物使用权的单位和个人。在金融租赁业务中，承租人的主要义务包括：同租赁物供货人协商租赁物买卖事项，确定租赁物的买卖条件，确定租赁物的运输、安装以及调试等事项，在租赁物交付后向租赁机构发出租赁物受领证。在租赁物的使用过程中，及时向租赁机构说明其使用情况，定期按约定支付租金和手续费，妥善保管和合理使用租赁物。承担全部瑕疵担保和危险负担责任（在出租人不干涉租赁物选择的条件下），接受出租人的业务监督和管理并按期归还租赁物。

承租人的权利主要包括：有权选择租赁机构；在租赁物未能按合同规定交付、推迟交付或是交付的租赁物不合格的条件下，有权拒收租赁物或终止租赁合同。如果租赁机构不按原租赁合同提供租赁物，承租人又未丧失拒收权时，有权拒绝支付租金。在租赁期间有合法占有租赁物的权利，有权决定租赁物的事项。承租人在租赁物使用过程中，有权拒绝租赁机构终止租赁合同的要求。在发现租赁物有瑕疵时，有向供货人要求维修、更换和赔偿的权利。在征得租赁机构同意的条件下，有转租赁的权利。在租赁期满

时，享有租赁物的优先租赁权和优先购置权。

（二）出卖人的权利义务

出卖人是指出售租赁物的供货商，既可以是单位也可以是个人。在金融租赁业务中，出卖人的主要义务包括：同承租人确定有关租赁物买卖的有关事项，向承租人提供全部租赁物使用和操作资料。同租赁机构签订租赁物买卖合同，按合同要求按时向承租人提供租赁物，并保证租赁物的质量。在租赁物发生质量问题时，向承租人提供维修、更换服务，必要时向其支付合理的赔偿金。

出卖人在承担上述供货义务的同时，也享有相应的权利。出卖人享有的主要权利包括：有要求租赁机构按合同规定支付货款的权利；在不能取得货款的情况下，有请求法院强制执行的权利。出卖人按照供货合同只承担对某购货人的义务，其只对租赁机构或承租人的某方承担供应租赁物及相关的义务，有拒绝向其双方承担供货及相关义务的权利。

（三）出租人的权利义务

金融租赁中的出租人是指以取得租金为条件，向承租人出租所需租赁物的机构。在金融机构经营租赁业务的过程中，有按照合同规定向供货人支付租赁物货款的义务。如果不能按照合同规定按期向供货人支付货款，因此而导致承租人损失的，有向承租人进行合理赔偿的义务。在租赁物交付过程中，还有监督供货人向承租人按期交付租赁物的义务。

金融机构在承担上述义务的同时，也享有相应的权利，其在租赁业务中的主要权利包括：享有租赁物的归属权，有按合同规定取得租金的权利。其对租赁物的归属权，可以对抗承租人的破产财产管理人和债权人。其租赁物使用过程中，有要求承租人妥善保管和合理使用租赁物的权利。在承租人违约的情况下，有权要求其停止违约，并有权要求其支付相应的违约金。如果承租人不能停止违约，金融机构有权终止租赁合同。租赁合同期满有权收回租赁物，并再行出租或出售给第三人使用。

案例 10-2

融资租赁物的归属

顺风道桥公司和融鑫金融租赁公司签订了大型道桥施工设备的融资租赁协议，协议对相关内容进行了约定，但未约定协议到期后租赁物的处理方式。2017 年 10 月合同到期后，顺风公司要求留购租赁物。融鑫公司认为双方所签协议并未对租赁期届满后租赁物的处理方式做出约定，依法租赁物所有权应归自己，不同意顺风公司的留购要求。

问：租赁物应如何处理？

【解析】本案租赁物所有权应归属融鑫公司。在融资租赁合同中，出租人和承租人可以约定租赁期间届满租赁物的归属：留购、续租或退租。也就是说，承租人对租赁期限届满后租赁物的归属享有选择权。但在出租人和承租人对租赁物的归属没有约定或约定不明确，依照《合同法》相关规定仍不能确定时，租赁物的所有权归出租人。所以本案所涉及的租赁物依法归属融鑫公司。

五、售后回租

根据《金融租赁公司管理办法》第5条的规定，售后回租是指承租人将自有物件出卖给出租人，同时与出租人签订融资租赁合同，再将该物件从出租人处租回的融资租赁形式。售后回租是融资租赁中一种比较特殊的业务类型，其中承租人和出卖人（供货人）为同一人。同时，售后回租为供货人融通资金提供了一条便利的渠道，也为出租人的业务拓展增添了新的方式（见图10-2）。

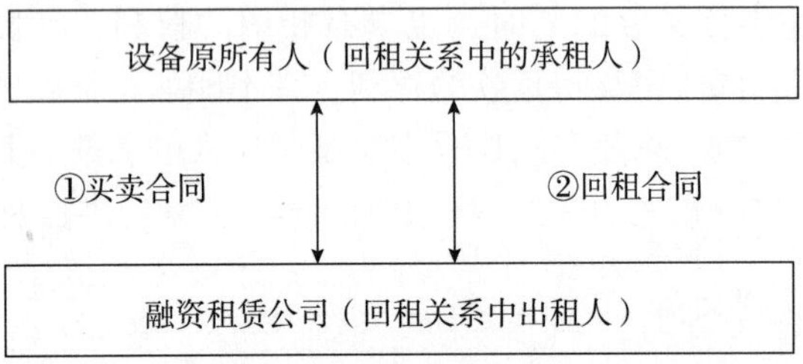

图10-2　售后回租的交易法律关系

如图10-2所示，售后回租的交易流程包括以下流程：

（1）设备的原所有人（回租关系中的承租人）与融资租赁公司（回租关系中的出租人）签订设备买卖合同，由融资租赁公司取得设备的所有权，但不转移设备的占有。

（2）融资租赁公司依据买卖合同向原设备所有人支付价款。

（3）设备原所有人与融资租赁公司签订回租合同，租回设备的使用权。

（4）回租合同中的承租人分期向融资租赁公司支付租金。

（一）售后回租的特征

1. 售后回租的出卖人与承租人为同一人

典型的融资租赁合同（又称为直接租赁）中，合同主体为三方当事人，出卖人和承租人分别为供方和需方，但在售后回租中，出卖人和承租人实际为同一人，这有别于典型的融资租赁合同。

2. 售后回租属于占有改定

售后回租从动产物权的交付而言，属于占有改定。由出卖人将物的所有权移转于买方（出租人即金融租赁公司），但实际并未交付，而由出卖人继续占有该物。

3. 售后回租为租赁物生产企业较为常用的融资方式之一

租赁物生产企业可以将自有的物加以使用，但无法较快地获得经营资金；为获得经营资金，企业可以通过售后回租的方式，将该物出卖给金融租赁公司，较快地获得流动性经营资金，同时通过对该物的占有使用，获得利润向金融租赁公司交纳租金，因此，售后回租业务成为租赁物生产企业较为常用的融资方式之一。

知识拓展

售后回租的优势

现今售后回租业务发展迅猛，除了其在实践中具有传统融资租赁的特点外，还因其具有独特优势：第一，在售后回租交易中，承租人先将自己拥有的设备卖给出租人，再将其租回使用，在这个过程中并不转移租赁物的占有。因此，承租人可以不间断地占有和使用租赁物，不对生产经营活动造成影响。同时，售后回租的交易中无需实物的转移交验手续，较普通融资租赁更为简单。第二，售后回租具有节税的特点。根据现行规定，售后回租业务中出售资产的行为，不属于营业税和增值税的征收范围。第三，售后回租可盘活资产存货量，优化资产负债结构。通过回租，承租人将固定资产向流动资产转化，增强了长期资产的流动性，改善企业现金流量和财务状况，可以解决企业资金周转的困难，对于改善经营管理、搞活企业具有重大意义。同时，通过回租还可以减少当期的负债，填补亏损，能够起到美化资产负债表的作用。第四，售后回租融资便利，手续简单。一般企业很难向银行借得100%的贷款购买设备，在企业有良好的信用且有抵押物的情形下，一般也只能获得抵押物价值70%的贷款。售后回租则可以获得相当于租赁公司融资100%的设备贷款。同时，与信用借贷相比较，融资性售后回租的手续十分简单。第五，融资资金用途灵活。企业通过售后回租取得的融资资金可以灵活使用，按企业的实际需要用于项目建设或流动资金等，突破了银行贷款只能用于生产经营周转，而不能用于固定资产投资的限制。从宏观上看，售后回租业务能够突破国家对银行信贷规模的限制。

（二）法律对售后回租的特别限制

售后回租业务具有较典型的融资租赁合同的特殊性，但其仍然属于租赁合同的一个分支，因此除法律、法规、规章对其作出的特殊限制，其基本法律特征及出租人和承租人的法律关系、权利义务仍然与典型的融资租赁合同相同。

依据《管理办法》的规定，售后回租业务有如下特殊限制和要求。

其一，租赁物所有权及负担的特殊要求。售后回租业务的标的物必须由承租人真实拥有并有权处分。金融租赁公司不得接受已设置任何抵押、权属存在争议或已被司法机关查封、扣押的财产或其所有权存在任何其他瑕疵的财产作为售后回租业务的标的物。金融租赁公司应真实取得相应标的物的所有权。

其二，售后回租业务中，金融租赁公司对标的物的买入价格应有合理的、不违反会计准则的定价依据作为参考，不得低值高买。

第三节 融资租赁组织法律制度

一、金融租赁公司概述

（一）金融租赁公司市场准入的必要性及模式

从宏观上而言，融资租赁合同的订立、履行及其后产生的纠纷争议的解决对各国的金融体系都具有间接而深刻的影响。因此，各国对经营融资租赁业务的出租人的市场准入资格都加以限制，设定比经营普通业务的公司条件更高的准入门槛，从宏观上规范融资租赁业务的市场秩序。

我国也不例外。就法律规范而言，除了《公司法》以外，调整金融租赁公司行为和组织的规范主要为中国银行业监督管理委员会2014年颁布实施的《金融租赁公司管理办法》（以下简称《管理办法》），设立、变更、解散金融租赁公司必须符合公司法及该管理办法的规定。我国经营融资租赁业务中的出租人只能为金融租赁公司，对金融租赁公司的设立审批、日常监督管理机关为银行监督管理机构。因此，我国对金融租赁公司的设立采取的是严格的核准主义设立模式。

（二）金融租赁公司的概念及形式

根据《管理办法》第2条规定，金融租赁公司是指经中国银行业监督管理委员会批准，以经营融资租赁业务为主的非银行金融机构。因此融资租赁的出租人必须为依照公司法及相关法律法规规章设立并取得融资租赁经营许可的公司制法人——有限责任公司和股份有限公司。金融租赁公司名称中应当标明“金融租赁”字样。未经银监机构批准，任何单位不得在其名称中使用“金融租赁”字样。

二、金融租赁公司的设立

（一）金融租赁公司设立的条件

申请设立金融租赁公司应具备下列条件：①具有符合公司法和金融租赁公司管理办法规定的章程；②有符合规定条件的发起人；③最低注册资本为1亿元人民币或等值的自由兑换货币，注册资本须为实缴货币资本；④具有符合任职资格条件的董事、高级管理人员，并且从业人员中具有金融或融资租赁工作经历3年以上的人员应当不低于总人数的50%；⑤建立了有效的公司治理、内部控制和风险管理体系；⑥建立了与业务经营和监管要求相适应的信息科技架构，具有支撑业务经营的必要、安全且合规的信息系统，具备保障业务持续运营的技术与措施；⑦有与业务经营相适应的营业场所、安全防范措施和其他设施；⑧中国银行业监督管理委员会规定的其他条件。

案例 10-3 设立金融租赁公司须符合法律规定

甲、乙、丙三家符合法定出资人条件的公司拟共同出资设立一家融资租赁有限公司，并共同制定了公司章程草案。该章程草案有关出资的相关内容包括：公司注册资本总额为6000万元，各方分别出资2000万元，其中甲的出资和实物出资各占1000万元。

问：该章程草案所规定上述内容是否合法?

【解析】案例中所列章程草案所规定内容不合法。《金融租赁公司管理办法》规定：金融租赁公司的最低注册资本为1亿元人民币或等值的自由兑换货币，注册资本为实缴货币资本；因此，上述公司章程所规定的出资总额为6000万元不符合法定最低出资额的要求。同时，甲公司以实物出资也不符合出资应为货币形式的基本要求。

(二) 金融租赁公司的出资人资格

金融租赁公司的发起人包括在中国境内外注册的具有独立法人资格的商业银行，在中国境内注册的、主营业务为制造适合融资租赁交易产品的大型企业，在中国境外注册的融资租赁公司以及中国银行业监督管理委员会认可的其他发起人。

(1) 中国境内外注册的具有独立法人资格的商业银行作为发起人的，还应具备以下条件：①满足所在国家或地区监管当局的审慎监管要求；②具有良好的公司治理结构、内部控制机制和健全的风险管理体系；③最近1年年末资产不低于800亿元人民币或等值的自由兑换货币；④财务状况良好，最近2个会计年度连续盈利；⑤为拟设金融租赁公司确定了明确的发展战略和清晰的盈利模式；⑥遵守注册地法律法规，最近2年内未发生重大案件或重大违法违规行为；⑦境外商业银行作为发起人的，其所在国家或地区金融监管当局已经与银监会建立良好的监督管理合作机制；⑧入股资金为自有资金，不得以委托资金、债务资金等非自有资金入股；⑨承诺5年内不转让所持有的金融租赁公司股权、不将所持有的金融租赁公司股权进行质押或设立信托，并在拟设公司章程中载明；⑩中国银行业监督管理委员会规定的其他审慎性条件。

(2) 中国境内外注册的租赁公司作为发起人的，还应具备以下条件：①具有良好的公司治理结构、内部控制机制和健全的风险管理体系；②最近1年年末资产不低于100亿元人民币或等值的自由兑换货币；③财务状况良好，最近2个会计年度连续盈利；④遵守注册地法律法规，最近2年内未发生重大案件或重大违法违规行为；⑤所在国家或地区经济状况良好；⑥入股资金为自有资金，不得以委托资金、债务资金等非自有资金入股；⑦承诺5年内不转让所持有的金融租赁公司股权、不将所持有的金融租赁公司股权进行质押或设立信托，并在拟设公司章程中载明；⑧中国银行业监督管理委员会规定的其他审慎性条件。

(3) 在中国境内注册的、主营业务为制造适合融资租赁交易产品的大型企业作为主要出资人的，还应具备以下条件：①有良好的公司治理结构或有效的组织管理方式；

②最近1年的营业收入不低于50亿元人民币或等值的自由兑换货币；③最近2年连续盈利；④最近1年年末净资产率不低于30%；⑤最近1年主营业务销售收入占全部营业收入的80%以上；⑥为拟设金融租赁公司确定了明确的发展战略和清晰的盈利模式；⑦有良好的社会声誉、诚信记录和纳税记录；⑧遵守国家法律法规，最近2年内未发生重大案件或重大违法违规行为；⑨入股资金为自有资金，不得以委托资金、债务资金等非自有资金入股；⑩承诺5年内不转让所持有的金融租赁公司股权、不将所持有的金融租赁公司股权进行质押或设立信托，并在拟设公司章程中载明。

金融租赁公司至少应当有一名发起人属于上述发起人，且其出资比例不低于拟设金融租赁公司全部股本的30%。

三、金融租赁公司的业务范围与经营规则

（一）金融租赁公司的业务范围

经银行业监督管理委员会批准，金融租赁公司可经营下列部分或全部本外币业务：①融资租赁业务；②转让和受让融资租赁资产；③固定收益类证券投资业务；④接受承租人的租赁保证金；⑤吸收非银行股东3个月（含）以上定期存款；⑥同业拆借；⑦向金融机构借款；⑧境外借款；⑨租赁物品变卖及处理业务；⑩经济咨询。

根据《管理办法》第27条规定："经银监会批准，经营状况良好、符合条件的金融租赁公司可以开办下列部分或全部本外币业务：（一）发行债券；（二）在境内保税地区设立项目公司开展融资租赁业务；（三）资产证券化；（四）为控股子公司、项目公司对外融资提供担保；（五）银监会批准的其他业务。金融租赁公司开办前款所列业务的具体条件和程序，按照有关规定执行。"第28条规定："金融租赁公司业务经营中涉及外汇管理事项的，需遵守国家外汇管理有关规定。"

（二）金融租赁公司的经营规则

1. 公司治理的要求

《管理办法》第29条规定："金融租赁公司的公司治理应当建立以股东（大）会、董事会、监事会、高级管理层等为主体的组织架构，明确各自之间的职责划分，保证相互之间独立运行、有效制衡，形成科学、高效的决策、激励和约束机制。"

2. 内部控制的要求

《管理办法》第30条规定："金融租赁公司应当按照全面、审慎、有效、独立的原则，建立健全内部控制制度，防范、控制和化解风险，保障公司安全稳健运行。"

3. 对关联交易的要求

《管理办法》第43~45条分别对关联交易作了规定。

金融租赁公司应当制定关联交易管理制度，关联交易应当按照商业原则，以不优于非关联方同类交易的条件进行。金融租赁公司与其设立的控股子公司、项目公司之间的交易，不适用《管理办法》对关联交易的监管要求。金融租赁公司的重大关联交易应经

董事会批准。重大关联交易是指金融租赁公司与一个关联方之间单笔交易金额占金融租赁公司资本净额5%以上，或金融租赁公司与一个关联方发生交易后金融租赁公司与该关联方的交易余额占金融租赁公司资本净额10%以上的交易。

此外，《管理办法》还对交易风险管理体系、管理交易制度、控股公司关系、投资活动、资产证券化业务等做了明确的规定，有效地控制了融资租赁业务的风险，使其合规、合理、合法地开展经营活动。

四、金融租赁公司的变更、解散和破产

金融租赁公司变更、解散和破产，除了应当符合公司法、破产法相关规定外，还应符合《管理办法》规定的特殊要求。

(一) 金融租赁公司的变更

金融租赁公司有下列变更事项之一的，须报经银行业监督管理委员会或其派出机构批准：①变更名称；②改变组织形式；③调整业务范围；④变更注册资本；⑤变更股权或调整股权结构；⑥修改章程；⑦变更注册地或营业场所；⑧变更董事及高级管理人员；⑨合并与分立；⑩中国银行业监督管理委员会规定的其他变更事项。

(二) 金融租赁公司的解散

金融租赁公司有以下情况之一的，经银行业监督管理委员会批准后可以解散：①公司章程规定的营业期限届满或者公司章程规定的其他解散事由出现；②股东决定或股东（大）会决议解散；③因公司合并或者分立需要解散；④依法被吊销营业执照、责令关闭或者被撤销；⑤其他法定事由。

(三) 金融租赁公司的破产

金融租赁公司不能清偿到期债务，并且资产不足以清偿全部债务或者明显缺乏清偿能力的，银行业监督管理委员会可以向人民法院提出对该金融租赁公司进行重整或者破产清算的申请。

金融租赁公司有以下情形之一的，经银行业监督管理委员会批准，可向法院申请破产：①不能支付到期债务，自愿或其债权人要求申请破产的；②因解散或被撤销而清算，清算组发现该金融租赁公司财产不足以清偿债务，应当申请破产的。

第四节 融资租赁的监督管理

根据《管理办法》的规定，我国对融资租赁的监管主要体现为对金融租赁公司的管理和监督。

一、金融租赁公司的各类监管指标要求

《管理办法》第48条规定，金融租赁公司应遵守以下监管指标：①资本充足率。金融租赁公司资本净额与风险加权资产的比例不得低于银监会最低监管要求。②单一客户融资集中度。金融租赁公司对单一承租人的融资余额不得超过资本净额的30%。③单一集团客户融资集中。金融租赁公司对单一集团的全部融资租赁业务余额不得超过资本净额的50%。④单一客户关联度。金融租赁公司对一个关联方的融资余额不得超过金融租赁公司资本净额的30%。⑤全部关联度。金融租赁公司对全部关联方的全部融资租赁业务余额不得超过资本净额的50%。⑥单一股东关联度。对单一股东及其全部关联方的融资余额不得超过该股东在金融租赁公司的出资额，且同时满足本办法对单一客户关联度的规定。⑦同业拆借比例。金融租赁公司同业拆入资金余额不得超过金融租赁公司资本净额的100%。

银行业监督管理委员会视监管工作需要可对上述指标作出适当调整。

二、金融租赁公司的信息披露、资产管理、会计报表、审计要求

金融租赁公司涉及资金量较大，监管工作比较复杂，《管理办法》从多方面入手，针对金融租赁公司经营中一些重点方面和重点领域进行监管。为确保金融租赁公司具备充分的资金承担经营责任，公司应当按照银行业监督管理委员会的相关规定构建资本管理体系，合理评估资本充足状况，建立审慎、规范的资本补充、约束机制。按照监管规定建立资产质量分类制度。对质量不同的资产实施分类管理，对资产质量较低，存在一定经营风险的，应当安排更加审慎、严格的制度，避免因资产抗风险能力较低导致经营损失。

对现金流风险，金融租赁公司应当按照相关规定建立准备金制度，在准确分类基础上及时足额计提资产减值损失准备，增强风险抵御能力。未提足准备金的，不得进行利润分配。同时，为了提高经营风险控制质量，公司应当建立健全内部审计制度，审查评价并改善经营活动、风险状况、内部控制和公司治理效果，促进合法经营和稳健发展。

为保障财务管理的稳步进行，金融租赁公司应当执行国家统一的会计准则和制度，真实记录并全面反映财务状况和经营成果等信息。《管理办法》第54条规定："金融租赁公司应当按规定报送会计报表及银监会及其派出机构要求的其他报表，并对所报报表、资料的真实性、准确性和完整性负责。"第55条规定："金融租赁公司应当建立定期外部审计制度，并在每个会计年度结束后的4个月内，将经法定代表人签名确认的年度审计报告报送银行业监督管理委员会及相应派出机构。"

三、法律责任

对于金融租赁公司来说，其业务涉及面广，各个业务内部分类很多，从事的事项十分复杂。此外，其每一项重点业务一般都关涉高额资产，一旦违规，后果相当严重。为

了防范这一问题，对违规行为给予明确的惩治，才能够确保金融秩序和金融稳定。

《管理办法》规定了金融租赁公司违反法律法规所应该承担的法律责任。按照《管理办法》第 56 条规定，金融租赁公司违反本办法有关规定的，银监会可责令限期整改；逾期未整改的，或者其行为严重危及该金融租赁公司的稳健运行、损害客户合法权益的，银监会可以区别情形，依照《中华人民共和国银行业监督管理法》等法律、法规的规定，采取暂停业务、限制股东权利等监管措施。第 57 条规定："金融租赁公司已经或者可能发生信用危机，严重影响客户合法权益的，银监会依法对其实行托管或者督促其重组，问题严重的，有权予以撤销。"第 58 条规定："凡违反本办法有关规定的，银监会按《中华人民共和国银行业监督管理法》等有关法律法规进行处罚。金融租赁公司对银监会的处罚决定不服的，可以依法申请行政复议或者向人民法院提起行政诉讼。"

本章小结

本章主要介绍了融资租赁在金融学和法学中的概念、融资租赁与金融信贷的比较、融资租赁与租赁的比较，融资租赁合同在合同法学中的概念、特征，三方当事人的权利和义务等内容，融资租赁公司的相关法律规定，以及融资租赁的监督管理与法律责任。

复习思考题

1. 什么是融资租赁？其特征有哪些？
2. 简述融资租赁机构设立的条件。
3. 什么是融资租赁合同？其特征有哪些？
4. 简述出租人的权利和义务。

第十一章

保险法律制度

学习目的

保险既是一种货币的融通，也是一种风险的分配，最初它以风险分配为主，属于民商法体系，但随着其货币融通功能的不断增强，目前世界各国都将其作为金融行为进行规范。并且，随着公众未来生活保险化和保险业务金融化趋势的不断加强，保险融通行为在金融法中占有越来越重要的地位。通过本章的学习，旨在使学生了解保险法的概念和基本原则，熟悉保险的法律特征；了解保险合同的法律特征，掌握保险合同的转让，掌握保险合同的解除情形；了解人身保险的法律特征，掌握人身保险的特殊规则；了解财产保险合同的特征，对财产保险合同的转让有一定的认识，掌握财产保险解除的情形；掌握保险组织的法律制度。

核心概念

保险原则　保险关系　保险利益　保险生效　保险变更　保险终止　保险公司

案例导入

某公司以某楼房向保险公司投保财产保险，在保险单的正面注明：本公司收到上述保险费，同意按照背面所载财产保险条款的规定承担责任。在保险金额项中规定：由被保险人根据保险财产实际价值自行确定，保险方不负核证责任。该公司填写财产价值为400万元。在赔偿处理项中规定：本公司根据财产的实际损失，并按照当天的实际价值计算赔款。后来，在保险有效期内公司发生火灾，该投保的楼房被全部烧毁，保险公司按照该楼房的造价、折旧和市场价格，核赔金额为260万元，而该公司认为应赔偿400万元。双方争执不下，该公司将保险公司起诉至法院。

【判决】法院审理认为，按照《中华人民共和国保险法》（以下简称《保险法》）的相关规定，投保人与保险人未约定保险标的保险价值的，以保险事故发生时保险标的实际价值为赔偿标准，超额保险的超额部分无效；约定保险标的保险价值并在合同中载明的，应以约定的保险价值为赔偿标准。本案投保人是在保险金额中填写了400万元，但保险金额并不是保险价值，并且双方没有特别约定保险价值。因此，判决保险公司只应向该公司赔偿其260万元实际损失，超过实际损失的部分不予赔偿。

案例导学

从上述案例可以看出，保险虽然与普通工商业务具有一定的联系，但还有明显的区别。保险作为一种金融业务，不仅在监督管理上不同于工商业务，在主体法律关系上也具有特殊性，充分理解这些特殊性是学习和掌握保险法知识的前提。在楼房财产保险案中，应既以保险价值又以实际价值为赔偿标准。以约定的保险价值为标准是由于保险是一种金融行为、财产管理行为，赔偿价值与支付的保险费用具有直接的联系；以实际价值为标准是由于保险为财产的补偿，投保人不能因此盈利。因此，法院不应该按照民商法的原理而应该按照金融法的原理进行裁判，把保险理解为存贷融通、信托融通、证券融通一样，都是一种货币融通和财产管理行为，从货币融通和财产管理秩序的角度作出判断。

第一节 保险与保险法概述

一、保险概述

（一）保险概念

保险，是指投保人根据合同的约定，向保险人支付保险费，保险人对于合同约定的可能发生的事故因其发生所造成的财产损失承担赔偿保险金责任，或者当被保险人死亡、伤残、疾病或者达到合同约定的年龄、期限时承担给付保险金责任的保险行为。

一般意义上的保险是指商业保险。从风险管理角度看，保险是一种分散风险、共担损失的补偿制度。从经济角度而言，保险是分摊意外事故损失和提供经济补偿的财务安排，投保人以支付保险费的方式购买保险，将不确定的大额损失转变为确定性的小额保险费支出，或者将未来大额的或持续的支出转变成目前固定的或一次性的支出，从而有利于提高投保人的资金效益。从该意义上讲，保险公司属于金融机构，保险业是金融业的重要组成部分。在法律意义上，保险是一种合同行为，是一方同意补偿另一方损失的一种合同安排。

（二）保险的功能和作用

现代保险制度在促进经济发展、维护金融秩序和实现社会稳定中具有重要功能和作用。

1. 经济补偿功能

保险最基本的功能是补偿损失，即通过保险安排，当人们遭受到无法预知的风险时，受害者可以从保险基金中获得补偿，从而减少损失。与此同时，通过保险的风险分散和转移，可以增强人们抵御风险的能力，从而促进经济发展。

2. 资金融通功能

资金融通是保险的金融属性的体现，主要体现在两个方面：从投保人角度而言，由于有些保险产品提供了一定的收益，从而可以把保险作为一种投资；从保险人角度而言，保险人可以利用其集中起来的保险资金对社会其他主体进行不同类型的金融投资，从而实现保险资金在全社会的融通。

3. 社会管理功能

保险的社会管理功能主要体现为以下几方面：一是社会风险管理，即通过保险的风险识别、评估机制，将风险控制在一定的范围，达到降低风险发生的概率和对风险的控制与管理；二是社会关系管理，即通过保险应对灾害损失，减少当事人可能出现的各种纠纷，如责任保险制度可以有效化解社会纠纷；三是社会保障管理，即通过商业保险提高社会的风险保障水平。

（三）保险的类型

根据不同的分类标准，保险可以做以下划分。

1. 人身保险与财产保险

人身保险是以人的寿命和身体为保险标的的保险，包括人寿保险、健康保险、意外伤害保险等。财产保险是以财产及其有关利益为保险标的的保险，包括财产损失保险、责任保险、信用保险等。

2. 自愿保险与强制保险

自愿保险是在自愿原则下，投保人与保险人通过订立保险合同而建立的保险关系。投保人可以自由决定是否投保、向谁投保、中途退保等，也可以自由选择保险金额、保障范围、保障程度和保险期限等；保险人也可以根据情况自愿决定是否承保、怎样承保等。强制保险，又称为法定保险，是国家通过立法强制实施的保险。强制保险的实施方式有两种选择：一是保险标的与保险人均由法律限定；二是保险标的由法律限定，但投保人可以自由选择保险人，如机动车交通事故责任强制保险。

3. 原保险、再保险与共同保险

原保险保险人对被保险人因保险事故所造成的损失，承担直接的原始赔偿责任的保险。再保险，也称为分保，是保险人为了稳定保险业务的经营，扩大承保能力，避免非正常损失，将自己所承担保险责任的一部分或全部再次投保，分摊给其他保险人承担的保险。再保险中分出保险的一方称为分出人或原保险人，接受再保险的一方称为再保险人；原保险人将部分保险责任通过再保险转嫁给了再保险人，再保险人仅对原保险人负责，同原来的被保险人无直接联系。但是，再保险以原保险的存在为前提，再保险人的责任以原保险人的责任为限，原保险失效时再保险也同时失效。共同保险，也称为共保，是由几个保险人联合直接承保同一保险标的、同一风险、同一保险利益的保险。共同保险的各保险人承保金额的总和不超过保险标的的保险价值。

二、保险法概述

保险法是调整保险关系的法律规范的总称，一般由保险合同法、保险业法、保险特别法组成。广义的保险法是指一国现行法中所有调整保险关系的法律规范，狭义的保险法仅指保险法律制度中的基本法。

1995 年 6 月 30 日，我国第一部完备的保险基本法《保险法》颁布，它采用国际上一些国家和地区集保险业法、保险合同法为一体的立法体例，其颁布和实施标志着我国保险法律体系的形成。2002 年 10 月 28 日，为适应加入世贸组织的形势，我国对《保险法》进行第一次修正，目标是履行入世承诺、加强对被保险人利益的保护、强化保险监管、支持保险的改革和发展和促进保险业与国际接轨。2009 年 2 月 28 日，我国对《保险法》进行第二次修正，不仅着重修正了 2002 年未涉及的“保险内容法”，包括投保人如实告知义务和保险人的说明义务、财产保险和人身保险理赔具体规范标准等内容。同时，2009 年的修法也大量涉及保险业法部分。保险业法的完善有利于促进保险公司稳健经营，确保其偿付能力，最终体现保护被保险人利益的目的。2015 年，《保险法》再次修订，适应保险法制建设，推进简政放权、放管结合的大背景，保险监管向“放开前端、管住后端”转变，重点集中在取消保险销售从业人员、保险代理、保险经纪等从业人员的资格核准等行政审批事项上。

第二节 保险法的基本原则

一、最大诚实信用原则

在我国，诚实信用原则是几乎所有民商事法律的一个最基本的原则。如《民法总则》《合同法》等都将该原则作为民事活动的基本原则。由于保险合同的射幸性，要求双方在保险合同活动中本着最大的诚实信用。一般认为，最大诚信原则主要作用是保险人约束投保人，保险人往往以投保人没有遵守该原则而拒绝履行赔偿义务，但根据权利义务对等的民事法律原则，该原则对保险人具有和被保险人同等的效力。

最大诚信原则的具体内容包含如实告知、保证、弃权与禁止反言。①告知是保险合同当事人一方在合同缔结前和缔结时以及合同有效期内就重要事实向对方所做的口头或书面的陈述。投保人或被保险人和保险人都有如实告知的义务。投保人或被保险人告知的事实是重要事实，即足以影响谨慎的保险人决定承保以及保险费率的事实。保险人必须告知的重大事实是足以影响善意的投保人或被保险人投保以及投保条件的事实。②保证是指被保险人在保险期限内对某种事项的作为或不作为，即被保险人应承诺做某事或不做某事。在大多数情况下，保证以书面形式列入合同之内，即以条款形式附加在保险单上。这种形式的保证称之为明示保证。另一种保证称为默示保证，是指习惯上认为被保险人应保证某一事项的作为或不作为。③弃权与禁止反言。弃权是合同一方以明示或默示的形式放弃其在保障合同中可以主张的权利；禁止反言是合同的一方既然已放弃在保险合同中可以主张的某种权利，而后便不得再向他方主张该种权利。从保险实践来看，弃权与禁止反言主要约束保险人。

二、保险利益原则

保险利益是指投保人或者被保险人对保险标的具有的法律上承认的利益。保险利益原则体现了投保人与保险标的之间金钱上的利益关系。

《保险法》规定，人身保险的投保人在保险合同订立时，对被保险人应当具有保险利益。人身保险是以人的寿命和身体为保险标的的保险。在人身保险合同中，投保人对下列人员具有保险利益：本人；配偶、子女、父母；前述以外与投保人有抚养、赡养或扶养关系的家庭其他成员、近亲属；与投保人有劳动关系的劳动者；此外，被保险人同意投保人为其订立合同的，视为投保人对被保险人具有保险利益。订立合同时，投保人对被保险人不具有保险利益的，合同无效。财产保险的被保险人在保险事故发生时，对保险标的应当具有保险利益。保险事故发生时，被保险人对保险标的不具有保险利益的，不得向保险人请求赔偿保险金。

想一想

《保险法》规定保险利益原则的立法用意和效果如何？

三、损失补偿原则

损失补偿原则是《保险法》的核心原则，是指当保险事故发生使被保险人的利益受到损失时，保险人在其责任范围内仅对实际或约定的损失进行赔偿或给付，受益人不能取得超过实际或约定损失的额外利益。

损失补偿原则主要适用于财产保险以及其他补偿性保险合同。损失补偿以保险事故发生和造成保险标的的损失为前提。补偿中既包括保险标的的损失，也包括为查明和确定保险事故的形式、原因和保险标的的损失程度所支付的必要的、合理的费用。投保人和保险人约定保险标的的保险价值并在合同中载明的，保险标的发生损失时，以约定的保险价值为赔偿计算标准。投保人和保险人未约定保险标的的保险价值的，保险标的发生损失时，以保险事故发生时保险标的的实际价值为赔偿计算标准。保险事故发生后，被保险人为防止或者减少保险标的的损失所支付的必要的、合理的费用，由保险人承担；保险人所承担的费用数额在保险标的损失赔偿金额以外另行计算，最高不超过保险金额的数额。保险金额不得超过保险价值。超过保险价值的，超过部分无效，保险人应当退还相应的保险费。保险金额低于保险价值的，除合同另有约定外，保险人按照保险金额与保险价值的比例承担赔偿保险金的责任。重复保险的各保险人赔偿保险金的总和不得超过保险价值。保险事故发生后，被保险人已经从第三者取得损害赔偿的，保险人赔偿保险金时，可以相应扣减被保险人从第三者已取得的赔偿金额。

案例 11-1

理赔范围存争议　法院判赔精神损害

原告谢某将自有的货车在被告保险公司处投保机动车第三者责任险、车上人员责任险、车辆损失险，保险金额为 15 万元。后该车辆发生交通事故，致使行人刘某身受重伤经抢救无效死亡。该交通事故经法院判决，原告谢某赔偿第三者刘某家属各项损失共计 140189 元。后原告谢某持相关理赔资料前往被告保险公司要求理赔，但被告以“原告造成的损失中包括 5000 元精神损失，按照保险合同的约定，不在理赔范围”为由，拒绝理赔。原告向法院起诉后，法院认为，原告应当赔偿第三者损失，其中精神损失也属于第三者损失的范围，被告无证据证明其与原告在签订保险合同时，明确约定过将精神损失排除在第三者责任之外，保险条款也不具有排除适用的效力，故认定 5000 元精神损失属于被告应当理赔的第三者损失。判令被告保险公司向原告给付第三者责任保险金 140189 元。

四、近因原则

近因原则是指保险事故的发生与损失结果的形成，必须是直接的因果关系，保险人对承保范围的保险事故作为直接的、最接近的、决定性的原因引起的损失承担保险责任，而对承保范围以外的原因造成的损失，不承担赔偿责任。

我国保险法中没有明确规定该原则的具体适用。在保险实践中，产生损失的原因可能是单一的，也可能是多个的；既可能是承保风险，也可能是除外风险或者是保险单中未提及风险。如果造成损失原因（危险）是单一的，且其属于保险合同约定的承保风险，即为近因，保险人应负保险给付义务；如果该事故的近因不属于保险合同约定的承保风险，即投保人未保的风险或保险合同约定的除外风险，那么保险人就不负赔偿责任。在多个原因情况下，则要考察其内部逻辑关系。两个以上原因危险连续发生造成损害，若后因是前因直接、必然的发展结果或合理的延续时，以前因为近因。多种原因危险先后发生，但后一原因介入并打断了原有的某一事件与损害结果之间的因果关系链条，并对损害结果独立地起到决定性的作用，该新介入的原因即作为近因。

案例 11-2 “因果关系”的认定是保险公司承担赔付责任的关键

2018 年 11 月的一天，某公司的工作班车在城郊的公路上，与迎面而来的大货车相撞。张先生坐的驾驶副座是直接的碰撞部位，他当场身故；赵先生坐在他后面，撞断了胳膊，失血过多，送往医院抢救，急救中又因心肌梗死，于第二天撒手人寰。公司曾为他们购买过团体人身意外伤害保险，保险金额 10 万元。惨剧发生后，立即向保险公司报案，并提出理赔。保险公司经调查后，做出了如下理赔决定：张先生死亡的近因是车祸，属于意外伤害保险约定的责任范围，保险公司履行赔付保险金义务，赔偿 10 万元；赵先生在车祸中撞胳膊，属于意外伤害保险责任的范围，可获赔偿意外伤害保险金 5 万元。但是，赵先生最终死因是心肌梗死，不属于意外伤害保险的责任范围，因此，保险公司不承担意外身故保险金 10 万元。

第三节 保险合同法律制度

保险合同是投保人与保险人约定保险权利义务关系的协议。作为保险活动最基本的法律表现形式，投保人向保险人支付保险费，保险人则对合同约定的可能发生的事故因其发生所造成的财产损失承担赔偿保险金责任，或者当被保险人死亡、伤残、疾病或者达到合同约定的年龄、期限等条件时承担给付保险金责任，这一约定就构成了投保人与保险人之间基本的保险权利义务关系。

一、保险合同的特征

作为一种特定的民商事合同，保险合同具有以下特征。

1. 保险合同是有偿合同

有偿合同是指当事人为享有合同的权利而必须偿付相应的代价。保险合同的有偿性，主要体现在投保人要取得保险的风险保障，必须支付相应的代价，即保险费；保险人要收取保险费，必须承诺承担保险保障责任。

2. 保险合同是一种双务合同

在保险合同中，合同的双方当事人既相互享有权利，又相互负有义务。被保险人要得到保险人对其保险标的给予保障的权利，就必须向保险人交付保险费；而保险人收取保险费，就必须承担保险事故发生或合同届满时的赔付义务，双方的权利和义务是彼此关联的。但是，保险合同的双务性与一般双务合同并不完全相同，即保险人的赔付义务只有在约定的事故发生时才履行，因而是附有条件的双务合同。

3. 保险合同是一种格式合同

在订立合同时，由保险人提出合同的内容，投保人只能作出同意或者不同意的选择，因此，也称为标准合同。

4. 保险合同是一种射幸合同

射幸合同是指合同的效果在订立时是不确定的，保险人赔偿义务的实际履行带有偶然性，保险合同是一种典型的射幸合同。投保人根据保险合同支付保险费的义务是确定的，而保险人仅在保险事故发生时承担赔偿或给付义务，即保险人的义务是否履行在保险合同订立时尚不确定，而是取决于偶然的、不确定的保险事故是否发生。

5. 保险合同是一种最大诚信合同

任何合同的订立，都应以合同当事人的诚实信用为基础，但保险合同所要求的不是一般的相对的诚实守信，而是最大限度的诚实守信。由于保险当事人双方信息的不对称性，保险合同对诚信的要求远高于其他合同。保险标的在投保前或投保后均在投保方的控制之下，而保险人通常是根据投保人的告知来决定是否承保以及承保的条件的，所以，投保人的道德因素和信用状况对保险经营来说关系极大。另外，保险经营的复杂性和技术性使得保险人在保险关系中处于有利地位，而投保人处于不利地位。

6. 保险合同是补偿合同、给付合同

在财产保险合同中，保险的作用在于补偿损失，即只要是保险金额范围内的损失，损失多少，补偿多少，保险金的给付和保险费的交付之间没有严格的对比或等价关系；而人身保险合同是给付性合同，即根据投保人的实际需要和支付保险费的能力确定一个保险金额，当保险事故发生时，由保险人按照事先约定的保险金额承担给付保险金责任。

二、保险合同的要素

（一）保险合同的主体

保险合同的主体包括保险合同当事人、关系人和保险合同辅助人。

1. 保险合同当事人

保险合同当事人，是指因订立保险合同而享有保险权利和承担保险义务的人，包括投保人和保险人。

投保人是指与保险人订立保险合同，并按照合同约定负有支付保险费义务的人。投保人既可以是自然人也可以是法人。投保人应当具备以下两个条件：第一，投保人必须具有相应的权利能力和行为能力，并且，在投保人与保险标的之间必须具有在法律上认可的可保利益，否则所订立的保险合同不发生法律效力；第二，投保人应承担支付保险费的义务，不论投保人为自己利益还是为他人利益订立保险合同，均应承担支付保险费的义务。

保险人又称承保人，是指与投保人订立保险合同，并按照合同约定承担赔偿或者给付保险金责任的保险公司。

想一想

一个外地游客来北京旅游，在参观完故宫后，出于爱护国家财产的目的，自愿作为投保人为故宫投保，并交付保险费。请问该游客是否可以对故宫投保？为什么？

2. 保险合同关系人

保险合同的关系人是指虽非保险合同主体，但因保险合同的订立而有利害关系的人，包括被保险人和受益人。

被保险人是指其财产或者人身受保险合同保障，享有保险金请求权的人。在人身保险合同中，只有自然人才能成为人身保险合同的被保险人，在以死亡为给付保险金条件的保险合同中，无民事行为能力的人不得成为被保险人，但父母为其未成年的子女投保时除外，只是最高保险金额通常有限定。

受益人是指人身保险合同中由被保险人或者投保人指定的享有保险金请求权的人，投保人、被保险人可以为受益人。人身保险的受益人由被保险人或者投保人指定，投保人指定受益人时必须经被保险人同意。被保险人或者投保人可以指定一人或者数人为受益人。被保险人或者投保人可以变更受益人并书面通知保险人。保险人收到变更受益人的书面通知后，应当在保险单或者其他保险凭证上批注或者附贴批单。投保人变更受益人时须经被保险人同意。

3. 保险合同辅助人

保险合同的辅助人是指在保险合同的订立、履行过程中起辅助作用的人，包括保险理人、保险经纪人和保险公估人。保险代理人是根据保险人的委托，向保险人收取手续费，并在保险人授权的范围内代为办理保险业务的单位和个人。保险经纪人是基于投保人的利益，为投保人与保险人订立保险合同提供中介服务，并依法收取佣金的单位。保险公估人是指经保险当事人委托，为其办理保险标的的查勘、鉴定、估价和保险赔偿的清算洽谈等业务并予以证明的人。

（二）保险合同的客体

保险合同的客体是保险利益，又称可保利益，是指投保人对保险标的具有法律上承认的利益。而保险标的是指作为保险对象的财产及其有关利益或者人的寿命和身体。《保险法》第12条规定：“投保人对保险标的应当具有保险利益，投保人对保险标的不具有保险利益的，保险合同无效。”可见，对保险标的有无保险利益是投保人能否投保和保险合同是否有效的评定标准。

（三）保险合同内容

保险合同的内容是保险合同当事人双方依法约定的权利和义务，通常以条文形式表现，包括基本条款和附加条款。基本条款是指保险人在事先准备的保险单上，根据不同险种而规定的有关保险合同当事人双方权利义务的基本事项。它往往构成保险合同的基本内容，是投保人和保险人签订保险合同的依据，具体包括：①保险人的姓名和住所，投保人、被保险人的姓名或者名称、住所，以及人身保险的受益人的姓名或者名称、住所；②保险标的；③保险责任和责任免除；④保险费以及支付办法；⑤保险期间和保险责任开始时间；⑥保险金额；⑦保险费以及支付办法；⑧保险金赔偿或者给付办法；⑨违约责任和争议处理；⑩订立合同的年、月、日。附加条款是指保险合同当事人双方在基本条款的基础上所附加的，用以扩大或限制原基本条款中所规定的权利和义务的补充条款。保险合同条款的解释原则具体包括：①附加条款优于标准合同条款原则；②文字解释原则；③当事人真实意图解释原则；④保险专业解释原则；⑤“疑义的利益”的解释原则。

三、保险合同的成立与生效

保险合同生效的前提是存在保险合同，且该保险合同依法成立，而保险合同订立是保险合同成立的前提。

（一）保险合同订立

保险合同订立是指，投保人与保险人在平等自愿的基础上，就保险合同的主要条款协商一致并达成协议的法律行为。

（二）保险合同的成立

保险合同的成立是指，投保人与保险人就保险合同的内容达成一致的状态。投保人提出保险要求，经保险人同意承保，保险合同成立。保险人应当及时向投保人签发保险单或者其他保险凭证。

（三）保险合同的生效

保险合同的生效是指，依法成立的保险合同对当事人具有法律约束力的状态，依法成立的保险合同，自成立时生效。投保人和保险人可以对合同的效力约定附条件或者附期限。保险合同成立后，投保人按照约定交付保险费，保险人按照约定的时间开始承担保险责任。除《保险法》另有规定或者保险合同另有约定外，保险合同成立后，投保人可以解除合同，保险人不得解除合同。

案例 11-3

认定保险合同成立与生效是处理保险合同纠纷的关键所在

2013 年 8 月，马某峰因办理交强险所需，委托案外人杨某在海南省为其所有的号牌为苏 03639 ** 的变型拖拉机（登记车主为马某）投保交强险，并向杨某提交了车辆行驶证、身份证复印件等资料。此后，杨某为在太平洋财保儋州公司处办理上述车辆的交强险，即以其名义投保，并隐瞒了车辆的真实信息，向太平洋财保儋州公司提交了车牌号为琼 01693 ** 、登记车主为马某峰、发动机号与实际发动机号一致的行驶证复印件。太平洋财保儋州公司经审查后同意承保，并于当月 23 日向杨某签发了“机动车交通事故责任强制保险运输型拖拉机定额保险单”，保险单载明被保险人为杨某，保险期间自 2013 年 8 月 24 日至 2014 年 8 月 23 日，之后，杨某将收取的保险单寄送给马某峰。2013 年 12 月 19 日 15 时许，马某峰驾驶上述车辆与石某（1940 年 1 月 27 日生）驾驶的自行车相撞，造成石某受伤、两车损坏。石某受伤后，于当日被送至泗洪县人民医院抢救，后因抢救无效于 2013 年 12 月 21 日死亡。在泗洪县公安局交通巡逻警察大队的协调下，马某峰与石某的亲属沈某等人达成赔偿协议，由马某峰赔偿医疗费、丧葬费等损失共计 24 万元。后马某峰起诉要求太平洋财保儋州公司赔付交强险限额内各项损失共计 12 万元（其中，医疗费 1 万元，死亡伤残赔偿金 1 1 万元）。一审法院判决：太平洋财保儋州公司赔偿马某峰交强险保险金 12 万元。二审法院依法改判：驳回马某峰全部诉讼请求。

【解析】审理本案一审、二审法院之所以作出截然不同的判决，是因为对于保险合同是否成立这一事实的认定存在不同意见。保险合同的成立是保险合同生效的前提条件。如果保险合同没有成立，也就不存在合同有效无效的问题。对于保险合同而言，保险合同的主体是指保险当事人和关系人；保险合同的客体是指保险利益；保险合同的内容就是指保险条款。具体到本案，就保险主体而言，主要是对被保险人进行的认定，就马某峰提供的保险单内容来看，被保险人记载为杨某，而非马某峰，同时投保人栏签字亦签署为杨某字样，对于这一问题，马某峰也不能作出合理解释，因此，不能认定其为上述保单中的被保险人；就保险客体而言，保单记载承保的车辆信息为车牌号琼 01639 ** ，而发生涉案交通事故的马某峰的车辆车牌号为苏 03639 ** ，二者车牌号不一致，对此马某峰亦不能作出合理解释，故据此无法认定马某峰的发生涉案交通事故的车辆为保单的交强险承保的保险标的，故认定马某锋和保险公司保险合同关系不成立。

(四) 保险合同效力的中止与恢复

《保险法》规定，投保人可以按照合同约定向保险人一次支付全部保险费或者分期支付保险费。合同约定分期支付保险费，投保人支付首期保险费后，除合同另有约定外，投保人自保险人催告之日起超过 30 日未支付当期保险费，或者超过约定的期限 60 日未支付当期保险费的，合同效力中止，或者由保险人按照合同约定的条件减少保险金额。合同效力依保险法规定中止的，经保险人与投保人协商并达成协议，在投保人补交保险费后，合同效力恢复。但是，自合同效力中止之日起满 2 年双方未达成协议的，保险人有权解除合同。

四、保险合同当事人的义务

（一）投保人的义务

1. 如实告知义务

订立保险合同，保险人就保险标的或者被保险人的有关情况提出询问的，投保人应当如实告知。保险人在订立保险合同时向投保人作出明确、具体询问，投保人知道或者应当知道的与保险标的或者被保险人有关的情况，也属于应当如实告知的情形。投保人故意或者因重大过失未履行如实告知义务，足以影响保险人决定是否同意承保或者提高保险费率的，保险人有权解除合同。但是，合同解除权自保险人知道有解除事由之日起，超过30日不行使而消灭。

自合同成立之日起超过2年的，保险人不得解除合同；发生保险事故的，保险人应当承担赔偿或者给付保险金的责任。投保人故意不履行如实告知义务的，保险人对于合同解除前发生的保险事故，不承担赔偿或者给付保险金的责任，并不退还保险费。投保人因重大过失未履行如实告知义务，对保险事故的发生有严重影响的，保险人对于合同解除前发生的保险事故，不承担赔偿或者给付保险金的责任，但应当退还保险费。保险费退还，是指保险人将投保人已交付的保险费按照合同约定扣除自保险合同生效之日起至合同解除之日止应收保险费后的剩余部分退还投保人。健康险、意外险和其他寿险保单现金价值的退还按照保险行业惯例（或按照合同约定）确定。

如果保险人在合同订立时已经知道投保人未如实告知情况的，保险人不得解除合同；发生保险事故的，保险人应当承担赔偿或者给付保险金的责任。保险事故是指保险合同约定的保险责任范围内的事故。投保人和被保险人不为同一人时，投保人的如实告知义务延伸至被保险人。对同一事实，其中一人已经如实告知的，视为投保人已经履行告知义务。

2. 及时通知义务

投保人、被保险人或者受益人知道保险事故发生后，应当及时通知保险人。故意或者因重大过失未及时通知，致使保险事故的性质、原因、损失程度等难以确定的，保险人对无法确定的部分，不承担赔偿或者给付保险金的责任，但保险人通过其他途径已经及时知道或者应当及时知道保险事故发生的除外。

投保人、被保险人或者受益人知道保险事故发生后及时通知了保险人，但由于其故意或者重大过失致使保险事故的原因、性质、损失程度等无法确定，保险人有权主张对无法确定的部分不承担赔偿或者给付保险金责任。因保险人的故意或者重大过失致使保险事故的性质、原因、损失程度等无法确定，被保险人或者受益人有权向保险人主张对无法确定的部分承担赔偿或者给付保险金责任。

保险标的转让的，被保险人或者受让人应当及时通知保险人，但货物运输保险合同和另有约定的合同除外。被保险人、受让人未履行保险标的转让的通知义务的，因转让导致保险标的危险程度显著增加而发生的保险事故，保险人不承担赔偿保险金的责任。

在合同有效期内，保险标的的危险程度显著增加的，被保险人应当按照合同约定及时通知保险人，保险人可以按照合同约定增加保险费或者解除合同。保险人解除合同的，应当将已收取的保险费，按照合同约定扣除自保险责任开始之日起至合同解除之日止应收的部分后，退还投保人。被保险人未履行危险程度显著增加的通知义务的，因保险标的的危险程度显著增加而发生的保险事故，保险人不承担赔偿保险金的责任。

案例
11–4

投保车辆危险程度增加　保险公司拒赔有理

2017 年 7 月，投保人王某向保险公司投保一辆“康明斯”牌大货车，从事普通货物运输。根据王某提供的车辆行驶证、运输证等，保险公司按照普通运输货车保险费率档次为其办理了车辆综合险，并附加车上货物责任险。2017 年 9 月，该车辆运输一罐危险化学品时不慎将一行人撞伤，车辆翻车，导致化学物体泄漏，流入附近鱼塘，造成鱼塘中部分鲫鱼和藕死亡。王某遂就车辆损失、伤者费用损失、道路损失、鱼塘损失及车上货物损失向保险公司提出索赔。保险公司以车辆运输危险品未及时通知为由，拒绝赔付，王某诉至法院。

问：保险公司是否有赔付义务？

【解析】本案争议的焦点是投保人王某是否违反了危险增加的通知义务，以及违反该义务的法律后果。本案中，货车办理保险时，按照运输普通货物的保险费率投保，而且，我国相关法律对运输危险化学品的车辆和驾驶员有相应的资质要求。车辆在运输化学危险品时发生交通事故，属于保险标的的危险程度显著增加的情况，故保险公司可以依法拒绝理赔。

（二）保险人的义务

1. 说明义务

订立保险合同，采用保险人提供的格式条款的，保险人向投保人提供的投保单应当附格式条款，保险人应当向投保人说明合同的内容。对保险合同中免除保险人责任的条款，保险人在订立合同时应当在投保单、保险单或者其他保险凭证上作出足以引起投保人注意的提示，并对该条款的内容以书面或者口头形式向投保人作出明确说明；未作提示或者明确说明的，该条款不产生效力。保险合同责任免除条款包括除外责任条款、免赔额、免赔率、比例赔付、解除或中止合同等部分免除或全部免除或限缩保险人责任的条款。保险人以法律、行政法规的禁止性规定作为保险合同免责条款的，可以免除保险人对该条款的提示和明确说明义务。续保或同一投保人与同一保险人连续两次以上签订同种类保险合同，合同免责条款内容一致且保险人有证据证明曾就相同的免责条款向投保人履行过明确说明义务的，可免除保险人的明确说明义务。

知识拓展

保险合同中格式条款无效的情形

采用保险人提供的格式条款订立的保险合同中的下列条款无效：①免除保险人依法应承担的义务或者加重投保人、被保险人责任的；②排除投保人、被保险人或者受益人依法享有的权利的。

2. 理赔义务

保险人收到被保险人或者受益人的赔偿或者给付保险金的请求后，应当及时作出核定；情形复杂的，应当在30日内作出核定，但合同另有约定的除外。保险人应当将核定结果通知被保险人或者受益人；对属于保险责任的，在与被保险人或者受益人达成赔偿或者给付保险金的协议后10日内，履行赔偿或者给付保险金义务。保险合同对赔偿或者给付保险金的期限有约定的，保险人应当按照约定履行赔偿或者给付保险金义务。保险人未及时履行前款规定义务的，除支付保险金外，应当赔偿被保险人或者受益人因此受到的损失。

保险人依法作出核定后，对不属于保险责任的，应当自作出核定之日起3日内向被保险人或者受益人发出拒绝赔偿或者拒绝给付保险金通知书，并说明理由。保险人自收到赔偿或者给付保险金的请求和有关证明、资料之日起60日内，对其赔偿或者给付保险金的数额不能确定的，应当根据已有证明和资料可以确定的数额先予支付；保险人最终确定赔偿或者给付保险金的数额后，应当支付相应的差额。人寿保险以外的其他保险的被保险人或者受益人，向保险人请求赔偿或者给付保险金的诉讼时效期间为2年，自其知道或者应当知道保险事故发生之日起计算。人寿保险的被保险人或者受益人向保险人请求给付保险金的诉讼时效期间为5年，自其知道或者应当知道保险事故发生之日起计算。

第四节　人身保险合同和财产保险合同

一、人身保险合同

人身保险合同是以人的寿命和身体为保险标的的保险合同，指投保人按照合同的约定向保险人支付保险费，保险人对被保险人在保险期内因保险事故导致的死亡、伤残、疾病或者达到合同约定的年龄、期限等条件时，向被保险人或者受益人给付保险金的商业保险合同。

（一）人身保险合同的特征

人身保险合同除了具有保险合同的一般属性之外，因保险标的不同，还具有不同于财产保险合同的特征。

1. 保险标的的限定性

人身保险合同中的“人”特指自然人。人身保险合同的标的是人的寿命或者身体，其保险利益是投保人对自己的寿命或者身体以及投保人与被保险人之间基于特定的身份关系而形成的人身利益和人格利益。

2. 保险金额的确定性

人身保险合同标的的特殊性导致保险金额无法以保险标的的货币价值进行衡量，而是由保险人事先综合多种因素加以科学计算并规定固定的金额，在此基础上由投保人与保险人协商确定。当约定的保险事故发生或保险期间届满时符合约定的给付保险金的条件的，保险人根据约定给付保险金金额。所以，人身保险合同不会出现超额保险的问题。

3. 保险责任的给付性

由于保险利益的非财产化，人身保险合同的承保风险是被保险人生命的丧失、健康损失或者身体的伤害。因此，保险人给付保险金只以保险事故的发生为条件，不以被保险人发生实际损失为前提，也不论被保险人或者受益人是否通过其他途径得到过补偿。所以，人身保险合同不适用损失填补原则。

4. 禁止保险人代位求偿

人身保险中禁止保险人追偿，也不适用财产保险中的保险代位权规则。《保险法》规定，被保险人因第三者的行为而发生死亡、伤残或者疾病等保险事故的，保险人向被保险人或者受益人给付保险金后，不享有向第三者追偿的权利，但被保险人或者受益人仍有权向第三者请求赔偿。

5. 保险期限的长期性

大多数人身保险合同是长期合同，人寿保险合同的保险期限一般在 5 年以上，甚至更长直至终身。人寿保险合同的长期性是基于被保险人的年龄增长，发生保险事故的可能性也就越大，而且必然会发生，保险人也必然会承担给付保险金的责任。但是，随着年龄的增长，其交费能力在下降，所以，人寿保险合同的长期性有利于降低保险费用，增强保险人的保障。当然，也有短期的健康保险和意外伤害保险合同。

（二）人身保险合同的种类

根据不同标准，人身保险合同可以分为以下几种：

1. 人寿保险合同、健康保险合同和意外伤害保险合同

根据所保障的风险不同，人身保险合同可分为人寿保险合同、健康保险合同和意外伤害保险合同。

（1）人寿保险合同是指以被保险人的生命为保险标的，当被保险人的寿命发生保险事故时由保险人给付保险金的保险合同。人寿保险合同的基本种类有死亡保险合同、生

存保险合同和生死两全保险合同。

（2）健康保险合同又称“疾病保险合同”，是以被保险人的身体健康为保险标的，当被保险人患病、分娩及因此而引起的残废或者死亡作为保险事故时，由保险人向被保险人或受益人给付保险金的保险。在保险实务中，健康保险包括疾病保险、医疗保险、护理保险、失能收入损失保险、长期健康保险、短期健康保险等具体形式。

（3）意外伤害保险合同。意外保险是指以意外事件而致被保险人死亡、残疾或住院医疗为给付保险金条件的人身保险。该类保险合同既可作为独立的合同存在，如普通伤害保险合同、特种伤害保险合同等，也可以作为一种从合同附加于人寿保险合同中。

2. 单独人身保险合同和团体人身保险合同

以被保险人的人数为依据，可以分为单独人身保险合同和团体人身保险合同。单独人身保险合同是指被保险人为单独一人的人身保险合同；团体人身保险合同是指以团体为投保人，以团体成员或者团体成员的家庭成员为被保险人的保险合同。

（三）人身保险合同的特殊条款与规则

1. 年龄不实条款

年龄不实条款也称为年龄误报条款，是指投保人申报的被保险人不真实，应当按照被保险人的真实年龄予以调整。年龄是决定自然人发生人身保险事故概率的重要因素，是人身保险合同的保险人决定是否承保以及决定保险费率的重要依据，投保人应当如实告知被保险人的年龄。如果投保人因各种原因误报被保险人的年龄，则并不必然导致保险合同无效，而是要根据不同情况作出不同处理。

投保人申报的被保险人年龄不真实，并且其真实年龄不符合合同约定的年龄限制的，保险人可以解除合同，并按照合同约定退还保险单的现金价值；投保人申报的被保险人年龄不真实，致使投保人支付的保险费少于应付保险费的，保险人有权更正并要求投保人补交保险费，或者在给付保险金时按照实付保险费与应付保险费的比例支付；投保人申报的被保险人年龄不真实，致使投保人支付的保险费多于应付保险费的，保险人应当将多收的保险费退还投保人。

2. 死亡保险合同的特殊条款

由于死亡保险合同是以被保险人身故为保险标的的合同，当保险事故发生后，只能由其受益人领取保险金，因此实践中可能会出现为了获得保险金给付而故意致被保险人死亡的情形，为了防止这类“败德行为”的发生，各国保险法律都对死亡保险合同作出了限制性规定。我国《保险法》也对死亡保险合同进行了限制。

（1）对被保险人的特殊限制。投保人不得为无民事行为能力人投保以死亡为给付保险金条件的人身保险，保险人也不得承保。父母为其未成年子女投保的人身保险，不受此限制。但是，被保险人死亡给付的保险金总和不得超过国务院保险监督管理机构规定的限额。

（2）对保险合同内容特殊限制。以死亡为给付保险金条件的合同，未经被保险人同意并认可保险金额的，合同无效。按照以死亡为给付保险金条件的合同所签发的保险单，未经被保险人书面同意，不得转让或者质押。父母为其未成年子女投保的人身保险，不受被保险人同意并认可保险金额规定的限制。

3. 宽限期条款

宽限期条款又称“交纳保险费宽限期条款”，是指在保险合同约定的或者法定的期限内，允许投保人向保险人缓交保险费的条款。投保人可以按照合同约定向保险人一次支付全部保险费或者分期支付保险费。合同约定分期支付保险费的，投保人支付首期保险费后，除合同另有约定外，投保人自保险人催告之日起超过 30 日未支付当期保险费，或者超过约定的期限 60 日未支付当期保险费的，合同效力中止，或者由保险人按照合同约定的条件减少保险金额。被保险人在前述规定期限内发生保险事故的，保险人应当按照合同约定给付保险金，但可以扣减欠交的保险费。保险人对人寿保险的保险费，不得用诉讼方式要求投保人支付。

4. 保险合同效力的中止及恢复条款

保险合同效力的中止及恢复条款是指人身保险合同因投保人在宽限期届满后仍未交付保险费的，保险合同效力暂时中断，投保人在法定期限内申请，经保险人同意恢复保险合同效力的条款。保险合同效力中止期间，保险人不承担保险责任，但保险合同本身并没有失效。合同效力依照保险法的规定中止的，经保险人与投保人协商并达成协议，在投保人补交保险费后，合同效力恢复。但是，自合同效力中止之日起满 2 年双方未达成协议的，保险人有权解除合同。保险人依法解除合同的，应当按照合同约定退还保险单的现金价值。

5. 受益人条款

受益人与被保险人属于保险合同中的关系人，并非保险合同当事人。投保人在指定和变更受益人时要受到被保险人的限制。

（1）受益人的指定。受益人指定是指保险合同的投保人、被保险人确定保险金的受益主体的行为。被保险人或者投保人可以在保险合同订立时指定受益人，也可以在合同成立后保险事故发生前指定受益人。人身保险的受益人由被保险人或者投保人指定。投保人指定受益人时须经被保险人同意。投保人为与其有劳动关系的劳动者投保人身保险，不得指定被保险人及其近亲属以外的人为受益人。被保险人为无民事行为能力人或者限制民事行为能力人的，可以由其监护人指定受益人。被保险人或者投保人可以指定一人或者数人为受益人。受益人为数人的，被保险人或者投保人可以确定受益顺序和受益份额；未确定受益份额的，受益人按照相等份额享有受益权。

（2）受益人的变更。受益人变更是指投保人或者被保险人指定受益人后，在保险事故发生前，更换受益人的行为。被保险人或者投保人可以变更受益人并书面通知保险人。保险人收到变更受益人的书面通知后，应当在保险单或者其他保险凭证上批注或者附贴批单。投保人变更受益人时须经被保险人同意。

（3）受益权的移转。受益人享有的受益权是一种期待权，在保险事故发生前是不会实现的，只有当保险事故发生时，才转化为现实的权利。如果受益人先于被保险人死亡，被保险人可以变更受益人，如果没有变更受益人，发生保险事故被保险人死亡时，需要确定新的受益人。被保险人死亡后，有下列情形之一的，保险金作为被保险人的遗产，由保险人依照《中华人民共和国继承法》（以下简称《继承法》）的规定履行给付保险金的义务：①没有指定受益人，或者受益人指定不明无法确定的；②受益人先于被保险人死亡，没有其他受益人的；③受益人依法丧失受益权或者放弃受益权，没有其他受益人的。

受益人与被保险人在同一事件中死亡，且不能确定死亡先后顺序的，推定受益人死亡在先。

案例11–5

发生保险事故　如何确定受益人

王某因父亲病故，妻子与其相处不和，带着儿子另住别处。后王某投保管道煤气保险，并指定其妹妹为受益人。不久王某不幸煤气中毒死亡，王某妹妹也在其中毒死亡前半个月病故。现王某妻子与王某妹妹的儿子都向保险公司请求给付保险金。

问：保险公司应如何处理?

【解析】指定受益人的受益权以被保险人死亡时尚生存为条件，若受益人先于被保险人死亡，受益权应回归投保人或被保险人，由其另指定新受益人，而不能由原受益人的继承人继承受益权。被保险人死亡的，保险金作为被保险人的遗产，由保险人依照《继承法》的规定履行给付保险金的义务。本案中，被保险人王某的继承人为王某妻子与其儿子，故王某妻子与其儿子共同继承该保险金。

（4）受益权的丧失。如果被保险人或者投保人没有变更受益人，受益权尚未发生移转，但如果出现法定情况的，受益权还会因法律事实而丧失：①受益人故意造成被保险人死亡、伤残、疾病的，或者故意杀害被保险人未遂的，该受益人丧失受益权；②投保人故意造成被保险人死亡、伤残或者疾病的，保险人不承担给付保险金的责任。

投保人已交足两年以上保险费的，保险人应当按照合同约定向其他权利人退还保险单的现金价值。

6. 自杀条款

自杀条款是指被保险人在合同成立或者合同效力恢复之日起一定时间内，被保险人因自杀导致死亡的，保险责任的承担。以被保险人死亡为给付保险金条件的合同，自合同成立或者合同效力恢复之日起2年内，被保险人自杀的，保险人不承担给付保险金的责任，但被保险人自杀时为无民事行为能力人的除外。如果据此保险人不承担给付保险金责任的，应当按照合同约定退还保险单的现金价值。

案例11–6

自杀身亡保险公司理赔案

2016年4月1日，李某为其正在上大学的儿子李某某（19岁）投保一份人身保险，与保险公司签订了保险合同，合同中包含在保险期限内被保险人意外伤害及死亡的赔付条款，指定李某本人为受益人。2019 年 5 月 1 日，被保险人李某某因学业压力大而自杀。事后，李某向保险公司索赔，保险公司以被保险人李某某自杀为由拒绝赔付。

问：保险公司拒绝赔付的理由是否成立？为什么？

【解析】保险公司拒绝赔付的理由不成立。以被保险人死亡为给付保险金条件的合同，自合同成立或者合同效力恢复之日起 2 年内，被保险人自杀的，保险人不承担给付保险金的责任。本案中李某为其子李某某投保的人身保险，因保险合同成立之日至被保险人自杀已经超过 2 年，故保险公司应当承担给付保险金的责任。

7. 保险单的现金价值条款

人身保险单的现金价值，又称为“退保金”或“退保价值”，是指人身保险合同终止时，由保险人依法退还给投保人的金额。因被保险人故意犯罪或者抗拒依法采取的刑事强制措施导致其伤残或者死亡的，保险人不承担给付保险金的责任。投保人已交足 2 年以上保险费的，保险人应当按照合同约定退还保险单的现金价值。保险单的现金价值也可因保险人或者投保人解除保险合同而退还。保险人可以解除保险合同，并按照合同约定退还保险单的现金价值；投保人解除合同的，保险人应当自收到解除合同通知之日起 30 日内，按照合同约定退还保险单的现金价值。

二、财产保险合同

财产保险合同是指以财产以及与财产有关的利益为保险标的，保险人按照约定，对被保险人因自然灾害、意外事故等保险事故而遭受的经济损失或者被保险人依法应当承担的民事责任负担赔偿的保险合同。财产保险合同可分为财产损失保险合同、运输工具保险合同、货物运输保险合同、农业保险合同、责任保险合同、信用保险合同、保证保险合同和海上保险合同等。

（一）财产保险合同的特征

财产保险合同除了具有一般保险的共同特征外，还有其特殊性，具体表现为以下几个方面：

1. 合同标的是财产及其有关利益

与人身保险合同不同，财产保险合同的保险标的是财产及其有关利益。无论其保险标的是有形财产、无形财产还是利益，其最终所保障的利益都是能够以金钱计算的，这一特征决定了财产保险合同标的可以随同其所有权的转移而转移。

2. 财产保险合同是损失补偿性保险合同

财产保险合同的目的是损失补偿，遵循“填补损害原则”，即无损失不赔偿。当保险事故发生并致使投保人或者被保险人的财产遭受损失时，保险人必须在责任范围内对投保人或者被保险人受到的实际损失予以全部或者部分补偿，但赔偿数额不得超过投保人或被保险人的实际损失。

3. 保险金额的确定以保险标的价值为依据

财产保险合同的保险金额根据保险标的的保险价值和被保险人对保险标的所具有的利益来确定。保险标的的实际价值即保险价值，又称为“保险价额”，这是判断不足额保险、足额保险、超额保险和重复保险的依据。财产保险合同的保险金额不得超过保险价值，超过的部分无效。在无形财产保险合同中，无形财产的价值基于保险合同的约定而具有确定的保险价值。

（二）保险代位制度

保险代位权是指在财产保险中，因第三者对保险标的的损害而造成保险事故的，保险人自向被保险人赔偿保险金之日起，在赔偿金额范围内代位行使被保险人对第三者请求赔偿的权利。保险代位权是建立在财产保险的“填补原则”上的保险规则，其目的是防止被保险人不当得利或者放纵第三者推脱责任，因此要对被保险人的行为予以限制，并将该权利赋予保险人，被保险人无权放弃。从保险代位权的权利属性看，其不同于民法中连带之债的求偿权，也不同于保证中的代位权，而本质上属于一种特殊的债权转移制度。

保险代位权的行使对象是对保险标的的损失应当承担民事赔偿责任的第三者，除被保险人的家庭成员或者其组成人员故意造成保险事故外，保险人不得对被保险人的家庭成员或者其组成人员行使代位请求赔偿的权利。

因第三者对保险标的损害造成保险事故发生后，被保险人已经从第三者取得损害赔偿的，保险人赔偿保险金时，可以相应扣减被保险人从第三者已取得的赔偿金额。保险人行使代位请求赔偿的权利，不影响被保险人就未取得赔偿的部分向第三者请求赔偿的权利。

保险事故发生后，保险人未赔偿保险金之前，被保险人放弃对第三者请求赔偿的权利的，保险人不承担赔偿保险金的责任。保险人向被保险人赔偿保险金后，被保险人未经保险人同意放弃对第三者请求赔偿的权利的，该行为无效。被保险人故意或者因重大过失致使保险人不能行使代位请求赔偿权利的，保险人可以扣减或者要求返还相应的保险金。当然，保险人向第三者行使代位请求赔偿的权利时，被保险人应当向保险人提供必要的文件和所知道的有关情况。

案例 11–7

保险事故私了　保险公司拒赔

陈某将自己的轿车投保于保险公司。一日，其车被房东之子（未成年）损坏，花去修理费 1500 元。陈遂与房东达成协议：房东免收陈某 2 个月房租 1300 元，陈不再要求房东赔偿修车费。后陈某将该次事故报保险公司要求索赔。

问：保险公司有赔付的义务吗？

【解析】《保险法》第 61 条规定：“保险事故发生后，保险人未赔偿保险金之前，被保险人放弃对第三者请求赔偿权利的，保险人不承担赔偿保险金的责任。”本案中，陈某放弃对侵权第三人房东的索赔权利，保险公司也无需承担赔偿保险金的责任。

（三）重复保险

重复保险是指投保人对同一保险标的、同一保险利益、同一保险事故分别与两个以上保险人订立保险合同，且保险金额总和超过保险价值的保险。据此，认定重复保险的形式要件有"四个同一、两个不同"，即同一保险标的、同一保险利益、同一保险事故、同一保险期间，不同保险人和不同保险合同。

《保险法》规定了投保人的通知义务，即重复保险的投保人应当将重复保险的有关情况通知各保险人，但并没有规定投保人没有履行通知义务的法律后果。从保护投保人利益的角度，只要投保人没有在重复保险中获得超过保险价值的利益，重复保险就应当有效。

同时，为了防止被保险人利用重复保险在数个保险人处重复得到超过损失额的赔偿，以确保保险补偿目的的实现，并维护保险人与被保险人、保险人与保险人之间的公平原则，《保险法》规定重复保险的各保险人赔偿保险金的总和不得超过保险价值。除合同另有约定外，各保险人按照其保险金额与保险金额总和的比例承担赔偿保险金的责任。重复保险的投保人可以就保险金额总和超过保险价值的部分，请求各保险人按比例返还保险费。

案例 11-8　重复保险的理赔问题

丁某就她自用的小轿车向甲保险公司投保财产险，保险金额为 15 万元，保险价值为 20 万元。不久丁某又向乙保险公司投保财产险，保险金额为 15 万元。向两个保险公司投保不久，该小轿车发生交通事故，车辆完全报废，丁某请求甲、乙保险公司支付赔偿金，但是甲、乙两个保险公司均以小轿车属于重复保险为由拒绝赔付。

问：甲、乙两保险公司能否拒绝赔付？为什么？

【解析】甲、乙两保险公司不能拒绝赔付，因为两份财产保险合同均有效，即使投保人未通知乙保险公司车辆重复保险的事实，但是只要重复保险的各保险人赔偿保险金的总和不超过保险价值即可。本案例中甲、乙保险公司各向丁某支付 10 万元的赔偿金，而且丁某可以向甲、乙保险公司请求按比例返还保险金额总和超过保险价值的部分保险费。

（四）保险合同的解除

保险合同的解除是指保险合同成立后，因出现法定事由或者当事人的约定，保险合同当事人行使合同解除权，使保险合同关系归于消灭的行为。除《保险法》另有规定或者保险合同另有约定外，保险合同成立后，投保人可以解除合同，保险人不得解除合同。这里的《保险法》另有规定是指，货物运输保险合同和运输工具航程保险合同，保险责任开始后，合同当事人不得解除合同。因保险标的的转让导致危险程度显著增加的，保险人自收到前款规定的通知之日起 30 日内，可以按照合同约定增加保险费或者解除合同。保险人解除合同的，应当将已收取的保险费，按照合同约定扣除自保险责任开始之日起至合同解除之日止应收的部分后，退还投保人。投保人、被保险人未按照约定履行其对保险标的的安全应尽责任的，保险人有权要求增加保险费或者解除合同。在合同有效期内，保险标的的危险程度显著增加的，被保险人应当按照合同约定及时通知保险人，保险人可以按照合同约定增加保险费或者解除合同。保险人解除合同的，应当将已收取的保险费，按照合同约定扣除自保险责任开始之日起至合同解除之日止应收的部分后，退还投保人。保险标的发生部分损失的，自保险人赔偿之日起 30 日内，投保人可以解除合同；除合同另有约定外，保险人也可以解除合同，但应当提前 15 日通知投保人。合同解除的，保险人应当将保险标的未受损失部分的保险费，按照合同约定扣除自保险责任开始之日起至合同解除之日止应收的部分后，退还投保人。

第五节 保险组织法律制度

我国的保险组织主要是保险公司。保险公司是指经保险监管部门批准设立，并依法登记注册的各类商业保险公司。保险业务由依照《保险法》设立的保险公司以及法律、行政法规规定的其他保险组织经营，其他单位和个人不得经营保险业务。设立保险公司应当经国务院保险监督管理机构批准。

一、保险公司的设立

1. 保险公司的设立条件

根据《保险法》规定，设立保险公司应当具备下列条件：①主要股东具有持续盈利能力，信誉良好，最近 3 年内无重大违法违规记录，净资产不低于人民币 2 亿元；②有符合本法和《公司法》规定的章程；③有符合本法规定的注册资本；④有具备任职专业知识和业务工作经验的董事、监事和高级管理人员；⑤有健全的组织机构和管理制度；⑥有符合要求的营业场所和与经营业务有关的其他设施；⑦法律、行政法规和国务院保险监督管理机构规定的其他条件。

2. 保险公司的设立程序

申请设立保险公司，应当向国务院保险监督管理机构提出书面申请，并提交下列材料：①设立申请书，申请书应当载明拟设立的保险公司的名称、注册资本、业务范围等；②可行性研究报告；③筹建方案；④投资人的营业执照或者其他背景资料，经会计师事务所审计的上一年度财务会计报告；⑤投资人认可的筹备组负责人和拟任董事长、经理名单及本人认可证明；⑥国务院保险监督管理机构规定的其他材料。

国务院保险监督管理机构应当对设立保险公司的申请进行审查，自受理之日起 6 个月内作出批准或者不批准筹建的决定，并书面通知申请人。决定不批准的，应当书面说明理由。

申请人应当自收到批准筹建通知之日起 1 年内完成筹建工作；筹建期间不得从事保险经营活动。筹建工作完成后，申请人具备法定的设立条件的，可以向国务院保险监督管理机构提出开业申请。该监督管理机构应当自受理开业申请之日起 60 日内，作出批准或者不批准开业的决定。决定批准的，颁发经营保险业务许可证；决定不批准的，应当书面通知申请人并说明理由。经批准设立的保险公司，凭经营保险业务许可证向工商行政管理机关办理登记，领取营业执照。保险公司自取得经营保险业务许可证之日起 6 个月内，无正当理由未向工商行政管理机关办理登记的，其经营保险业务许可证失效。

二、保险公司分支机构的设立

保险公司在我国境内设立分支机构，应当经保险监督管理机构批准。保险公司分支机构不具有法人资格，其民事责任由保险公司承担。保险公司申请设立分支机构，应当向保险监督管理机构提出书面申请，并提交下列材料：①设立申请书；②拟设机构 3 年业务发展规划和市场分析材料；③拟任高级管理人员的简历及相关证明材料；④国务院保险监督管理机构规定的其他材料。保险监督管理机构应当对保险公司设立分支机构的申请进行审查，自受理之日起 60 日内作出批准或者不批准的决定。决定批准的，颁发分支机构经营保险业务许可证；决定不批准的，应当书面通知申请人并说明理由。

三、保险公司的变更

保险公司有下列情形之一的，应当经保险监督管理机构批准：①变更名称；②变更注册资本；③变更公司或者分支机构的营业场所；④撤销分支机构；⑤公司分立或者合并；⑥修改公司章程；⑦变更出资额占有限责任公司资本总额 5%以上的股东，或者变更持有股份有限公司股份 5%以上的股东；⑧国务院保险监督管理机构规定的其他情形。

四、保险公司的终止

保险公司终止的情形包括以下三种。

1. 解散

保险公司因分立、合并需要解散，或者股东会、股东大会决议解散，或者公司章程规定的解散事由出现，经国务院保险监督管理机构批准后解散。经营有人寿保险业务的保险公司，除因分立、合并或者被依法撤销外，不得解散。保险公司解散，应当依法成立清算组进行清算。

2. 被撤销

保险公司成立后，因出现严重违反法律法规的情形，由保险业监管机关依法吊销经营保险业务许可证，并由工商管理机关吊销营业执照，可以依法被撤销。依法被撤销后，保险公司经营保险业务的资格就被取消，其不得再进行保险业务。

3. 破产

保险公司有《中华人民共和国企业破产法》第2条规定情形的，经国务院保险监督管理机构同意，保险公司或者其债权人可以依法向人民法院申请重整、和解或者破产清算；国务院保险监督管理机构也可以依法向人民法院申请对该保险公司进行重整或者破产清算。

破产财产在优先清偿破产费用和共益债务后，按照下列顺序清偿：①所欠的职工工资和医疗、伤残补助、抚恤费用，应当划入职工个人账户的基本养老保险、基本医疗保险费用，以及法律、行政法规规定应当支付给职工的补偿金；②应赔偿或者给付的保险金；③保险公司欠缴的除①中规定以外的社会保险费用和所欠税款；④普通的破产债权。破产财产不足以清偿同一顺序的清偿要求的，按照比例分配。

经营有人寿保险业务的保险公司被依法撤销或者被依法宣告破产的，其持有的人寿保险合同及责任准备金，必须转让给其他经营有人寿保险业务的保险公司；不能同其他保险公司达成转让协议的，由国务院保险监督管理机构指定经营有人寿保险业务的保险公司接受转让。转让或者由国务院保险监督管理机构指定接受转让前款规定的人寿保险合同及责任准备金的，应当维护被保险人、受益人的合法权益。保险公司依法终止其业务活动的，应当注销其经营保险业务许可证。

第六节 保险业的监督管理

我国的保险监督管理机构是中国银行保险监督管理委员会，它是国务院直属事业单位。根据国务院授权履行行政管理职能，依照法律、法规统一监督管理全国保险市场，维护保险业的合法、稳健运行。

一、保险监管的目的

由于保险业在分担风险、促进经济发展等方面具有重要作用，同时，由于保险业关系到经济社会秩序稳定以及投保人、被保险人和受益人保险目的的实现，因此，确保保险业的稳定与健康发展成为了各国对保险业监管的首要任务。保险监管目的的实现是通过设立专门的监管机构、建立保险监管规则，并严格执行保险业监管的规则，对违反保险监管法律法规和规章的行为，依法追究其法律责任，从而确保保险业功能的实现。依据《保险法》的规定，我国保险业监管的目的在于维护保险市场秩序；保护投保人、被保险人和受益人的合法权益；促进保险事业健康发展。

二、保险监督管理的内容

保险业监督管理的具体内容如下：

（一）保险条款和保险费率的制定和备案

关系社会公众利益的保险险种、依法实行强制保险的险种和新开发的人寿保险险种等的保险条款和保险费率，应当报国务院保险监督管理机构批准。国务院保险监督管理机构审批时，应当遵循保护社会公众利益和防止不正当竞争的原则。其他保险险种的保险条款和保险费率，应当报保险监督管理机构备案。保险公司使用的保险条款和保险费率违反法律、行政法规或者国务院保险监督管理机构的有关规定的，由保险监督管理机构责令停止使用，限期修改；情节严重的，可以在一定期限内禁止申报新的保险条款和保险费率。

（二）保险公司偿付能力监管

国务院保险监督管理机构应当建立健全保险公司偿付能力监管体系，对保险公司的偿付能力实施监控。对偿付能力不足的保险公司，国务院保险监督管理机构应当将其列为重点监管对象，并可以根据具体情况采取下列措施：①责令增加资本金、办理再保险；②限制业务范围；③限制向股东分红；④限制固定资产购置或者经营费用规模；⑤限制资金运用的形式、比例；⑥限制增设分支机构；⑦责令拍卖不良资产、转让保险业务；⑧限制董事、监事、高级管理人员的薪酬水平；⑨限制商业性广告；⑩责令停止接受新业务。

（三）对保险公司的整顿

保险公司未依照保险法规定提取或者结转各项责任准备金，或者未按规定办理再保险，或者严重违反保险法关于资金运用规定的，由保险监督管理机构责令限期改正，并可以责令调整负责人及有关管理人员。保险监督管理机构依法作出限期改正的决定后，保险公司逾期未改正的，国务院保险监督管理机构可以决定选派保险专业人员和指定该保险公司的有关人员组成整顿组，对公司进行整顿。整顿决定应当载明被整顿公司的名称、整顿理由、整顿组成员和整顿期限，并予以公告。整顿组有权监督被整顿保险公司的日常业务。被整顿公司的负责人及有关管理人员应当在整顿组的监督下行使职权。整顿过程中，被整顿保险公司的原有业务继续进行。但是，国务院保险监督管理机构可以责令被整顿公司停止部分原有业务，停止接受新业务，调整资金运用。被整顿保险公司经整顿已纠正其违法行为，恢复正常经营状况的，由整顿组提出报告，经国务院保险监督管理机构批准，结束整顿，并由国务院保险监督管理机构予以公告。

（四）对保险公司的接管

保险公司有下列情形之一的，国务院保险监督管理机构可以对其实行接管：①公司的偿付能力严重不足的；②违反法律规定，损害社会公共利益，可能严重危及或者已经严重危及公司偿付能力的。被接管的保险公司的债权债务关系不因接管而变化。接管组的组成和接管的实施办法，由国务院保险监督管理机构决定，并予以公告。接管期限届满，国务院保险监督管理机构可以决定延长接管期限，但接管期限最长不得超过 2 年。接管期限届满，被接管的保险公司已恢复正常经营能力的，由国务院保险监督管理机构决定终止接管，并予以公告。被整顿、被接管的保险公司有破产情形的，国务院保险监督管理机构可以依法向人民法院申请对该保险公司进行重整或者破产清算。

（五）对保险公司的撤销

保险公司因违法经营被依法吊销经营保险业务许可证的，或者偿付能力低于国务院保险监督管理机构规定标准，不予撤销将严重危害保险市场秩序、损害公共利益的，由国务院保险监督管理机构予以撤销并公告，依法及时组织清算组进行清算。

（六）信息披露和关联交易监管

国务院保险监督管理机构有权要求保险公司股东、实际控制人在指定的期限内提供有关信息和资料。保险公司的股东利用关联交易严重损害公司利益，危及公司偿付能力的，由国务院保险监督管理机构责令改正。在按照要求改正前，国务院保险监督管理机构可以限制其股东权利；拒不改正的，可以责令其转让所持的保险公司股权。

（七）对董事、监事、高级管理人员及其他直接责任人员的监管

保险监督管理机构根据履行监督管理职责的需要，可以与保险公司董事、监事和高级管理人员进行监督管理谈话，要求其就公司的业务活动和风险管理的重大事项作出说明。保险公司在整顿、接管、撤销清算期间，或者出现重大风险时，国务院保险监督管理机构可以对该公司直接负责的董事、监事、高级管理人员和其他直接责任人员采取以下措施：①通知出境管理机关依法阻止其出境；②申请司法机关禁止其转移、转让或者以其他方式处分财产，或者在财产上设定其他权利。

此外，《保险法》第155条罗列了保险监督管理机构履行职责时可以采取的措施，包括对保险公司、保险代理人、保险经纪人、保险资产管理公司、外国保险机构的代表机构进行现场检查，查询涉嫌违法经营的保险公司、保险代理人、保险经纪人、保险资产管理公司、外国保险机构的代表机构及与涉嫌违法事项有关的单位和个人的银行账户等。

本章小结

本章主要介绍了保险法的基础理论以及保险合同、财产保险合同、人身保险合同、保险公司、保险监管等法律制度基本内容。

复习思考题

1. 简述保险合同的基本原则。
2. 简述保险合同的主要内容。
3. 简述投保人的如实告知义务。
4. 简述人身保险合同中的自杀条款。
5. 简述保险公司的设立条件。

参考文献

[1] 何平平，邓旭霞，车云月．互联网金融法规［M］．北京：清华大学出版社，2017.

[2] 贾翱．金融法［M］．北京：人民邮电出版社，2017.

[3] 邓瑞平．涉外金融法律实务［M］．福建：厦门大学出版社，2017.

[4] 郭俭．金融案件法律适用关键词与典型案例指导［M］．北京：法律出版社，2013.

[5] 郭俊秀，蒋进．证券法［M］．厦门：厦门大学出版社，2004.

[6] 郭英，张文辉．金融法［M］．北京：清华大学出版社，2018.

[7] 韩强，孙瑜．融资租赁法律原理与实务［M］．杭州：浙江大学出版社，2017.

[8] 黄毅．银行监管法律研究［M］．北京：法律出版社，2009.

[9] 贾林青．法院审理保险案件观点集成［M］．北京：中国法制出版社，2015.

[10] 李芳．金融法规［M］.2版．北京：经济管理出版社，2014.

[11] 李晗．银行法判例与制度研究［M］．北京：法律出版社，2015.

[12] 李良雄，王琳雯．金融法［M］.2版．北京：人民邮电出版社，2018.

[13] 李遐桢，刘志军．金融法律法规［M］．北京：清华大学出版社，2014.

[14] 李中华．融资租赁运作实务与法律风险防范［M］．北京：法律出版社，2012.

[15] 刘少军．金融法学［M］.2版．北京：中国政法大学出版社，2016.

[16] 刘孝红．我国政策性银行转型研究［M］．长沙：湖南人民出版社，2010.

[17] 刘心稳．票据法［M］．北京：中国政法大学出版社，2008.

[18] 刘亚天．金融法［M］.2版．北京：中国政法大学出版社，2013.

[19] 吕琰，林安民．金融法基本原理与实务［M］．上海：复旦大学出版社，2010.

[20] 任以顺．保险法理论与实务［M］．济南：山东人民出版社，2015.

[21] 上海市律师协会组．证券法律业务律师实务［M］．北京：法律出版社，2018.

[22] 宋煜凯．中国证券投资基金运行研究［M］．北京：知识产权出版社，2012.

[23] 隋彭生．合同法要义［M］．北京：中国人民大学出版社，2018.

[24] 汪鑫．金融法学［M］.4版．北京：中国政法大学出版社，2011.

[25] 王利明．合同法研究［M］．北京：人民出版社，2002.

[26] 王儒靓，秦菊香，李艳红．金融法学研究［M］．北京：法律出版社，2017.

[27] 王巍．金融信托投融资实务与案例［M］．北京：经济管理出版社，2013.

[28] 王雨静．保险合同法律问题研究［M］．北京：中国政法大学出版社，2014.

[29] 吴志攀．金融法概论［M］.5版．北京：北京大学出版社，2014.

［30］徐孟洲．金融法［M］．2 版．北京：高等教育出版社，2012.

［31］徐孟洲．金融法［M］．3 版．北京：高等教育出版社，2014.

［32］张海棠．保险合同纠纷［M］．北京：法律出版社，2015.

［33］郑冬渝．金融法学［M］．北京：中国社会科学出版社，2014.

［34］钟瑞栋，陈向聪．信托法［M］．厦门：厦门大学出版社，2007.

［35］朱崇实，刘志云．金融法教程［M］．4 版．北京：法律出版社，2017.

［36］朱大旗．金融法［M］．3 版．北京：中国人民大学出版社，2015.

［37］最高人民法院民事审判第二庭．金融案件审判指导［M］．增订版．北京：法律出版社，2018.

［38］最高人民法院民事审判第二庭．最高人民法院关于融资租赁合同司法解释理解与适用［M］．北京：人民法院出版社，2014.